Movimentos de plantação de igrejas

David Garrison

Movimentos de plantação de igrejas

Como Deus está redimindo um mundo perdido

1ª edição

Tradução: Neila Santos Uecker

Curitiba
2015

David Garrison
Movimentos de Plantação de Igrejas
Como Deus está redimindo um mundo perdido

Coordenação editorial: Walter Feckinghaus
Tradução: Neila Santos Uecker
Título original: Church Planting Movements: How God Is Redeeming a Lost World
Revisão: Josiane Zanon Moreschi
Edição: Sandro Bier
Capa: Sandro Bier
Editoração eletrônica: Josiane Zanon Moreschi

Copyright© 2004 by WIGTake Resources
Todos os direitos reservados. Nenhuma parte desta publicação pode ser reproduzida em qualquer formato sem prévia permissão por escrito do autor, exceto em caso de breves citações para trabalhos ou artigos.

Dados Internacionais de Catalogação na Publicação (CIP)
(Câmara Brasileira do Livro, SP, Brasil)

Garrison, David

Movimentos de plantação de igrejas : como Deus está redimindo um mundo perdido / David Garrison ; tradução Neila Santos Uecker. - - 1. ed. - - Curitiba : Editora Esperança, 2015.

Título original: Church planting movements.
Bibliografia
ISBN 978-85-7839-121-8

1. Batistas - Missões 2. Igreja - Crescimento 3. Igreja - Desenvolvimento 4. Missão da Igreja 5. Movimentos religiosos 6. Novas igrejas - Desenvolvimento I. Título.

15-06126   CDD-254.5

Índices para catálogo sistemático:
1. Igreja : Desenvolvimento : Cristianismo   254.5

As citações bíblicas foram extraídas da Bíblia na Nova Tradução na Linguagem de Hoje, ©2000, Sociedade Bíblica do Brasil.

**Todos os direitos reservados.
É proibida a reprodução total e parcial sem permissão escrita dos editores.**

Editora Evangélica Esperança
Rua Aviador Vicente Wolski, 353 - CEP 82510-420 - Curitiba - PR
Fone: (41) 3022-3390 - Fax: (41) 3256-3662
comercial@esperanca-editora.com.br - www.editoraesperanca.com.br

"Um livro extraordinário e inovador. De agora em diante não será mais possível discutir evangelismo e missões sem considerar a descrição de Garisson sobre um Movimento de Plantação de Igreja. Certamente, todos os que lerem este livro desejarão profundamente ver um movimento de plantação de igreja acontecer dentro de sua própria comunidade."

– Dr. Robert Garret
Professor de Missões
Dallas Baptist University

●–●

"Nós precisamos deste livro HOJE! Ambos, leigos e missionários, extrairão as riquezas deste novo recurso das boas práticas do MPI. Defensores dos MPI aproveitem!

– Dr. Michael Barnett
Presidente de Plantação de Igreja Missionária
Columbia International University

●–●

"Os Movimentos de Plantação de Igrejas de Garrison são uma estratégia nova e poderosa para mostrar como Deus está trabalhando no mundo hoje e demonstrar como ele quer trabalhar."

– Dr. Steve Wilkes
Professor de Missões
Mid-America Baptist Theological Seminary

●–●

"Este livro informativo e inspirador moverá almas e cativará as mentes de pessoas leigas, pastores, missionários e educadores."

– Dr. Daniel Sanchez
Diretor do Instituto de Crescimento de Igreja de Scarborough
Southwestern Baptist Theological Seminar

Sumário

Agradecimentos..9

Prefácio..11

Parte 1: No início...13

1. Como tudo começou..15

2. O que são Movimentos de Plantação de Igrejas?..............21

Parte 2: Movimentos de Plantação de Igrejas
            ao redor do mundo...31

3. Índia...35

4. China..47

5. Outros movimentos asiáticos..63

6. África...81

7. O mundo muçulmano..93

8. América Latina..117

9. Europa..131

10. América do Norte...145

Parte 3: Lições aprendidas..159

11. Em *todo* Movimento de Plantação de Igrejas...................161

12. O que a Bíblia diz?..191

13. Na *maioria* dos Movimentos de Plantação de Igrejas.....211

14. Sete Pecados Mortais...231

15. Perguntas frequentes..251

Parte 4: Plataforma de lançamento..............................269

16. Ferramentas práticas..271

17. Um chamado para a ação.....................................291

Epílogo...297

Recursos adicionais...299

Apêndice 1: Treinamento para treinadores.....................301

Apêndice 2: Igreja POUCH..309

Apêndice 3: A ponte com o Alcorão..............................313

Índice bíblico..325

Glossário de termos 339

Bibliografia...343

Agradecimentos

Tantos rostos se espreitam por cima do meu ombro enquanto termino este livro. Obrigado Sonia, Jeremiah, Seneca, Amanda e Marcus, minha amada família que se juntou a mim ao seguir os Movimentos de Plantação de Igrejas de Deus muito além da nossa zona de conforto nos Estados Unidos.

Durante a última década fui um ladrão descarado das melhores práticas do Movimento de Plantação de Igrejas ao redor do mundo. Algumas pessoas foram especialmente prestativas em fornecer suas riquezas. Bill e Susan Smith, Curtis Sergeant, Bruce Carlton, irmão Ying, dr. Choulhrie, irmão Shahadat, David Watson, Jim Slack. Michael Barnett, Karen Simons, Vance Worten, Zia van der Veen, Scott Holste, Avery Willis, Larry Cox e Jerry Rankin também contribuíram e apoiaram de forma inestimável este trabalho.

Também estou em débito com meus companheiros líderes regionais da diretoria da Missão Internacional Batista do Sul, que me estimularam com seus insights sobre a atividade missionária de Deus ao redor do mundo. Um agradecimento especial a Bill Fudge, Don Dent e John Brady, com quem tenho aprendido continuamente.

Outros apoios generosos vieram de Rick Warren e Bruce Wilkinson, que simplesmente disseram: "Sim, meu amigo, você é um escritor". E meu eterno agradecimento vai para meu professor e amigo, Martin Marty, cujas palavras demonstradas na frase "escritores escrevem" ainda me perseguem e me inspiram.

Sem a aceitação entusiástica do livreto *Movimentos de Plantação de Igrejas* pelo mundo evangélico mais abrangente, esse volume maior não nasceria. Por isso, minha gratidão a todos os tradutores, publicadores, e fornecedores do livreto e do paradigma *Movimentos de Plantação de Igrejas*.

E aos meus queridos colegas do sul da Ásia – não há maior alegria do que estar em missão com Deus no meio de irmãos e irmãs tão talentosos e dedicados. Obrigado a todos.

Finalmente, a meu pai e minha mãe, Vernon e Etheleen Garrinson, que não acharam que a vocação do seu próprio filho, nora e netos de irem para campos missionários estrangeiros seria um sacrifício demasiado grande para fazerem para o seu Senhor, e aos pais de Sonia, Vernon e Patsy Hutchins, que, cheios de alegria, igualmente nos apoiaram, obrigado.

David Garrison

Índia, 2003

Prefácio

Há alguns anos, enquanto viajava para o sudeste da Ásia, encontrei um talentoso jovem missionário que tinha inventado um sistema de purificação de água a partir de uma bateria de carro e uma lâmpada ultravioleta. Depois ele projetou um refrigerador abastecido pelo sol tropical.

"Eu era um engenheiro reverso", ele disse. Ao perceber meu rosto com um olhar intrigado, explicou: "Eu trabalhava para uma grande corporação que estava envolvida em vários campos diferentes de produção. Meu trabalho era monitorar a concorrência e, sempre que eles criavam um novo produto, eu tinha que reverter a engenharia, desmontando o produto e cuidadosamente analisando como tinha sido construído e como funcionava. Então relatava minhas descobertas aos meus superiores que decidiriam se desenvolveríamos ou não nossa própria versão do mesmo produto".

Nos anos que se seguiram não pensei muito no *engenheiro reverso* até que alguém observou que meu tratamento com os Movimentos de Plantação de Igrejas era uma forma de engenharia reversa. Ao olhar para trás, penso que era verdade.

Este livro aborda um assunto complexo, nesse caso, um fenômeno divinamente produzido que chamamos de Movimentos de Plantação de Igrejas. Ele procura entender esses movimentos começando pelo fim, com um verdadeiro Movimento de Plantação de Igrejas. Então se constrói de volta o movimento, desmontando seus componentes, analisando como ele foi construído e como funciona. Feita corretamente, a engenharia reversa pode revelar uma enorme quantidade sobre os projetos, desejos e método de operação do Criador.

Nos Movimentos de Plantação de Igrejas, é fácil ver Deus operando ao transformar centenas de milhares de vidas. Mas *como* Deus está trabalhando, e como ele gostaria que participássemos? Estas são perguntas que exigem uma investigação mais profunda e nos impulsiona a um curso de engenharia reversa.

Começando pelo fim, com verdadeiros Movimentos de Plantação de Igrejas, procederemos a cuidadosamente analisar cada uma das partes do componente. Se formos bem-sucedidos, pela graça de Deus, compreenderemos a mente do Criador desses movimentos e como ele quer que participemos em seus miraculosos trabalhos.

Parte 1

No início

1

Como tudo começou

O Senhor diz ao seu povo: "Olhem as nações em volta de vocês e fiquem admirados e assustados. Pois o que vou fazer agora é uma coisa em que vocês não acreditariam, mesmo que alguém contasse". (Hc 1.5)

No outono de 1994 esse versículo ganhou vida de uma maneira que nunca imaginei ser possível. Era a época do ano em que os missionários enviavam seus relatórios anuais para a sede da agência. Missionários são pessoas ocupadas e raramente se sentem entusiasmados em parar para contar quantos novos cristãos foram batizados, quantas novas igrejas foram abertas ou para quantos povos não alcançados o Evangelho foi apresentado. Todo ano esses relatórios normalmente mostram um modesto crescimento em cada uma dessas áreas-chave.

Mas naquele ano foi diferente. O relatório dos missionários David e Jan Watson, que serviam na Índia, fez uma afirmação inacreditável. O relatório listava quase cem cidades, vilas e aldeias com novas igrejas e milhares de novos convertidos.

A sede da missão mostrou-se cética. "Não pode ser", eles disseram. "Ou vocês não entenderam a pergunta ou não estão nos dizendo a verdade."

Essas palavras feriram David, mas ele não disse nada. "Venham e vejam", disse ele.

Mais tarde naquele ano, uma equipe de inspeção liderada pelo supervisor dos Watson chegou à Índia para investigar. Eles visitaram Lucknow, Patna, Nova Déli, Varanasi e várias outras vilas e aldeias indianas que David havia listado em seu relatório. O supervisor mais tarde comentou: "Pessoalmente eu estava com muitas dúvidas, mas estávamos errados. Em todos os lugares que fomos era exatamente como David havia relatado. Deus estava fazendo algo maravilhoso lá."

Surpreendente... difícil de acreditar. Foi nessa época que as palavras de Habacuque assumiram uma nova importância. *"Olhem as nações em volta de vocês e fiquem admirados e assustados. Pois o que vou fazer agora é uma coisa em que vocês não acreditariam, mesmo que alguém contasse".*

Um ano depois um relatório do sudeste Asiático descreveu um surgimento de novas igrejas parecido. No ano seguinte os missionários que serviam na América Latina testemunharam o mesmo tipo de multiplicação espontânea de centenas de novas igrejas. Naquele mesmo ano mais dois relatórios desse tipo chegaram da China. Começamos a nos referir a esses fenômemos surpreendentes como *Movimentos de Plantação de Igrejas*.

Os relatórios continuam chegando. Como prometeu, Deus está fazendo algo extraordinário *em nossos dias*. À medida que atrai um mundo perdido para ele, os Movimentos de Plantação de Igrejas parecem ser a *maneira* pela qual ele está fazendo isso. O que começou como uma pequena gota de relatórios poucos anos atrás, tem agora se tornado uma fonte constante de povos antes não alcançados jorrando no Reino de Deus.

Na Ásia Oriental um missionário relatou o seguinte: "Lancei meu plano de três anos em novembro de 2000. Minha visão era ver 200 novas igrejas começando entre meu grupo de pessoas nos próximos três anos. Porém, quatro meses depois já tínhamos alcançado aquele objetivo. Depois de apenas seis meses já tínhamos visto 360 igrejas plantadas e mais de 10 mil novos convertidos batizados! Agora estou pedindo a Deus para alargar minha visão".

Durante a década de 90 os cristãos de um país da América Latina superaram uma perseguição implacável do governo devido ao crescimento de 235 para 4 mil igrejas e 30 mil convertidos aguardando batismo.

Um pastor da Europa Ocidental escreveu: "No ano passado eu e minha esposa começamos 15 novas igrejas. Ao sairmos para um trabalho de seis meses nos Estados Unidos nos perguntamos o que encontraríamos quando retornássemos. Foi algo impactante! Podemos verificar pelo menos 30 novas igrejas agora, mas acredito que pode ser duas ou até três vezes esse número".

Um missionário estrategista na África relatou: "Levamos 30 anos para plantar quatro igrejas neste país. E agora, apenas nos últimos nove meses, começamos 65 novas igrejas".

No Sudeste da Ásia um missionário estrategista começou trabalhando com três pequenas igrejas nos lares de 85 membros em 1993. Apenas sete anos depois a membresia tinha aumentado para mais de 90 mil novos convertidos batizados louvando em 920 novas igrejas.

Um missionário estrategista designado para trabalhar com um grupo de pessoas do norte da Índia encontrou apenas 28 igrejas entre eles em 1989. Durante o ano 2000 um Movimento de Plantação de Igrejas surgiu aumentando o número de igrejas para mais de 4.500, com uma estimativa de 300 mil convertidos batizados.

Na última década, literalmente milhões de novos convertidos entraram no Reino de Cristo através dos Movimentos de Plantação de Igrejas. Este livro tem como objetivo ajudá-lo a entender esses movimentos. Nas páginas seguintes você poderá ver não apenas o *que* Deus está fazendo, mas também *como* ele está fazendo.

Primeiro, descreveremos o que está acontecendo nesses movimentos. Em seguida, recolheremos todas as lições e os princípios que podemos aprender com eles. Então avaliaremos o que temos visto à luz da Palavra de Deus. Finalmente, submeteremos tudo o que temos aprendido ao senhorio de Cristo, perguntando: "À luz do que o Senhor tem nos mostrado, ó Senhor, o que devemos fazer agora"?

Você verá referências neste livro a um tipo especial de missionário que figura proeminentemente em muitos Movimentos de Plantação de Igrejas. Eles são chamados de *coordenadores de estratégias*. Um coordenador de estratégia é um missionário que tem a responsabilidade de desenvolver e implementar uma estratégia abrangente – alguém que faz parceria com todo o corpo de Cristo – para levar um grupo inteiro de pessoas[1] à fé em Jesus Cristo. Esse novo paradigma de missionários do século 21 está remodelando o mundo das missões, contribuindo imensuravelmente para espalhar os Movimentos de Plantação de Igrejas.

Em agosto de 1998, quase uma dúzia de coordenadores de estratégias e pesquisadores sobre missão que tinham experimentado esses movimentos se reuniram em Rockville, Virgínia. Antes de o ano terminar, um segundo grupo de profissionais dos movimentos se reuniu em Cingapura. O objetivo de ambos os encontros era o mesmo: *entender os Movimentos de Plantação de Igrejas*. Juntos, os participantes criaram uma definição de trabalho dos movimentos e, então, começaram a listar as características presentes em cada um dos movimentos que tinham visto.

O debate se mostrava animado e cheio de energia à medida que os estrategistas e pesquisadores se movimentavam entre três ou

---

1 Você verá frequentes referências a grupo de pessoas neste livro. Um grupo de pessoas é um grupo social que compartilha uma linguagem comum e um senso de identidade étnico, às vezes indicado como um grupo etnolinguístico. Um grupo de pessoas não alcançadas é aquele que ainda precisa ser apresentado ao Evangelho de Jesus Cristo.

Como tudo começou

quatro quadros brancos rabiscando uma lista de qualidades, características e obstáculos.

Examinar o que Deus estava fazendo foi uma experiência estimulante. Deus os surpreendeu, pois muitas das questões tidas há muito tempo como essenciais não estavam presentes nos Movimentos de Plantação de Igrejas, enquanto outros elementos claramente presentes em cada movimento eram tão óbvios que eram quase ignorados.

Dessas intensas sessões com profissionais dos movimentos surgiu um livreto de 57 páginas publicado em janeiro de 2000 sob o título *Movimentos de Plantação de Igrejas*. Durante o primeiro ano da publicação do livreto, este se espalhou rapidamente ao redor do mundo e foi traduzido para mais de 20 idiomas. Em poucos meses novas traduções continuaram surgindo[2]. Hoje, muitos evangélicos usam o livreto como guia para entender como Deus está trabalhando e como podem ser seus parceiros.

Três anos depois que o livreto foi escrito muita coisa aconteceu. Ao contrário do início, quando a maioria dos movimentos parecia confinada à Ásia, hoje eles estão emergindo em todos os cantos do planeta. Pesquisadores estão monitorando mais de trinta locais ao redor do mundo nos quais variações dos movimentos podem ser vistas. É a partir desse contexto que estamos, agora, oferecendo essa maior compreensão desses movimentos ao redor do mundo.

Este livro foi escrito para qualquer cristão que deseje entender como Deus está redimindo um mundo perdido, mas especialmente para os que querem estar em missão com ele, compartilhando sua maravilhosa história de salvação.

Nas páginas seguintes exploraremos uma série de Movimentos de Plantação de Igrejas e *outros* que se aproximam a eles em todo o mundo. Iremos descrever cuidadosamente esses elementos únicos e as características comuns que vemos nesses movimentos. Além disso,

---

2 Ente os idiomas para os quais foi traduzido estão: japonês, russo, espanhol, shona, português, árabe, chinês, sérvio, hauçá, turco, hindu, francês, tailandês, coreano, norueguês, cazaque, gujarati, bengalês, hebraico, albanês, entre outras.

tentaremos abordar algumas das questões que são frequentemente levantadas em relação a eles. Depois, seguindo nossos ancestrais da igreja primitiva em Bereia, iremos "examinar as Escrituras, para ver se tudo era assim mesmo".[3] Finalmente, perguntaremos a Deus de que maneira podemos nos envolver. Deus sempre chama seu povo para a ação, e é aí que a aventura realmente começa.

---

3   Adaptado de At 17.11

2

O que são Movimentos de Plantação de Igrejas

Antes de continuarmos falando sobre Movimentos de Plantação de Igrejas, precisamos adotar uma definição de trabalho para termos certeza de que os reconheceremos quando os virmos. Um Movimento de Plantação de Igrejas é uma *multiplicação rápida de igrejas nativas plantando igrejas que se espalham através de um grupo de pessoas ou um segmento da população.* Poderíamos acrescentar muito mais a essa definição, mas essa consegue capturar sua essência.

Você notará que essa definição descreve o que está acontecendo nos Movimentos de Plantação de Igrejas, mais do que prescreve o que poderia ou deveria acontecer. Ao longo deste livro tentaremos nos manter fiéis ao que Deus realmente está fazendo nesses movimentos e evitar a tentação de prescrever ou prever como ele deveria estar trabalhando. Ao nos prendermos a uma abordagem descritiva, estamos admitindo humildemente que o trabalho não é nosso;

ele pertence a Deus. Em vez de tentar comprimi-lo a previsões e prescrições defeituosas, deixaremos ele ser Deus e alteraremos nosso entendimento e comportamento para estar em missão com ele.

Não é fácil manter-se descritivo. Cada um de nós chega à mesa com ideias preconcebidas sobre os atos poderosos de Deus. Os Movimentos de Plantação de Igrejas não estão imunes a essas tendências equivocadas. Portanto, vamos começar desfazendo cuidadosamente nossa definição, e examinar cada uma de suas cinco partes.

Primeiro, um Movimento de Plantação de Igrejas se **reproduz rapidamente**. Dentro de um curto período de tempo, igrejas recém-plantadas já estão começando novas igrejas que seguem o mesmo padrão de reprodução rápida.

"Com qual rapidez?", você pode perguntar. Talvez a melhor resposta seja: "Mais rápido do que você pensa ser possível". Apesar da taxa variar de lugar para lugar, os Movimentos de Plantação de Igrejas sempre superam a taxa de crescimento da população à medida que correm para alcançar um grupo inteiro de pessoas. Quando virmos alguns estudos de caso você começará a ter uma ideia.

A segunda palavra-chave em nossa definição dos Movimentos de Plantação de Igrejas é **multiplicação**. Os Movimentos de Plantação de Igrejas simplesmente não adicionam novas igrejas. Em vez disso, eles as multiplicam. Pesquisas sobre Movimentos de Plantação de Igrejas indicam que praticamente cada igreja está comprometida em começar várias novas igrejas. Os Movimentos de Plantação de Igrejas multiplicam igrejas e cristãos assim como Jesus multiplicou os pães e os peixes.

Talvez por isso, os Movimentos de Plantação de Igrejas são desprovidos de metas, como começar dez ou doze igrejas a mais em um país ou cidade. Em vez disso, essas igrejas não estão satisfeitas com nada menos do que uma visão de alcançar seu grupo inteiro de pessoas ou cidade – e por fim o mundo inteiro! À medida que cada igreja percebe que tem a capacidade e a responsabilidade de reproduzir-se, os números começam a aumentar exponencialmente.

A terceira palavra é **nativo, natural do país.** Nativo significa literalmente *gerado de dentro,* em oposição a iniciado por pessoas de fora. Nos Movimentos de Plantação de Igrejas a primeira igreja ou igrejas podem ter sido iniciadas por estrangeiros, mas muito rapidamente o impulso muda de estrangeiros para pessoas de dentro. Consequentemente, dentro de um curto prazo de tempo os novos cristãos que aceitam Cristo nos Movimentos de Plantação de Igrejas podem nem saber que um estrangeiro já esteve envolvido no trabalho. Aos seus olhos o movimento parece, age e se sente nascido em casa.

A quarta parte de nossa definição é **igrejas plantando igrejas.** Embora os plantadores de igreja possam ter iniciado as primeiras igrejas, em algum momento as próprias igrejas entram em ação. Quando igrejas começam a plantar igrejas, o momento da virada é alcançado e um movimento é lançado.

O momento da virada ocorre quando uma nova igreja alcança uma massa crítica, como dominós caindo gradualmente em um movimento fora de controle que flui de igreja para igreja, para igreja. Muitos movimentos *que se aproximam de* Movimentos de Plantação de Igrejas não alcançam esse ponto crítico, pois os plantadores de igrejas lutam para controlar a reprodução de igrejas. Mas quando o ímpeto de reproduzir igrejas vai além da capacidade dos plantadores de controlá-lo, um movimento já está a caminho.

Finalmente, Movimentos de Plantação de Igrejas ocorrem dentro **de grupos de pessoas ou segmentos da população inter-relacionados.** Devido ao fato de os Movimentos de Plantação de Igrejas envolverem a comunicação da mensagem do Evangelho, eles naturalmente ocorrem dentro de um idioma comum e dos limites étnicos. Entretanto, raramente param aí. À medida que o Evangelho opera com seu poder transformador nas vidas desses novos cristãos, ele os compele a levar a mensagem de esperança para outros grupos de pessoas.

Agora que esclarecemos essas cinco partes da nossa definição, vamos usar nosso entendimento para eliminar alguns outros atos de Deus que possam ser confundidos com Movimento de Plantação de Igrejas.

Os Movimentos de Plantação de Igrejas não são apenas um avivamento ou um despertar espiritual. Ao contrário dos grandes avivamentos ou despertares espirituais que periodicamente ocorrem entre os cristãos, os Movimentos de Plantação de Igrejas são centrados dentro de grupos de pessoas não alcançadas ou em concentrações de perdidos. Os perdidos não estão apenas dormindo em relação a Cristo – precisando de um avivamento – eles estão *mortos em seus pecados e transgressões* até que Cristo lhes dê vida.

Os Movimentos de Plantação de Igrejas não são apenas evangelismo em massa. Todos nós conhecemos evangelistas dinâmicos cuja proclamação do Evangelho já atraiu centenas de milhares à salvação. Mas o que acontece depois que o estádio se esvazia e o evangelista tenha se mudado para uma nova cidade? Geralmente, o compromisso com Cristo termina com um encontro em massa.

Não nos Movimentos de Plantação de Igrejas. Movimentos de Plantação de Igrejas são movimentos de multiplicação de igrejas. Embora seja verdade que os Movimentos de Plantação de Igrejas incluam proclamação evangelística em massa, eles andam a segunda milha – resultando em igrejas nas quais o discipulado, a adoração e o desenvolvimento espiritual continuam. Nos Movimentos de Plantação de Igrejas o evangelismo em massa produz novas igrejas que começam se multiplicando rapidamente.

Movimentos de Plantação de Igrejas não são apenas movimentos de pessoas. Além do evangelismo em massa está a conversão em massa, na qual um grande número de pessoas perdidas responde ao Evangelho. Esses são, às vezes, chamados de "Movimentos de Pessoas", e não devem ser confundidos com os Movimentos de Plantação de Igrejas. Em vários locais ao redor do mundo, esses movimentos de pessoas estão acontecendo hoje, mas eles nem sempre levam à multiplicação de igrejas.

O que são Movimentos de Plantação de Igrejas 25

Milhares de muçulmanos que vêm a Cristo no Azerbaijão, na Argélia e em outros lugares nos mostram que o Espírito Santo está fazendo seu trabalho em atrair os perdidos para a fé em Jesus Cristo. O que diferencia essas conversões em massa dos Movimentos de Plantação de Igrejas é a preocupante falta de novas igrejas.

Devido a várias razões, muitas dessas conversões em massa não estão produzindo o conjunto de novas igrejas necessárias para absorver os novos cristãos. Quando essa disparidade ocorre, essas conversões em massa correm o risco de ser um milagroso *fogo de palha*, como uma rápida explosão de luz que se dissipa no nada. Conversão em massa é parte dos Movimentos de Plantação de Igrejas, mas neles, os novos cristãos se juntam para rapidamente reproduzir novas igrejas.

Os Movimentos de Plantação de Igrejas não são o Movimento de Crescimento da Igreja. Este refere-se a uma escola de crescimento da igreja e missões que começou em meados de 1960 pelo dr. Donald McGavran, do Seminário Teológico Fuller, em Pasadena, Califórnia. Com o risco de perder os leitores que não são missionários, vamos tomar uns poucos minutos para esboçar algumas diferenças significativas entre o Movimento de Crescimento da Igreja e os Movimentos de Plantação de Igrejas.

Há pelo menos três áreas nas quais o Movimento de Crescimento da Igreja se diferencia significativamente dos Movimentos de Plantação de Igrejas. Primeiro, o Movimento de Crescimento da Igreja associa igrejas maiores com igrejas melhores. O crescimento de megaigrejas tem se tornado mais e mais comum no cenário evangélico. Os Movimentos de Plantação de Igrejas, por outro lado, aderem ao princípio que *menor* é *melhor*. Igrejas nos lares com um ambiente íntimo estão no coração de cada Movimento de Plantação de Igrejas.

Segundo, o Movimento de Crescimento da Igreja tem orientado muitos missionários a se concentrarem nos "campos de colheita" ou "campos receptivos" à custa dos não alcançados e do que podem parecer campos não receptivos. Em contraste, nossa análise descritiva revela que Deus escolheu lançar mais Movimentos de Plantação de Igrejas entre os menos prováveis candidatos – grupos de pessoas não alcançados, que têm sido geralmente rejeitados por aqueles que procuram por campos de colheitas receptivos.

Terceiro, o Movimento de Crescimento das Igrejas defende a ideia de investir recursos (especialmente missionários) nos campos de colheita receptivos. O raciocínio é que há poucos ceifadores e que, então, deveríamos preservá-los das áreas difíceis e, em vez disso, investi-los nos grupos de pessoas que já provam ser responsivos ao Evangelho.

Uma vez mais, como você verá nos estudos de caso a seguir, a abordagem de investir mais e mais recursos no campo é, na verdade, o *contrário* do que vemos Deus fazendo nos Movimentos de Plantação de Igrejas. Nos Movimentos de Plantação de Igrejas, o papel do missionário ou do estrangeiro é mais pesado no começo. Uma vez que o grupo de pessoas começa a responder, é essencialmente importante que as pessoas de fora (missionários) se tornem menos e menos dominantes, enquanto os próprios novos cristãos se tornem os principais plantadores e líderes do movimento.

Manter essas diferenças em mente nos ajudará a evitar ver os Movimentos de Plantação de Igrejas através das lentes do Movimento de Crescimento da Igreja e nos libertar para ver o que Deus está fazendo e como ele está trabalhando.

Os Movimentos de Plantação de Igrejas não são apenas um milagre divino. Os profissionais do Movimento de Plantação de Igrejas têm sido rápidos em dar a glória do movimento a Deus, tanto que, de fato, alguns têm descrito os movimentos como puramente um ato de Deus. "Não poderíamos pará-lo se quiséssemos", um colega comentou. Sua humildade era admirável, porém enganosa. Reduzir os Movimentos de Plantação de Igrejas a puramente um milagre divino tem o efeito de rejeitar o papel da responsabilidade humana. Se Deus sozinho está produzindo os Movimentos de Plantação de Igrejas, então Deus sozinho tem que ser culpado quando não há Movimentos de Plantação de Igrejas.

O que são Movimentos de Plantação de Igrejas 27

A verdade é que Deus deu aos Cristãos papéis vitais a desempenhar no sucesso ou no fracasso desses movimentos. Durante os poucos anos passados temos aprendido que há muitas maneiras pelas quais podemos obstruir, e até mesmo parar, os Movimentos de Plantação de Igrejas. Em muitos casos, atividades bem intencionadas que estão fora do compasso com os caminhos de Deus têm servido para atrasar e até matar o movimento. Os Movimentos de Plantação de Igrejas são miraculosos na forma como transformam vidas, mas também são bastante vulneráveis à interferência humana.

Os Movimentos de Plantação de Igrejas não são invenções do Ocidente. Em janeiro de 2001, o autor falou para um grupo de líderes da igreja do norte da África reunidos para discutir o assunto dos Movimentos de Plantação de Igrejas. Pouco antes de a sessão começar, alguém me avisou: "Esses irmãos e irmãs não estão procurando pelos últimos métodos de plantação de igrejas dos Estados Unidos. Se isso for o que você trouxe da América, está perdendo seu tempo e o deles".

Com essa admoestação em mente, comecei com uma confissão honesta: "Os Movimentos de Plantação de Igrejas não são um fenômeno americano. De fato, por ter crescido nos Estados Unidos, quase perdi a oportunidade de ver essa coisa maravilhosa que Deus estava revelando entre os perdidos em todo o mundo".

Os Movimentos de Plantação de Igrejas não se originaram no Ocidente, apesar de terem ocorrido no mundo ocidental juntamente com outras partes do planeta. São uma descrição do que Deus está fazendo em muitos países, mas não estão limitados a um tipo ou outro de cultura.

Quanto aos líderes das igrejas do norte da África, tudo o que eles realmente queriam saber era se aquilo era algo que Deus estava fazendo. A partir desse ponto eles entusiasticamente abraçaram esse poderoso instrumento de salvação de Deus.

Finalmente, um Movimento de Plantação de Igrejas não é um fim em si mesmo, mas um *meio* para atingir um fim. Aqueles que seguem os Movimentos de Plantação de Igrejas às vezes pecam pela exuberância. Ficam tão entusiasmados com os Movimentos de Plantação de Igrejas que praticamente vendem suas almas por amor ao movimento. Quando isso acontece é porque permitiram que o movimento fizesse o "papel de deus", e os resultados são desastrosos para ambos, o movimento e o indivíduo.

Os Movimentos de Plantação de Igrejas são simplesmente uma forma pela qual Deus está atraindo um massivo número de pessoas perdidas para uma comunidade salvadora. Essa relação salvadora – mais do que qualquer movimento ou método – é o que toca a visão final, a glória de Deus, isso é tudo o que desejamos.

Isso nos traz a uma pergunta final e importante à medida que nos preparamos para investigar os Movimentos de Plantação de Igrejas mais a fundo. Por que eles são tão importantes? Por que precisamos estudá-los e entendê-los? Há várias razões.

Primeiro, os Movimentos de Plantação de Igrejas são importantes porque Deus está poderosamenre operando neles. Todo profissional do Movimento de Plantação de Igrejas chega com a mesma percepção humilde de que Deus está fazendo algo extraordinário no meio deles. Pessoas podem planejar e sonhar, mas apenas Deus pode voltar os corações dos não cristãos para ele.

Se não houvesse outra razão além dessa, já seria o suficiente. Se quisermos estar em missão com Deus, e não simplesmente seguir nossa própria agenda, então *devemos* voltar nossa atenção à maneira pela qual ele está usando os Movimentos de Plantação de Igrejas para trazer um grupo inteiro de pessoas para ele.

Segundo, precisamos aprender tudo o que podemos sobre os Movimentos de Plantação de Igrejas devido ao papel crucial que Deus tem reservado para exercermos. A diferença entre os Movimentos de Plantação de Igrejas e os outros que se aproximem a eles é geralmente a diferença entre as pessoas de Deus que se alinham adequadamente com o que ele está fazendo e aquelas que fracassam em assim proceder.

Alguns aspectos dos Movimentos de Plantação de Igrejas são lógicos e intuitivos, mas muitos não são. Aqueles que perdem esse ponto podem encontrar-se como o recém-convertido apóstolo Paulo, *resistindo ao aguilhão*. Um aguilhão era um ferrão de gado do primeiro século usado pelo pastor para empurrar o gado para onde ele gostaria que fosse. Quando agimos por nosso próprio pensamento em vez de nos adequarmos aos caminhos de Deus, somos como um rebanho obstinado que se põe em desacordo com a vontade do Senhor. Se quisermos estar em missão com Deus simplesmente *devemos* parar tempo suficiente para entender *como* Deus está em missão. Apenas então poderemos saber com certo grau de certeza que estamos alinhados como seus instrumentos, e não desalinhados como seus obstáculos.

A terceira razão pela qual os Movimentos de Plantação de Igrejas são tão importantes é por aquilo que eles realizam. Sem exageros podemos dizer que os Movimentos de Plantação de Igrejas são a *maneira mais eficaz no mundo hoje para atrair milhões de perdidos para a salvação, construindo relações de discípulos com Jesus Cristo*. Isso pode parecer uma afirmação ambiciosa, mas é uma descrição honesta e precisa de como Deus está ganhando um mundo perdido.

Finalmente, os Movimentos de Plantação de Igrejas são importantes porque eles multiplicam a glória de Deus. O profeta Habacuque nos estabeleceu um ponto de referência com uma missão de um tempo em que *a terra ficará cheia do conhecimento da glória do Senhor, assim como as águas enchem o mar.*[4] A glória do Senhor não é nada menos do que a clara revelação do próprio Deus. É por isso que Jesus veio. Para nos revelar a glória de Deus. *E nós vimos a revelação da sua natureza divina, natureza que ele recebeu como Filho único do Pai.*[5]

O fim último de todos os cristãos deve ser glorificar a Deus. Glorificamos a Deus quando o revelamos em toda sua plenitude. Os cristãos encontram essa plenitude de Deus em seu Filho e a experimentam quando seu Filho vem habitar em nossos corações e através de nossas vidas.

---

4   Hc 2.14
5   Jo 1.14

Em sua graça, Cristo transmite essa mesma glória a todos os que o convidam para suas vidas como Salvador e Senhor. Para aqueles que submetem seu Reino em suas vidas, Cristo os enche com sua glória, a mesma glória de Deus. É por isso que Paulo podia falar com confiança: *Cristo está em vocês, o que lhes dá a firme esperança de que vocês tomarão parte na glória de Deus.*[6] É por isso que Jesus disse aos seus discípulos: *E a natureza gloriosa do meu Pai se revela quando vocês produzem muitos frutos e assim mostram que são meus discípulos.*[7]

A humanidade sem Jesus Cristo pode ter a imagem de Deus, mas não sua glória. Nos Movimentos de Plantação de Igrejas, a glória do Senhor está se espalhando de pessoa para pessoa, de grupo de pessoas para grupo de pessoas, como um rio cheio quando começa a transbordar sobre suas margens até que *cobre toda a terra como as águas enchem o mar.*

Nenhum outro caminho multiplica a glória de Deus tão rápida e efetivamente nos corações de tantas pessoas. Nenhuma outra forma tem atraído tantos novos cristãos para comunidades de fé existentes nas quais podem continuar a ser mais parecidos com Cristo. É por isso que os Movimentos de Plantação de Igrejas são tão importantes.

Agora esclarecemos nossa definição. Abordamos as suspeitas comuns alinhadas com falsas concepções e explicamos como os Movimentos de Plantação de Igrejas são únicos. O terreno está preparado. O restante do livro é dedicado a traçar um perfil dos verdadeiros Movimentos de Plantação de Igrejas aprendendo tudo que pudermos sobre eles.

---

6   Cl 1.27
7   Jo 15.8

Parte 2

Movimentos de Plantação de Igrejas ao redor do mundo

Parte 2

Movimentos de Plantação de Igrejas ao redor do mundo

Ao visitarmos os Movimentos de Plantação de Igrejas ao redor do mundo, encontraremos alguns que são modelos para estudo e aprendizagem, mas veremos outros que quase não atingiram o alvo; alguns que *costumavam ser* Movimentos de Plantação de Igrejas, e alguns que ainda devem se tornar Movimentos de Plantação de Igrejas. Tenha isso em mente à medida que você lê esses estudos de casos. Use nossa definição descritiva para ver quais são verdadeiros Movimentos de Plantação de Igrejas e quais não são. Depois, veremos quais lições podemos aprender desses exemplos, e talvez até diagnosticar as razões pelas quais alguns deles não se desenvolveram plenamente.

Nossa jornada começará com dois gigantes da Ásia, a Índia e a China, e depois nos moveremos para o resto da Ásia. Em seguida, visitaremos o mundo muçulmano, onde dezenas de milhares vieram a Cristo durante a última década. Depois cruzaremos o Atlântico para ver o que Deus está fazendo na América Latina. Finalmente, voltaremos nossa atenção para o ocidente e examinaremos os Movimentos de Plantação de Igrejas na Europa e nos Estados Unidos.

Ao fazermos essa excursão pelo mundo, resistiremos à tentação de nos demorarmos muito tempo em algum lugar. Guardaremos os comentários e muitos dos *insights* até a Parte 3: Lições aprendidas.

Alguns podem perguntar por que quase a metade dos nossos exemplos vem da Ásia. De fato, Deus reservou cerca da metade de seus milagres para a metade da população do mundo. As duas nações da Índia e da China sozinhas constituem quase quarenta por cento da população do mundo. Por isso, é simplesmente natural que comecemos nossa pesquisa lá.

3

Índia

No estado de Pradesh Madhya um Movimento de Plantação de Igrejas produz 4 mil novas igrejas em menos de sete anos.

Nos anos 90, quase mil novas igrejas são plantadas em Orissa, com outros mil novos pontos de alcance. Durante 2001, uma nova igreja foi iniciada a cada 24 horas.

Um Movimento de Plantação de Igrejas entre os povos de fala Bhojpuri resulta em mais de 4 mil novas igrejas e 300 mil novos cristãos.

Com mais de um bilhão de habitantes, a Índia é um mundo dentro do mundo. É uma terra de contrastes extremos: urbano e rural, rico e pobre, instruído e não alfabetizado, montanhas e delta, monção e deserto. Acrescentando a isso, os contrastes da perdição e dos Movimentos de Plantação de Igrejas.

A enormidade da Índia convida a uma comparação com seu vizinho asiático, a China. Como a China, a Índia possui por volta de 17 por cento da população do mundo, mas a Índia difere de várias maneiras importantes. Onde a China converge em torno de uma civilização comum chinesa Han, a Índia é um prisma de centenas de diversos povos e línguas.

Debaixo de sua miríade de línguas e dialetos, a Índia, além disso, se divide em fronteiras invisíveis da religião, castas, status econômico, educação e origem racial. Durante milênios, ondas de imigrantes invadiram o subcontinente, cada um deixando um resíduo da língua e etnia, desde os imigrantes mais antigos, os Negritos, dos povos Australoides aos dravidianos, os Tibeto-Burman, e finalmente os conquistadores Arianos[8].

A Índia caracteriza-se pela variedade de religiões. Uma fina camada de hinduísmo, islamismo, budismo, cristianismo, janismo, sikhismo ou animismo encobre uma variedade de crenças, tanto individual quanto a dos próprios povos. Talvez a descrição mais exata da religião indiana venha do orgulho comum hindu de que "a Índia é a casa de 330 milhões de deuses".

Dentro desse grande caldeirão humano, Deus está operando. Nas próximas páginas, veremos sua mão entre os múltiplos grupos de pessoas de Madhya Pradesh, Orissa, Bilhar e Uttar Pradesh.

Cercado por terra na Índia Central, o Estado de Madhya Pradesh tem uma população de mais de 70 milhões de pessoas amontoadas em uma área um pouco maior do que o Estado da Califórnia. O hinduísmo é a principal religião do Estado, mas ele também contém alguns islâmicos e animistas. Há 77 grupos de povos principais em Madhya Pradesh, cada um com mais do que 100 mil habitantes. Os cristãos evangélicos constituem menos de um por cento da população, mas isso está mudando rapidamente.

Em 1993, o dr. Victor Choudhrie, então um proeminente cirurgião de câncer, rendeu-se ao chamado do Senhor para evangelizar e plantar igrejas entre os povos de Madhya Pradesh. Durante os oito anos seguintes, Deus abençoou seu ministério. Hoje existem mais de 4 mil igrejas no Estado com mais de 50 mil cristãos.

Qual a natureza desse Movimento de Plantação de Igrejas? Para Choudhrie, ele começa com a restauração da compreensão do Novo Testamento a respeito de Igreja em oposição à visão contemporânea de igreja como um edifício. Ele explica:

---

8   Paul Hockings, volume editor Encyclopedia of World Cultures, Volume III; South Asia (Boston: G.K. Hall and Co., 1992), p. xxiii

Índia

37

A Índia vive em aldeias. Há seiscentas mil aldeias. Além disso, muitas de nossas cidades são um conglomerado de aldeias. Hoje precisamos de pelo menos um milhão de igrejas. Muitas aldeias são grandes e têm muitas castas vivendo nelas. Portanto, o número exato é substancialmente mais alto. Ninguém, nem mesmo o Tio Sam, tem a capacidade de construir esse número igrejas. Nem temos a capacidade de mantê-las, mesmo que alguém nos desse de graça. Não precisamos realmente delas, já que todas as casas de que precisamos já estão disponíveis para nós nas aldeias e cidades. Sendo a Noiva de Cristo, as igrejas nos lares rapidamente se multiplicam, por isso não precisamos de casas grandes.[9]

Choudhrie modelou o Movimento de Madhya Pradesh com uma combinação potente de ensino bíblico, liderança leiga e acomodações em igrejas nos lares, evitando a dependência das finanças estrangeiras que esgotam as energias. Ele explica:

Finanças não são um problema, pois a maioria das igrejas nos lares se mantém com um "baixo" ou "sem" orçamento. Simplesmente não há contas de manutenção e salários a serem pagos. Então, em vez de frequentemente pregar sermões sobre como ser mordomos e ser dizimistas, os líderes podem focar em completar a tarefa da Grande Comissão de fazer discípulos de todas as nações.[10]

Para aqueles que questionam se as igrejas nos lares são capazes de suportar a prova do tempo, Choudhire aponta para a alternativa: "As catedrais vazias na Europa são testemunhas silenciosas da esterilidade da igreja. Por que imitar um modelo fracassado?"[11]

Um plantador de igrejas leigo que se juntou a Choudhrie compartilhou um testemunho revelador:

Eu conheci Jesus no final dos anos 80. Não muito tempo depois disso, tive a experiência de participar de uma grande cruzada evangelística na cidade. Impressionado, voltei para minha aldeia e, por anos, organizei cruzadas parecidas lá e nos arredores da aldeia. Milhares foram, e todos gostaram. As cruzadas foram tão bem-sucedidas, que até os mancos puderam caminhar novamente – e foram embora, para nunca mais retornar; os cegos puderam ver – e nunca mais olharam para trás.[12]

Frustrado com o fruto passageiro do evangelismo em massa, o plantador de igrejas nas aldeias procurou ajuda.

---

9   Em Victor Choudhrie, "House Church: A Bible Study", in: *House2House*, Março de 2001: 1.
10   Ibid.
11   Ibid.
12   Victor Chroudhrie, "India: 3,000 House Churches Planted in Madhya Pradesh since 1994." (Testemunho de maio de 2001, não mais disponível no site quando da publicação desta edição em português – N. de Revisão.)

38 Movimentos de Plantação de Igrejas

> Em 1994, eu compareci a um seminário sobre plantação de igrejas nos lares que mudou completamente minha opinião. Desisti dos custos e dificuldades de organizar cruzadas e comecei a plantar igrejas nos lares com um ardente zelo evangelístico, resultando em quase 500 igrejas nos lares iniciadas nos distritos vizinhos. Não plantamos apenas uma igreja nos lares por aldeia, porque há um número de grupos de pessoas que requer suas próprias igrejas nos lares. Espero que esse número de igrejas nos lares dobre nos próximos 12 meses.[13]

A história do plantador de igrejas não é incomum. Ele mora em um canto remoto do Estado entre os povos tribais nas aldeias da selva de Madhya Pradesh. Como Choudhrie, ele é focado em grupos de pessoas e comprometido em multiplicar as igrejas nos lares.

Como alguém levanta milhares de líderes de igrejas necessários para pastorear esse movimento tão potente? Chroudhrie vê a resposta no próprio movimento. "Precisamos de centenas de milhares de pastores para a igreja, que não podem ser produzidos em seminários, mas podem ser facilmente equipados nas igrejas nos lares."

Ele continua: "Seminários preparam pastores para uma simples congregação, enquanto igrejas nos lares seguem a fórmula 222 (2Tm 2.2). Eles preparam discípulos para plantar igrejas ao multiplicar a liderança."[14]

Choudhrie estima que serão necessárias 30 mil igrejas para alcançar os habitantes de Madhya Pradesh, mas alguns especulam que mais de 100 mil igrejas serão necessárias. "Seja o que for necessário fazer", diz Choudhrie, "deve ser feito".

No Sudeste de Madhya Pradesh fica o Estado de Orissa com 40 milhões de habitantes e uma taxa de alfabetização que não passa de 35 por cento entre os homens e é bem menor entre as mulheres. A população dominante de Orissa são os hindus que falam o idioma oriya, de origem indo-europeia, mas o Estado é também o lar de muitos muçulmanos e animistas de descendência dravidiana. Um desses povos tribais, residente nos Montes Khond do Sudeste de Orissa, é conhecido como kui.

Os kui são povos agrícolas que se retiraram para os Montes Khond como uma forma de manter sua identidade étnica diante da invasão dos colonizadores falantes da língua oriya. Os kui são

---

13   Ibid.
14   Chroudhrie adaptou o princípio do missionário treinador, Bruce Carlton (veja capítulo 5).

Índia

predominantemente de cultura oral sem literatura própria, apesar de que a maioria dos homens tenham se tornado bilíngues por terem acrescentado o oriya à sua língua nativa. Por séculos, a maioria dos hindus de fala Oriya veem as tribos kui como marginalizadas sociais sem status na sociedade.

Os primeiros missionários chegaram a Orissa em 1822, mas ignoraram os kui que continuaram escondidos no país do monte. Durante o século seguinte, entretanto, o Evangelho foi apresentado e poucas igrejas foram iniciadas entre os kui. Depois das duas Guerras Mundiais e da Grande Depressão, o mundo lá fora perdeu o contato com as remotas tribos dos Montes Khond de Orissa.

Quando os missionários itinerantes retornaram à região em meados dos anos de 1980, encontram 100 igrejas kui espalhadas por todos os Montes Khond. Eles imediatamente começaram a encorajar essas jovens igrejas a crescerem e a se multiplicarem. Com as energias renovadas, as igrejas kui começaram a se espalhar. Durante os cinco anos seguintes, o número de igrejas kui quase dobrou. Então, durante a década de 1990, aumentaram para mais de 1.200 com outras 1.000 igrejas em desenvolvimento. Em 2001, Orissa viu o começo de uma nova igreja a cada quase 24 horas.

O ressurgimento moderno do movimento kui pode ser remontado ao compromisso do missionário agrícola John Langston em meados dos anos de 1980. O trabalho agrícola de Langston ganhou o favor do governo porque tratava de necessidades, como a fome, mas o amor de John pelos kui foi além de suas necessidades físicas.

Nos anos que se seguiram, Calvin e Margaret Fox se juntaram a Langston. Juntos eles planejaram o que era necessário para alcançar todos os kui com o Evangelho. Reconhecendo que o recurso mais importante para ganhar as massas perdidas era os próprios cristãos kui, os missionários se concentraram em treinar os membros da igreja kui, em vez de focar no clero profissional, para transformá-los em evangelistas da linha da frente e em plantadores de igrejas.

Sem permissão para estabelecer um seminário teológico, os missionários optaram por uma abordagem não institucional, oferecendo pequenos segmentos de treinamento que variavam de poucas semanas a poucos meses de cada vez. O treinamento geralmente ligava educação de saúde rural e agrícola com mensagens bíblicas de evangelismo e plantação de igrejas. Às vezes, os kui viajavam para um local central para o treinamento, mas geralmente o treinamento era levado a eles nas aldeias.

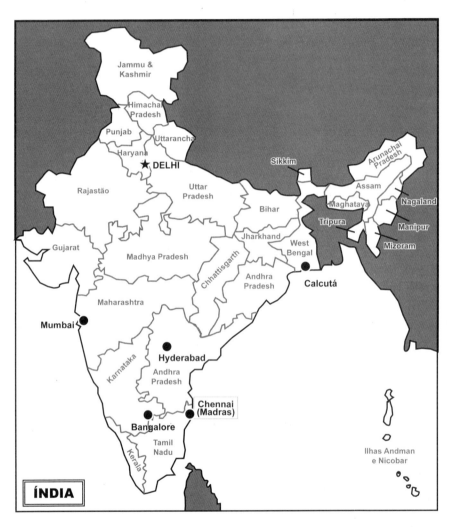

Para acelerar a difusão do Evangelho no interior, os missionários e os cristãos kui juntavam-se para produzir um programa de rádio que transmitia temas como saúde pública e informação agrícola na língua oriya, seguido de histórias do Evangelho na língua kui. Mais do que espalhar o Evangelho ao vento, os missionários planejavam

Índia 41

sistemas para reunir aqueles que respondiam ao Evangelho nas novas igrejas que começavam. Eles fizeram isso ao treinar cristãos kui para juntar grupos de não cristãos para ouvir a transmissão de rádio e, então, discutir a mensagem que eles ouviram. Esses "grupos de ouvintes" tornaram-se as estufas para desenvolver novas igrejas.

Só em 1997 havia pelo menos 450 grupos de ouvintes que, atentamente, seguiam os dois programas semanais no seu idioma do coração. Em 2000, havia mais de 1.000 grupos de ouvintes. Em breve o ministério de rádio foi complementado por fitas de áudio. As viagens dos evangelistas agrícolas duravam uns poucos dias em uma aldeia, ensinando as melhores práticas agrícolas durante o dia, mas, à noite, ofereciam uma verdade mais profunda.

Um evangelista explicou: "Tudo que tínhamos que fazer era sentar em frente à nossa barraca com um gravador cassete tocando as histórias evangélicas no idioma kui. Uma multidão de ouvintes sempre acompanhava. Esses ouvintes em breve tornaram-se novos grupos de igrejas".

Para um povo cujo idioma e cultura tinham sido, há muito tempo, marginalizados, a oportunidade de ouvir o Evangelho – ou qualquer coisa – em sua língua do coração era um presente tão precioso quanto a agricultura ou a medicina. Uma senhora idosa kui ouviu com espanto o programa antes de exclamar: "Onde vocês conseguiram aquela caixa que fala meu idioma?"

Enquanto os missionários tinham um papel importante no Movimento de Plantação de Igrejas kui, o avanço verdadeiro veio quando do o próprio povo kui começou a impulsionar o avanço.

Em junho de 1997, dois ou três homens kui visitaram o lugar do projeto agrícola missionário, dizendo ao missionário: "Começamos vinte igrejas", e prosseguiram mostrando em um mapa onde aquelas igrejas estavam localizadas. Eles estavam em uma das áreas nas quais não havia igrejas e ou contato missionário de qualquer tipo.

O missionário ficou preocupado que ele tivesse compreendido errado o que os kui estavam dizendo. "Você quer dizer vinte famílias?", ele perguntou.

"Não", eles responderam, "Nós temos vinte igrejas".

"Bem, quantas famílias estão em cada igreja?", o missionário perguntou.

Os homens kui responderam: "Cada igreja tem aproximadamente cem famílias".[15]

Hoje, Langston e os Foxes já deixaram Orissa, mas o impulso nativo tem, há muito tempo, levado adiante o Movimento de Plantação da Igreja kui. Além de ganhar com o evangelismo e a paixão dos missionários em plantar igrejas, os cristãos kui também começaram a mostrar seu zelo pelas missões transculturais. Os kui identificaram vários grupos de pessoas não evangelizadas nos Montes Khond e começaram a usar as habilidades transculturais que aprenderam com os missionários para transmitir o tesouro do Evangelho.

Nos Estados de Bihar e Uttar Pradesh, ao norte da Índia, você encontrará cerca de 90 milhões de pessoas espalhadas em uma variedade de comunidades étnicas, todas falando o idioma bhojpuri. O autor do livreto *Movimentos de Plantação de Igrejas* de 1999 retratou esse movimento sob o pseudônimo "O Bholdari da Índia".[16] Mesmo quando o livreto estava para ser publicado, o movimento bhojpuri estava alcançando uma massa crítica de tal tamanho e expansão que aqueles envolvidos no trabalho sentiram que isso poderia ser descrito abertamente sem colocar o trabalho em perigo. Aqui pegaremos alguns parágrafos para revisar o perfil bhojpuri antes de atualizar com o crescimento formidável que ocorreu nos poucos anos passados.

Os povos que falam bhojpuri estão espalhados através de mais de 170 mil aldeias na Índia e no Nepal. A população inclui cada uma das quatro maiores castas juntamente com milhões de Intocáveis ou Dalits, povos sem casta. A região central de Bhojpuri é um microcosmo

---

15 Essa história foi publicada em um relatório da Southern Baptist International Mission Board: Mark Snowden, ed., *Toward Church Planting Movements*, p. 37. Com uma média de oito pessoas por família, isso indicaria uma membresia de 16 mil pessoas em 20 igrejas.

16 David Garrison, *Church Planting Movements* (Richmond: International Mission Board, 1999), pp. 21-26

Índia 43

de todo o subcontinente. Como tal, a maioria dos grupos de pessoas é extremamente empobrecida e analfabeta, enquanto uma pequena minoria controla muito da riqueza e dos recursos da região.

Mais de 85 por cento dos povos bhojpuri são hindus e o restante é islâmico ou animista, com uns poucos budistas espalhados. Nos anos passados, os missionários jesuítas atraíram números consideráveis de Intocáveis para a Igreja Católica, mas sua membresia ainda conta com menos de um décimo de um por cento do total da população de falantes de bhojpuri.

Em 1947, os Batistas contaram 28 pequenas igrejas entre os bhojpuri, um número que permaneceria estagnado até os anos 90. Em 1989, as minguantes congregações batistas agarraram-se obstinadamente a uns poucos prédios e terras, mas sua membresia estava envelhecendo e, aos poucos, perdendo vitalidade.

No mesmo ano, os batistas do sudeste nomearam os coordenadores estratégicos David e Jan Watson para os povos de fala bhojpuri. Seguindo um ano de estudo da língua e aquisição da cultura, os Watsons lançaram um plano agressivo de evangelismo e plantação de igrejas. Os primeiros esforços exigiram que os evangelistas e plantadores de igrejas do sul da Índia pregassem o Evangelho nas aldeias. Esse método tinha sido altamente bem-sucedido no sul da Índia, porém menos amplamente usado no norte.

Para o horror dos Watson, os primeiros seis evangelistas indianos foram brutalmente assassinados em eventos separados todos no período de um ano. David estava devastado e queria ir embora de Bhojpuri, mas Deus não o liberaria.

O que se seguiu foi um tempo de muita ponderação e reavaliação. Abandonando sua estratégia anterior, Watson escolheu adotar a abordagem que Jesus tinha usado quando enviou os 72 discípulos, dois a dois. A estratégia está descrita em Lucas 10: *Quando entrarem numa casa, façam primeiro esta saudação: "Que a paz esteja nesta casa!" Se um homem de paz morar ali, deixem a saudação com ele. [...] Fiquem na mesma casa [...]* Não fiquem mudando de *uma casa para outra.* As instruções continuam: *"Quando entrarem numa cidade e forem bem-recebidos, comam a comida que derem a vocês. Curem os doentes daquela cidade e digam ao povo dali: "O Reino de Deus chegou até vocês".* [17]

Durante os próximos dois anos, evangelistas indianos corajosos saíram novamente, dessa vez procurando por uma pessoa de paz. Quando eles encontraram o homem de Deus de paz, uniram-se a ele e o discipularam na fé cristã. O homem de paz então se tornou o líder da igreja em sua família e em sua comunidade.

A abordagem era surpreendentemente simples, contudo sociologicamente profunda. Estrangeiros que chegavam às aldeias precisando de patrocínio o encontraram no homem de paz. Os evangelistas anteriores que foram martirizados tinham sido eficazes ao ponto de batizar novos cristãos. Alguns relatórios indicaram que foi o batismo de mulheres e rapazes nas aldeias que havia provocado a hostilidade local. Dessa vez, era uma pessoa de Bhojpuri – o homem de paz – que tinha feito o batismo, começando com sua própria família.

Em 1993, o número de igrejas bhojpuri cresceu de 28 para 36, o primeiro acréscimo em mais de três décadas. Watson rapidamente planejou um programa de treinamento para assegurar que uma corrente constante de plantadores de igrejas evangelistas estivesse disponível. Nos anos seguintes o número de igrejas elevou-se dramaticamente de 78 em 1994, para 220 em 1995. Durante os próximos dois anos, os números cresceram além da capacidade de Watson de acompanhá-los. Sua melhor estimativa foi que outras 700 novas igrejas ou mais tenham sido iniciadas em 1997 e pelo menos 800 no ano seguinte.

Em uma entrevista em 1998, Watson estava cauteloso: "Não quero exagerar", ele disse, "mas deve ter pelo menos 55 mil bhoujpuri que chegaram à fé nos últimos sete anos". Descobrimos mais tarde que ele estava longe de exagerar.

Havia razões para a cautela de Watson. Era difícil para qualquer estrangeiro ter uma imagem clara do que estava acontecendo entre os bhojpuri. Repleto de crimes, doenças e conhecida como um cemitério de missionários, Bihar é um dos estados mais pobres e inconstantes da Índia. Bihar e Pradesh Uttar oriental são também o

---

17   Lc 10.5-9

centro do nacionalismo hindu e contrário às atividades missionárias estrangeiras. Esses fatores conspiravam para manter estrangeiros longe da vanguarda do movimento, instigando muitos a questionarem sobre a mera existência do então chamado Movimento de Plantação de Igrejas bhojpuri.

Em outubro de 2000, em um esforço para esclarecer o que estava acontecendo entre os bhojpuri, a Diretoria de Missão Internacional Batista do Sul enviou um grupo de pesquisadores a Bihar para avaliar o movimento. O que eles descobriram acabava com quaisquer dúvidas sobre o milagre de Bhojpuri.

A investigação descobriu que o movimento tinha acontecido de um lado a outro da pátria Bhojpuri. Pegando amostras múltiplas de vários pontos de referência, os pesquisadores cuidadosamente redigiram três projeções de tamanho separadas para o movimento: baixa, moderada e alta.

A projeção **mais baixa** estimou 3.277 igrejas entre os bhojpuri com quase 250.000 membros. A estimativa baixa calculou quase 50.000 batismos com outros 10.600 novos grupos de alcance (início de igreja embrionária) atualmente a caminho.

Na estimativa **moderada** o número total de igrejas era mais de 4.300 com 30.000 membros batizados, mais de 66.000 dos quais tinham sido batizados nos últimos doze meses. Esses números foram complementados com mais de 14.000 novos grupos de alcance atualmente em progresso.

A estimativa **alta** para outubro de 2000 o número de cristãos era de 374.500 adorando regularmente em mais de 5.400 igrejas com mais 17.600 novos grupos de alcance em progresso. Na estimativa alta, quase 83.000 bhojpuri tinham sido batizados nos 12 meses anteriores.

Baixo, médio, ou alto, os resultados revelaram que Deus estava ocupado entre os falantes do idioma bhojpuri do norte da Índia e tinha grandes lições para nos ensinar.

46   *Movimentos de Plantação de Igrejas*

O estudo revelou que a maioria das igrejas era conduzida por um pastor leigo local e um colíder recrutado e mentoreado pelo pastor. A média do tamanho da igreja era de quase 85 membros. Os bhojpuri louvavam em seu próprio idioma com ênfase na oração e os hinos cantados levaram à publicação de um hinário bhojpuri em outubro de 2000.

A alta taxa de analfabetismo entre os bhojpuri fez com que o discipulado se tornasse um desafio. Os cristãos bhojpuri não alfabetizados ouvem as fitas cassete com as Escrituras e são ensinados a governar suas decisões para a vida com a pergunta: "Como posso obedecer a Cristo nessa situação?"

Para os bhojpuri, a oração é fervorosa, frequente e fielmente respondida. O clima de perseguição, a rotina dos ataques de doenças e as experiências comuns de assaltos demoníacos conspiraram para manter os bhojpuri de joelhos, onde eles encontram Deus esperando para levantá-los de volta. Um observador estrangeiro entre os bhojpuri comentou: "Essas pessoas conhecem Jesus primeiro como aquele que cura, então ficam para conhecê-lo como Salvador". Entre os cristãos existe a percepção que Deus especialmente escolheu derramar sua salvação entre eles.

Um ar de poder divino e certeza acompanha essa convicção do favor de Deus, mas nem sempre foi dessa maneira. Um pastor bhojpuri de uma das mais antigas igrejas Batistas Livres em Bihar confessou: "Preguei por mais de 20 anos nessa região com pouco resultado, mas agora se testemunho para dez hindus, sete aceitarão Cristo. Não sei o que aconteceu, mas espero que isso nunca pare".[18]

Os bhojpuri se juntam a uma lista crescente de grupos de pessoas que têm experimentado os Movimentos de Plantação de Igrejas por toda a Índia. Se os milhões de perdidos do subcontinente ouvirem o Evangelho, muito mais Movimentos de Plantação de Igrejas serão necessários.

Talvez o único país atualmente que relata mais Movimentos de Plantação de Igrejas do que a Índia seja também o único país ainda maior que a Índia. Vamos voltar nossa atenção para a China.

---

18   De uma entrevista conduzida pela equipe de pesquisa IMB em outubro de 2000.

4

China

Na China mais de 30.000 cristãos são batizados todo dia.

Um Movimento de Plantação de Igrejas em uma província do norte da China vê 20.000 novos cristãos e 500 novas igrejas começarem em menos de cinco anos.

Na província de Henan o cristianismo cresce de menos de um milhão para mais de cinco milhões em apenas oito anos.

Cristãos chineses no Condado de Qing'an da província Heilong-jiang plantam 236 novas igrejas em um único mês.

No sul da China, um Movimento de Plantação de Igrejas produz mais de 90.000 cristãos batizados em 920 igrejas nos lares em um período de oito anos.

Em 2001 um emergente Movimento de Plantação de Igrejas tem como resultado 48.000 novos cristãos e 1.700 novas igrejas em um ano.

Ocenário cultural da Ásia sempre girou em torno da China. Os chineses adequadamente nomearam seu país de "Reino do Meio" ou mais acertadamente, *o centro do mundo*. Certamente isso é verdade em relação à população, mas também em relação à cultura e à influência.

A China foi o primeiro campo missionário estrangeiro para muitas agências missionárias protestantes. É encorajador ver que, hoje, a China é casa da igreja com o crescimento mais rápido e do maior Movimento de Plantação de Igrejas do mundo. Apenas duas décadas atrás poucos previram esse desenvolvimento surpreendente.

Depois dos anos turbulentos da Segunda Guerra Mundial, os missionários retornaram para encontrar a China destroçada pela guerra civil entre os exércitos nacionalistas e os rebeldes comunistas. Em 1949, os comunistas venceram, levando as forças nacionalistas ao exílio e os missionários estrangeiros para fora do país. Aqueles que resistiram foram presos ou mortos.[19]

Na conjuntura crítica da vida da igreja na China, havia menos de um milhão de cristãos protestantes em um país cuja população então excedia 500 milhões. Isso parecia ser um ponto baixo para o cristianismo na China, mas isso não era nada comparado com o que estava por vir.

Em 1995, o presidente Mao Tse Tung iniciou seu *Grande Salto*, uma campanha agressiva de desenvolvimento agrícola e exportação que durou cinco anos e quase levou o país à ruína. Apenas recentemente os analistas da China confirmaram o que muitos suspeitavam e temiam: o programa foi uma charada da prosperidade, deixando aproximadamente 10 milhões de chineses mortos de fome e com doenças causadas pela desnutrição.

Essa calamidade abateu de forma especial os cristãos. Vistos como religiosos estrangeiros, muitos cristãos foram enviados ao interior para reeducação e para removê-los dos centros urbanos de influência. Esses mesmos cenários do interior foram os mais severamente impactados pelo *Grande Salto*. Provavelmente nunca saberemos quantos cristãos morreram durante esse período.

---

19 Veja o exemplo do missionário dr. Bill Wallace, em Jesse Fletcher, *Bill Wallace of China* (Nashville: Broadman Press, 1963), 155 pp.

Mesmo sendo tão devastador, o *Grande Salto* não foi a situação mais difícil da história do cristianismo durante a China comunista. Esse mérito vai para a Revolução Cultural (1966-1976), uma orgia do governo patrocinando terror, que resultou em perseguição e tormento para milhões. Qualquer coisa considerada estrangeira ou culturalmente inconsistente com a ideologia maoísta era sujeita a ataque. Quadrilhas de jovens destruíram igrejas, confiscaram e queimaram bíblias.

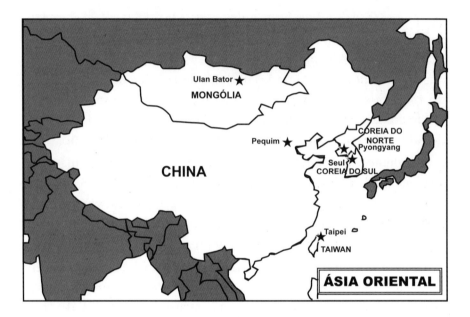

Pastores eram espancados e exibidos pelas ruas vestindo chapéu de burro. Famílias cristãs eram separadas à força e relocadas nos campos de reeducação.

Em 1989 visitei uma remota província chinesa e fui apresentado a dois líderes cristãos. Apenas depois de passarmos um tempo juntos tomando chá eles confiaram em mim. Um deles tinha passado 21 anos na prisão. O outro não via sua esposa e dois de seus filhos desde que a Guarda Vermelha a forçou a se divorciar dele, e depois o exilaram no interior durante a Revolução Cultural.

Até a época da morte de Mao, em 1976, a igreja na China ficou isolada do restante do mundo e viveu sob um implacável ataque por quase três décadas. Quando a China reabriu para o Ocidente em 1982, os visitantes estrangeiros viram que a maioria dos prédios das igrejas antigas e das instituições cristãs havia sido transformada para uso secular. Havia permanecido muito pouco da igreja chinesa que um dia tinha sido tão vital. Contudo debaixo da superfície, Deus estava agindo.

Nos anos que se seguiram à morte de Mao, havia pouca evidência do grande avivamento da igreja na China. Em 1982, a *Enciclopédia Cristã Mundial* foi acusada de ser excessivamente otimista quando afirmou que havia 1.3 milhões de cristãos na China. Quando a segunda edição foi publicada 18 anos depois, o número estimado de cristãos tinha aumentado para quase 90 milhões. Durante as décadas intermediárias, algo extraordinário tinha acontecido.

Estudantes da ressurreição da China cristã estão divididos em relação ao tamanho da população cristã na China hoje, mas existe um crescente consenso que em lugar algum na terra tantas pessoas têm vindo à fé em Jesus Cristo como na China. Durante as duas últimas décadas milhares de chineses e as minorias étnicas tornaram-se seguidores de Cristo.

Uma importante janela na vida religiosa da China foi aberta em 1999 com a publicação do livro *China's Christian Millions: the costly revival* [Milhões de cristãos da China: o caro avivamento], de Tony Lambert.[20] Lambert, ex-diplomata britânico de Pequim e Tóquio e atualmente Diretor da *China Research for the Overseas Missionary Fellowship (OMF)*, [Pesquisa da China para a Associação Missionária no Exterior] coletou amostras ao redor da China para se ter uma ideia de como Deus estava operando.

Por razões de segurança, Lambert estava relutante em especular sobre os números reais das igrejas subterrâneas, mas seus cálculos apenas das igrejas registradas e abertas são formidáveis e vêm de fontes publicadas e oficiais da China ou da rede extensa de cristãos da OMF por toda a China.

---

20   Tony Lambert, *China's Christian Millions, the costly revival* (Cingapura: OMF, 1999)

Se uma imagem vale mais que mil palavras, então considere o crescimento extraordinário que esses gráficos revelam. O que é notável é perceber quanto desse crescimento ocorreu durante as duas décadas passadas e ainda continua hoje.

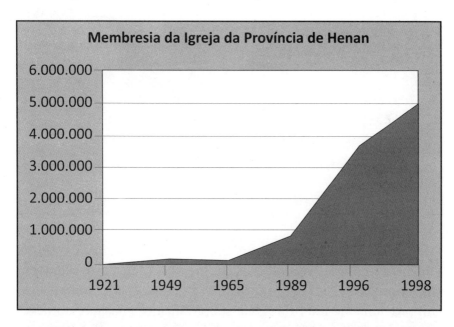

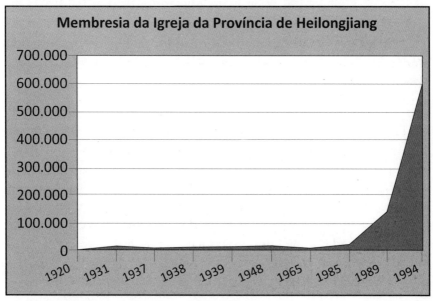

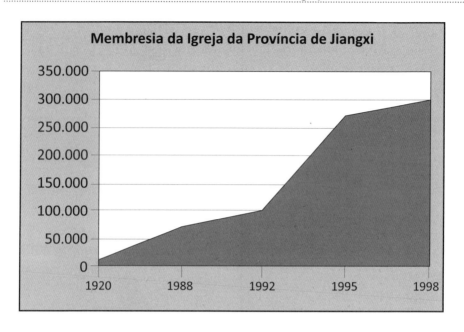

Mesmo os dados de Lambert sendo tão impressionantes, outras fontes indicam que as condições da igreja na China, especialmente nas igrejas nos lares subterrâneas, são ainda mais impressionantes. Um proeminente líder da igreja subterrânea estima que, por toda a China, 30.000 pessoas sejam batizadas todos os dias.[21] Oficiais do governo admitiram que os números fossem provavelmente mais altos ainda. Observando mais de perto dois desses Movimentos de Plantação de Igrejas chineses esclarecemos como Deus está operando nesse país.

Um típico Movimento de Plantação de Igrejas chinês pode ser visto em uma cidade que chamaremos de *Beishan*. Em 1991, um veterano do trabalho missionário em Taiwan foi designado para a cidade de Beishan[22] no norte da China. Ele começou seu trabalho com três orações: 1) que Deus faria algo tão sobrenatural que só poderia ser explicado pelo fato de que Deus havia feito; 2) que o

---

21 Fonte anônima de uma entrevista com Avery Willis, o vice-presidente para operações no exterior do conselho de Missões Internacionais.
22 Ambos os nomes, *Siu Lam e Beishan* são fictícios por razões de segurança. Todos os outros detalhes são verdadeiros e exatos.

China 53

trabalho duraria, e 3) que não dependeria dele a continuação do trabalho. Deus concedeu todos os três pedidos.

Em março de 1993, Deus levou o missionário a ter uma amizade próxima com uma pastora chamada Siu Lam, de uma das igrejas não registradas de Beishan. Deus usou a amizade com a pastora Lam para lançar o Movimento de Plantação de Igrejas na área ao redor da cidade.

Em 1986, Siu Lam formou-se em um seminário registrado e retornou para sua cidade natal de Beishan com planos de começar uma igreja ou pastoreá-la.

Siu Lam não estava satisfeita com a igreja registrada local, pois sentia que ela não era agressiva o suficiente no evangelismo da comunidade. Em 1987, começou uma pequena igreja com 14 membros. Seis anos depois, a igreja tinha crescido para mais de 1.000 pessoas adorando em vários cultos semanais.

Em dezembro de 1992, a igreja de Siu Lam montou um teatro de Natal como um meio de alcançar e proclamar o Evangelho à comunidade. Toda noite 300 pessoas enchiam a igreja, enquanto outras 300 pessoas se reuniam no pátio. A primeira apresentação criou tal comoção que chamou a atenção do prefeito de Beishan e o diretor local do Departamento Comunista de Assuntos Religiosos (DAR).

Pouco antes da abertura da segunda noite do programa, o prefeito e o diretor do DAR confrontaram Siu Lam citando a questão do controle da multidão. Eles insistiram para que ela entrasse e arrumasse um lugar para eles se sentarem para monitorarem a apresentação. Ela negou. "Ninguém é melhor ou pior do que ninguém", ela disse. "Os primeiros a vir são os primeiros a serem servidos. Se vocês querem assentos, vocês terão que ir e dizer às pessoas para saírem. Eu não irei." E ela foi embora.

No dia seguinte os oficiais enviaram representantes mais cedo para guardar lugares para eles na primeira fila. Nas várias semanas seguintes, eles foram aos cultos da igreja para observar o ensinamento da Rev. Lam.

No final de fevereiro o prefeito e o diretor do Departamento de Assuntos Religiosos entraram em contato com Siu Lam. "Temos observado você", disseram. "Você não parece ter qualquer agenda política e ensina apenas o que está na Bíblia." Ela concordou que era isso mesmo. Eles então lhe contaram sobre o fanatismo religioso (de outra maneira conhecido como oposição ao Estado) predominante no interior, especialmente, entre os camponeses rurais.

Devido à sua singular aliança com a Bíblia sem inclinação ou atividade política, eles pediram-lhe para ir às aldeias e "discipliná-los, assim eles não se tornariam inimigos do Estado". Ela educadamente recusou, mencionando falta de tempo e uma alta demanda de sua própria grande congregação.

Durante as semanas seguintes, eles pressionaram Siu Lam a ajudá-los, enquanto ela continuava a recusar. Com o terceiro convite para ajudar, eles deixaram claro que ela não tinha escolha na situação. "Que o trabalho seja feito", eles disseram.

Por volta dessa época, Siu Lam encontrou o missionário coordenador estratégico. Ela contou sua história e pediu-lhe conselho. Ele a encorajou a tirar duas semanas para jejuar e orar para ver o que Deus queria lhe mostrar. Disse que Deus poderia ter feito com que os líderes do governo dessem essa liberdade a ela para fazer o que normalmente é proibido – evangelizar amplamente e treinar pessoas por toda a região.

Duas semanas depois os dois se reuniram novamente, dessa vez convencidos de que Deus os estava conduzindo para aproveitar essa oportunidade. Com limitação de tempo para viajar e com problemas financeiros como fatores atenuantes, o coordenador estratégico sugeriu que seria mais fácil trazer as pessoas que seriam treinadas para um local central, em vez de tentar levar o treinamento até elas nas vilas e aldeias.

Siu Lam e seus colegas da igreja concordaram e começaram um ministério de Centro de Treinamento e Discipulado (CTD). As duas partes juntas fizeram um acordo. Siu Lam e os líderes de sua igreja entrariam em contato com os líderes das igrejas na região, enquanto o Coordenador Estratégico prepararia os planos e materiais para o programa de treinamento.

Além de juntar materiais de treinamento, o coordenador estratégico organizaria apoio em oração. Ele e sua esposa tomaram a frente de uma rede de oração que abrangia dez países. O casal também começou a mobilizar os cristãos chineses de fala mandarim de outros países para ajudar a ensinar no ministério CTD.

Logo depois, Siu Lam providenciou que o coordenador estratégico se encontrasse com o prefeito e o diretor do Departamento de Assuntos Religiosos para discutir o empreendimento. Nesse encontro, o oficial da liderança do governo convidou esse americano para ajudar a igreja não registrada de Lam a ensinar a Palavra de Deus a uma província inteira. O missionário batista concluiu: "Somente Deus poderia fazer tal coisa".

As primeiras aulas do Centro de Treinamento de Discipulado começaram no final de junho de 1993 em circunstâncias não muito ideais. No primeiro encontro 103 líderes das igrejas da aldeia compareceram; 70 deles não tinham Bíblia.

> O PRIMEIRO CURRÍCULO CTD INCLUÍA:
>
> 1) **Gn 1-10**: *Quem é Deus? – a criação e o relacionamento de Deus com o homem.*
> 2) **A vida de Cristo** – *um estudo através dos Evangelhos e toda história da redenção.*
> 3) **O livro de Romanos** – *um estudo para ensinar a pecaminosidade do homem e as providências de Deus através de Cristo.*
> 4) **O livro de Jonas** – *um estudo dos propósitos redentores de Deus para toda a humanidade e o papel do cristão nesse plano.*
> 5) **O livro de Efésios** – *um estudo da natureza da igreja.*
> 6) **Como estudar a Bíblia**
> 7) **Como ensinar a Bíblia**
> 8) **Treinamento de evangelismo pessoal**

Eles eram pobres e estavam enlameados. Não tinham lugar para dormir e nem dinheiro para comida. Por isso, dormiram nos bancos e no chão da igreja. Os membros da igreja local forneceram a eles uma tigela de arroz e verduras por dia.

O coordenador estratégico forneceu canetas e papéis, enquanto Siu Lam e os professores do CTD ensinavam diretamente da Bíblia. As sessões duravam de 10 a 14 horas por dia, seis dias por semana, durante 20 dias. Mesmo nessas condições, a resposta foi surpreendente. Os participantes imploraram aos líderes para continuar por mais 10 dias. Exaustos, mas exultantes, eles concordaram.

Siu Lam e o coordenador estratégico tomaram medidas cautelosas para assegurar que eles pudessem rastrear os participantes e mapear os efeitos do treinamento. Depois de três meses os dois se encontraram com o restante dos líderes do CTD para avaliar os resultados.

Durante os três meses de agosto até outubro a primeira turma dos participantes foi responsável por mais de 1.300 conversões sendo que mais de 1.200 já tinham sido batizados. A maioria desses novos cristãos foi integrada em igrejas já existentes, mas algumas das pessoas em treinamento também tinham iniciado pelo menos três novas igrejas com 50 membros cada.

Durante o ano seguinte, o coordenador estratégico mobilizou sua rede de sustentadores de oração para expandir a capacidade de treinamento do Centro de Treinamento de Discipulado. Eles aumentaram o prédio da pequena igreja para que 1.200 pessoas pudessem se sentar. Acrescentaram ao centro de louvor um centro de treinamento de quatro andares. O terceiro e quarto andares servem como dormitórios para mulheres e homens respectivamente. Tudo isso foi feito com a ajuda do prefeito e do diretor local do Departamento de Assuntos Religiosos.

Um ano depois a situação começou a mudar. O ministério do Centro de Treinamento e Discipulado tinha crescido tremendamente, mas a janela de favor dos oficiais do governo local já estava começando a fechar. O diretor do Departamento de Assuntos Religiosos foi promovido e se mudou.

China

Resultados do movimento em Beishan

Depois de **três meses** havia:
- Mais de 1.300 profissões de fé
- Mais de 1.200 batismos
- 3 novas igrejas

Depois de **sete meses** havia:
- 15 novas igrejas

Depois de **nove meses** havia:
- 25 novas igrejas

Depois de **vinte e sete meses** havia:
- 57 novas igrejas

Depois de **três anos** há:
- Mais de 450 novas igrejas espalhadas por três províncias que têm raízes no treinamento CTD
- Mais de 18.000 profissões de fé
- Mais de 500 líderes treinados nas igrejas nos lares
- Mais de 1.000 outros cristãos treinados

Para o Centro a substituição do diretor foi um momento crítico. O sigilo tornou-se um procedimento de operação padrão no Centro. Foi limitada a participação de estrangeiros, deixando a responsabilidade pelo treinamento nos ombros do pastor e de sua equipe. Essa pressão política crescente no Centro de Treinamento e Discipulado impeliu a liderança a levar alguns dos treinamentos para as aldeias. Os efeitos dessa descentralização do treinamento foram promissores, produzindo mais de 450 novas igrejas e 18.000 batismos em três anos.

Os autores do livreto *Movimentos de Plantação de Igrejas* de 1999 descreveram um Movimento de Plantação de Igrejas que aconteceu em outra província da China que chamaremos de Yanyin.[23] Vamos revisitar aquele movimento hoje para ver o que aconteceu desde 1999.

A província onde o Movimento de Plantação de Igrejas aconteceu tem uma população com cerca de 8 a 10 milhões de pessoas. A igreja registrada na província com o nome de Three-Self Patriotic Movement (TSPM) tinha 18 locais de reuniões com cerca de 4.000 membros, aproximadamente metade dos quais comparecia aos cultos toda semana. Essas igrejas do MPTA não haviam crescido em tamanho nem iniciado novas igrejas por muitos anos. Elas também seguiam rigorosamente as políticas do governo de oposição e relatórios das atividades da igreja subterrânea.

Em 1991, um coordenador estratégico americano foi designado para Yanyin. Ele começou fazendo um levantamento do cenário da igreja que lá existia. Os líderes das igrejas registradas do MPTA indicaram que não estavam interessados em evangelismo além de suas próprias paredes, por isso o coordenador estratégico procurou pelas igrejas nos lares sem registro. Ele encontrou três igrejas nos lares com 85 membros. Os membros estavam envelhecendo e a igreja estava em um lento declínio por anos com pequena visão de crescimento. Ciente das enormes barreiras linguísticas e culturais que o separavam das pessoas que esperava alcançar, o Coordenador Estratégico começou a mobilizar chineses étnicos de outros países para ajudar com evangelismo e plantação de igrejas.

No primeiro ano esses parceiros juntaram-se aos cristãos de Yanyin para começar seis novas igrejas nos lares. No ano seguinte começaram mais 17. No outro ano começaram 50 igrejas. Em 1995, o número de igrejas tinha subido de três para 195. Nessa altura, o Evangelho já tinha sido espalhado para cada município da província e igrejas foram plantadas em cada um dos cinco grupos étnicos de pessoas.

---

23   Veja *Church Planting Movements* do autor, pg. 16-21.

China

Em 1998, o coordenador estratégico deixou o posto para começar um novo trabalho em outro lugar. Com sua ausência, ao invés de diminuir, o movimento acelerou em crescimento. Até o final de 1998, havia 550 igrejas nos lares na província de Yanyin com mais de 55.000 cristãos. Durante os próximos dois anos, apenas relatórios esporádicos surgiam, mas cada relatório atestava grandes avanços na igreja.

No verão de 2001, uma pesquisa cuidadosa foi finalizada e revelava mais de 900 igrejas com aproximadamente 100.000 cristãos louvando nelas.

Esse movimento de Yanyin foi caracterizado pela difusão pessoal e pelo evangelismo em massa. Em áreas pioneiras, os plantadores de igrejas algumas vezes usavam o filme *Jesus* ou uma grande campanha evangelística para identificar pessoas interessadas que poderiam ser, então, acompanhadas com um ensinamento mais profundo. Os plantadores de igrejas dirigiam sua mensagem para o cabeça da família. Quando as pessoas expressavam interesse no Evangelho, os plantadores de igrejas traçavam a linhagem familiar para expandir a base das pessoas envolvidas nos estudos bíblicos, distribuindo convites também para relações de parentes e amigos. Na conclusão de algumas semanas de testemunho e estudo bíblico evangelístico simples, eles convidaram os participantes a comprometerem suas vidas a Cristo.

Aqueles que criam eram imediatamente integrados nos estudos bíblicos e discipulado básico por mais algumas semanas. Na conclusão dos estudos, os novos cristãos eram batizados. Os plantadores de igrejas então identificavam aqueles que eram adequados para liderança e imediatamente entregavam a liderança dos cultos públicos a eles. Um dos plantadores de igrejas ficava por trás e mentoreava esses líderes, ensinando-os as doutrinas e práticas que, por sua vez, esses líderes ensinariam para suas novas igrejas nos lares.

No centro do movimento de Yanyin estava um modelo de igreja no lar que combinava desenvolvimento de liderança leiga múltipla, responsabilidade mútua, autoridade bíblica e rápida reprodutibilidade.

O coordenador estratégico chamou esse modelo de igreja POU-CH. POUCH é o acrônimo que significa (nas iniciais em inglês): estudo bíblico e adoração Participativos, Obediência como a marca de sucesso para todo cristão e igreja, muitos e não remunerados (*Unpaid*) líderes em cada igreja, igrejas em Células de 10 a 20 cristãos se reunindo nos lares (*Homes*) ou em lojas. A reprodução rápida de igrejas POUCH serviu como motor para o Movimento de Plantação de Igrejas em Yanyin.

Igrejas POUCH

Estudo bíblico e adoração **P**articipativos.

Obediência à Palavra de Deus como marca de sucesso para todo cristão e igreja.

Muitos e não remunerados (**U***npaid*) líderes de igrejas.

Igrejas em **C**élulas de cristãos se reunindo em Lares (**H***omes*) ou em lojas.

Em áreas mais estabelecidas, as igrejas reproduziam cada vez que alcançavam um tamanho predeterminado que poderia colocar em perigo sua segurança.

Nas cidades ou nas aldeias maiores, as igrejas nos lares raramente excediam trinta membros. Nas áreas rurais, algumas igrejas cresciam muito mais. Quando uma igreja no lar se dividia, alguns líderes iam com a nova congregação e rapidamente nomeavam um aprendiz local para começar o treinamento para quando o crescimento exigisse uma nova divisão e o início de uma nova igreja.

A maioria das igrejas de Yanyin se reunia duas vezes por semana – apesar de algumas se reunirem todos os dias. Nas áreas urbanas um típico culto dominical tinha como objetivo uma mensagem evangelística para os visitantes. Um segundo culto durante a semana era dirigido com foco no discipulado e nos assuntos de treinamento dos cristãos.

Em Yanyin, o desenvolvimento da liderança era construído na exata estrutura da vida da igreja. Ao construir a igreja em torno de estudo bíblico participativo com múltiplos líderes leigos havia uma responsabilidade mútua para o que estava sendo ensinado e para a

China 61

forma bem-sucedida pela qual a igreja se desenvolvia e se reproduzia. A forte ênfase no modelo também fortalecia o desenvolvimento da liderança ao compelir cada cristão a praticar a liderança no fazer.

As visitas aos cristãos continuavam para fornecer aos líderes da nova igreja um treinamento avançado. Esses treinadores de curto prazo eram tipicamente chineses étnicos que se movimentavam livremente dentro e fora da região sem atrair a atenção. Depois que esses treinadores ensinavam um grupo de líderes da igreja de Yanyin, os líderes usavam o efeito cascata para passar o treinamento para fora através de uma rede de encontros pela província.

Tentando não levantar suspeita dos oficiais comunistas, as igrejas de Yanyin desenvolviam formas discretas adicionais de desenvolvimento da liderança. Todo mês os cristãos de Yanyin conduziam encontros regulares no âmbito do distrito e, duas semanas depois, no âmbito da província para um dia de oração, jejum e treinamento. Eles também criaram um sistema de transpolinização para os líderes. Nesses sistemas, novos líderes em potencial eram encorajados a, periodicamente, visitar outras igrejas lares para aprender outros estilos de louvor, treinamento e liderança.

O coordenador estratégico do Movimento de Plantação de Igrejas em Yanyin era muito prestativo em fornecer insights sobre suas experiências. Ele colocava bastante ênfase no treinamento dos líderes das igrejas nos lares, na preparação dos evangelistas chineses étnicos, plantadores de igrejas e treinadores.

O coordenador estratégico mostrou doze lições[24] importantes que aprendeu nos Movimentos de Plantação de Igrejas em Yanyin.

1. A oração não é vital apenas *para* as pessoas não alcançadas de Yanyin, mas também *entre* os novos cristãos de Yanyin.

2. Tudo que queríamos que as pessoas fizessem, tivemos que *modelar* assim como ensinar.

3. Aprendemos a enfatizar a aplicação, mais do que o conhecimento, e descobrimos que o conhecimento sempre vinha depois.

---

24 Essas e outras lições foram primeiramente publicadas em *Snowden's Toward Church Planting Movements*, pg. 17-22

4. Sempre tentamos incluir ciclos de feedback nas realizações de nossos evangelismos em massa para garantir o contato com os novos cristãos.

5. Tentamos assegurar que tudo o que fizemos nas áreas de evangelismo, plantação de igrejas e treinamento poderia ser reproduzido pelo povo de Yanyin.

6. Encorajamos a produção de hinos e canções de louvor locais para propagar a fé.

7. Descobrimos que nossas expectativas quanto ao número de novos cristãos eram geralmente satisfeitas, por isso estipulamos uma alta marca de crescimento e de novos frutos.

8. Ensinamos às novas igrejas a rapidamente integrar os novos cristãos na vida e trabalho da igreja.

9. Descobrimos que a liderança múltipla e não remunerada manteve o movimento crescendo enquanto eliminava a lacuna entre o clero e os leigos.

10. Aprendemos a construir a prestação de contas para ambos os líderes e membros na forma como servem na igreja.

11. Aprendemos que se reunir nas casas, em vez de igrejas, permitiu ao movimento ficar abaixo do radar do governo e espalhar-se rapidamente sem ser notado.

12. Aprendemos que os novos cristãos de Yanyin devem ter responsabilidade em cumprir a Grande Comissão.

Embora o Movimento de Plantação de Igrejas de Yanyin possa ser único em sua bem concebida igreja e estrutura de desenvolvimento de liderança, sua rápida reprodução e multiplicação são comuns pela China. Mas a China e a Índia não são os únicos países asiáticos onde esses movimentos estão acontecendo. Vamos agora voltar nossa atenção para outros países asiáticos.

5

Outros movimentos asiáticos

Durante a década de noventa, os Movimentos de Plantação de Igrejas na Mongólia Exterior e Interior produzem mais de 60.000 novos cristãos.

Um Movimento de Plantação de Igrejas transforma os campos de assassinato do Camboja em campos de vida nova com mais de 60.000 novos cristãos e centenas de novas igrejas plantadas durante os últimos dez anos.

Apesar das tentativas do governo para eliminar o cristianismo, um Movimento de Plantação de Igrejas em um dos países do sudeste asiático acrescenta mais de 50.000 novos cristãos em cinco anos.

Em dezembro de 1990, a República da Mongólia ainda não tinha se livrado de suas décadas de subjugação do comunismo soviético. Nos dias de declínio da União Soviética, os mongóis estavam atolados na pobreza, analfabetismo, crime, crianças nascidas fora do casamento, desemprego e um futuro incerto.

Nessa situação caótica, Deus chamou missionários aventureiros tais como um jovem farmacêutico bem-sucedido de Memphis, Tennessee, chamado Stan Kirk. Stan e sua esposa Laura estavam orando pelo povo mongol quando Deus deixou claro que os queria servindo como missionários. Em 1990 Stan e Laura pegaram sua filha de um ano de idade, Mary, e se mudaram para Ulan Bator.

O primeiro inverno dos Kirk na Mongólia foi cruel. Como o sistema econômico comunista quebrou, não havia ainda um mercado livre para tomar seu lugar. "Não tínhamos os cartões distribuídos pelo governo, que todos os cidadãos tinham, que nos permitiriam comprar na cooperativa do governo", Stan explicou. "Alguns dias tínhamos sorte quando conseguíamos qualquer coisa para comer", disse Laura. Stan emagreceu 11 quilos aquele ano, e Laura, que estava amamentando a pequena Mary, perdeu mais que o dobro disso.

Durante o segundo ano deles ali, o sistema de mercado livre começou a funcionar. Os Kirk conseguiram se mudar para um apartamento com sistema de calefação e tinham acesso regular ao supermercado. À medida que as condições políticas mudavam os Kirk começaram a ver uma colheita crescente de cristãos mongóis. Um ano antes, eles não conseguiam encontrar mais de seis cristãos mongóis no país inteiro. Muitos mongóis nunca tinham visto um cristão, a não ser que fossem russos, os ocupantes estrangeiros de sua pátria.

Em 1991 já havia duas igrejas se reunindo em Ulan Bator e mais igrejas nascendo em outras cidades. Stan passou o sábado com um jovem pastor mongol. Eles discutiam as questões que tinham surgido no domingo anterior e preparavam a lição bíblica para o dia seguinte. Quando o culto de domingo começou, Stan sentou-se em silêncio nos bancos de trás do lugar onde se reuniam.

À medida que os anos 90 se revelavam, começaram a chegar missionários de muitos países diferentes. Os missionários coreanos aproveitaram sua relativa proximidade com a Mongólia e a língua comum altaica para adotar a Mongólia como um importante campo

Outros movimentos asiáticos

65

missionário. Em 1996 uma publicação atualizada do Novo Testamento em mongol acendeu ainda mais o movimento mongol. No primeiro mês, toda a tiragem de 10.000 cópias foi vendida.

Em 1997 os relatórios estavam se propagando para fora do país. "É como no primeiro século", um trabalhador cristão disse. "Todos os milagres, crescimento explosivo e os desafios doutrinários que você encontra no *Livro de Atos* estão acontecendo hoje na Mongólia."

Em julho de 1998, *Mission Frontiers* [Fronteiras Missionárias] publicaram uma história sobre o crescimento fenomenal da igreja na Mongólia. O artigo relatou mais de 10.000 cristãos mongóis.[25] O que Deus fez para trazer essas pessoas para ele?

No coração do movimento havia algumas qualidades familiares. Além dos vários cristãos que estavam orando pela Mongólia, o missionário da Mongólia Rick Leatherwood identificou os seguintes fatores-chave de crescimento:

1. A prioridade dos missionários em amar o povo mongol
2. Princípios missiológicos fortes em treinar líderes nativos
3. Modelar a autoridade da Bíblia para tomar decisões
4. Estabelecer a igreja como um movimento de igreja em células
5. Encorajar os cristãos mongóis a escrever suas próprias canções cristãs.

Quando o artigo *Mission Frontiers* foi publicado, Stan e Laura Kirk estavam de volta a Memphis. Questões de saúde familiar os forçaram a retornar aos EUA em 1997, mas seus corações e orações estavam claramente ainda na Mongólia.

Um e-mail de 1998 enviado por Stan confirmou os relatórios sobre 10.000 novos cristãos na Mongólia. "Isso realizou meu maior sonho e aspiração", ele disse, "fazer parte do que Deus tem feito no ressurgimento da igreja da Mongólia".

---

25 Rick Leatherwood, "*Mongolia: As a People Movement to Christ Emerges, What lessons Can We Learn?*" in *Mission Frontiers* (July/August 1998)

Nos tempos de Genghis Khan, as tribos mongóis tinham aterrorizados tanto os povos da Ásia que quando a China e a Rússia finalmente se restabeleceram, dividiram os mongóis em estados vassalos separados. A maior população mongol, uns seis milhões, agora vive na província da China na Mongólia Interior que estava vendo seu próprio Movimento de Plantação de Igrejas. Esse tempo foi testemunha das igrejas nos lares chinesas que provocaram o movimento.

No verão de 2001, os líderes chineses das igrejas nos lares relataram o batismo de 500.000 na província da Mongólia interior durante o período de 12 meses. As cidades provinciais de Hailar, Yakeshi, Hohot, Zalantum, Ulanhot e Huolin Gol viram milhares serem acrescentados à igreja. A maioria desses novos cristãos eram chineses étnicos, mas o movimento também foi penetrante na população mongol. O informativo *Voice of China* [Voz da China] relatou: "Pelo menos 50.000 dos novos cristãos são mongóis étnicos, ambos os mongóis da cidade e os nômades que vivem em tendas nas estepes. Quase todos os novos cristãos são pessoas que não tinham ouvido o Evangelho anteriormente".[26]

Do outro lado do continente, vários Movimentos de Plantação de Igrejas estavam criando uma dinâmica. Torturados por décadas de guerra civil e rixas ideológicas, os povos do sudeste da Ásia estavam enfraquecidos e exaustos. Em meio a esse solo destruído, uma nova vida estava nascendo.

Restrições de segurança nos impedem de falar tão claramente sobre várias partes do sudeste da Ásia. Contudo, o Camboja oferece percepções que são comparáveis àquelas dos outros cenários. O Camboja foi uma das grandes vítimas das longas décadas da Guerra do Vietnã. Quando o governo vietnamita caiu em 1975, o Camboja viu Pol Pot e seu sanguinário Khmer Vermelho subirem ao poder.

Os horrores do regime de Pol Pot dificilmente foram igualados na história humana. Antes de o Khmer Vermelho ter sido

---

26 "Revival in Inner Mongolia – 500,000 Saved in Past 12 Months", in: *Voice of China, the official voice of the house churches in China*, Vol. 1, Issue 1, edição de verão, 2001, pg. 13-14.

Outros movimentos asiáticos

forçado a sair do poder em 1979, 3.3 milhões dos 8 milhões de cidadãos do Camboja tinham sido mortos, subjugados pela fome ou expulsos do país.

O Khmer Vermelho tinha voltava sua ira para qualquer um com potencial de liderança: adultos, moradores das cidades e os instruídos. Sua paranoia também o levava a atacar qualquer coisa percebida como estrangeira, um julgamento que caiu pesadamente sobre o cristianismo. Nos anos 80 a frágil população evangélica do Camboja, que nunca tinha excedido 5.000, estava reduzida a menos de 600.

Hoje o Camboja está mudando. Nas redondezas da parte central de Phnom Penh, é possível ouvir o som de hinos cristãos além dos ruídos urbanos. Em um salão cheio os cambojanos cristãos se reúnem para cantar louvores, estudar suas Bíblias e derramar seus corações a Deus em oração.

Parecendo fora de lugar no culto, uma senhora inglesa acompanhava os hinos com seu violino. Em anos passados ela tinha sido uma violinista de orquestra da Inglaterra, antes de Deus redirecioná-la para o sudeste da Ásia onde estava servindo como missionária desde 1959. Depois do culto ela levou alguns minutos para nos contar o que estava acontecendo.

"Pol Pot quase destruiu a igreja", ela disse. "Ao mesmo tempo em que ele estava arruinando o país, os cristãos estavam ministrando aos refugiados cambojanos junto à fronteira tailandesa. Acredito que a ministração cristã durante aquele tempo ajudou a preparar os corações deles para o que está acontecendo agora."

O que estava acontecendo agora era extraordinário. Ela continuou explicando, "Desde 1990 a população cristã no Camboja aumentou de 600 para mais de 60.000. O maior número desses é de batistas com aproximadamente 10.000 membros, seguidos de uma denominação nativa que cresce a partir da liderança cambojana do *Campus Crusade for Christ* [Cruzada Estudantil para Cristo]". No ano de 2001, as igrejas batistas de fato relataram 220 igrejas com mais de 10.000 membros.[27]

---

27   Publicado com permissão da IMB's Regional Leader of the Southeast Asia & Oceania Region.

Antes de o movimento começar a declinar, outras denominações tais como a *Christian and Missionary Alliance* [Aliança Cristã e Missionária], *Overseas Missionary Fellowship* [Comunidade Missionária Além-Mar], *Four-Square Gospel* [Igreja do Evangelho Quadrangular] e os Presbiterianos, todos tiveram a chance de colher frutos no Camboja. Em 2000, porém, o Movimento de Plantação de Igreja do Camboja já tinha passado. No final ele não sofreu com a falta de atenção dos missionários, mas com muitas intrusões bem-intencionadas de fora. Fundos estrangeiros subsidiaram pastores e plantadores de igrejas que tinham anteriormente feito o trabalho sem remuneração. Os salários levaram a um tipo de classe de ministro profissional o que criou uma distância entre os líderes das igrejas e as pessoas leigas comuns. Os fundos também aceleraram o ritmo da institucionalização do treinamento, do ministério e da liderança. Com os fundos e as instituições, vieram os conflitos internos dentro das hierarquias denominacionais sobre quem controlaria esses recursos.

Passaremos um tempo examinando esses *venenos do movimento* no capítulo 14. Enquanto isso, vamos voltar e examinar como Deus estava operando nos estágios iniciais do movimento, para ver o que podemos aprender.

Um dos principais agentes que Deus usou para provocar o movimento do Camboja foi um jovem casal missionário chamado Bruce e Gloria Carlton.[28] Os Carlton entraram no Camboja como coordenadores estratégicos em 1990. Mesmo já sendo um experiente plantador de igrejas, Bruce decidiu que não plantaria nenhuma igreja no Camboja. Em vez disso, prometeu treinar cambojanos para iniciarem um movimento.

Bruce começou recrutando um promissor leigo cambojano para ajudá-lo a traduzir um livro que estava escrevendo sobre plantação de igrejas. À medida que o projeto foi se desenvolvendo, Bruce transferiu sua própria visão e habilidades para seu irmão cambojano. Dentro de um ano, o aprendiz cambojano tinha recrutado

---

28 Bruce Carlton, *Amazing Grace, lessons on Church Planting Movements from Cambodia* (Chennai: Mission Educational Books, 2000), 157 pp.

Outros movimentos asiáticos

outros oito homens cambojanos e uma mulher, todo ansiosos para aprender como plantar igrejas.

Os Carlton ensinaram evangelismo pessoal, como estudar a Bíblia, plantação de igrejas e liderança na igreja. O treinamento era intensamente prático, sempre objetivando mais a aplicação do que informação.

Em 1992, esses plantadores de igrejas tinham multiplicado a igreja original em seis igrejas. Em 1993, o número subiu para 10 e depois 20 no ano seguinte. Durante os três anos seguintes o número de igrejas batistas subiu para 43, depois para 78, e então para 123.

Em sua explicação de por que o Movimento de Plantação de Igrejas se desenrolou, Carlton citou a importância da oração. "Durante os últimos seis anos", ele disse, "tem havido mais oração mobilizada para as pessoas do Camboja do que em qualquer outro momento da história". As orações tinham como objetivo a proteção para os plantadores de igrejas e para a abertura dos corações das pessoas perdidas do Khmer. Deus respondeu em ambos os níveis.

A oração também estava integrada na vida dos novos cristãos no Camboja. Eles evidenciavam uma forte percepção do envolvimento direto de Deus em suas vidas. Sinais e maravilhas, exorcismos, curas e outra manifestações do poder de Deus eram comuns.

Treinamento era outra chave para o sucesso do Movimento de Plantação de Igrejas do Camboja. Carlton estabeleceu o primeiro Programa de Treinamento e Liderança Rural (conhecido como RLTPs, na sigla em inglês) no país. Os RLTPs tornaram-se vitais para o Movimento de Plantação de Igrejas no Camboja. Mais tarde, os missionários observaram que "onde havia RLTPs acontecendo, sempre vinha depois a plantação de igrejas".

Os Programas de Treinamento de Liderança Rural consistiam de oito módulos de treinamento, cada um com duração de duas semanas, para que o programa completo pudesse ser terminado em cerca de dois anos. Uma vez que a maioria dos líderes das igrejas eram bivocacionais, os pastores não podiam arcar com as despesas de ficarem longe de casa por mais de duas semanas de uma vez. Além disso, as refeições para as pessoas que faziam o treinamento eram

70 Movimentos de Plantação de Igrejas

fornecidas pelas igrejas recém-começadas na área, e se o treinamento durasse mais de duas semanas os pobres membros da igreja seriam pressionados a continuar fazendo esse sacrifício.

Carlton também implementou uma abordagem de mentoria de longa duração para o treinamento da liderança. "Eu chamo isso de Princípio 222", ele disse. "Está baseado em 2 Timóteo 2.2, quando Paulo disse a Timóteo: *Tome os ensinamentos que você me ouviu dar na presença de muitas testemunhas e entregue-os aos cuidados de homens de confiança, que sejam capazes de ensinar outros.*

Carlton aplicou o Princípio 222 como uma maneira de multiplicar a abordagem de mentoria pessoal para o desenvolvimento da liderança. "Nunca faça nada sozinho", ele disse aos plantadores de igrejas, evangelistas e líderes das igrejas. "Sempre leve alguém com você para que possa modelar para eles a visão, as habilidades e os valores que moldam sua vida."

Em sua partida em 1996, os Carlton deixaram para trás um pequeno grupo de missionários com o compromisso apaixonado de servir as igrejas que cresciam no Camboja. Um desses missionários comentou: "(nós) sinceramente buscamos nos tornar servos discretos e evitar a tentação de sermos homens de destaque".[29]

Em uma província remota perto da fronteira com o Vietnã, era possível ver onde o Centro de Treinamento de Liderança Rural tinha sido de vital importância para gerar o início de mais 40 novas igrejas. Estradas empoeiradas serpenteando através de acres de bananais levavam a aldeias e mais aldeias cada uma com vários cristãos cambojanos se reunindo em casas de telhado de palha.

Cada igreja das aldeias contava uma história parecida. Eles tinham se tornando cristãos a menos de seis anos. Encontravam-se regularmente com 30 a 50 membros. Cada igreja no lar tinha se reproduzido várias vezes durante o ano anterior.

As igrejas organizaram em torno do que eles chamaram de "comitê central dos sete membros". Tinham adotado a noção de liderança compartilhada a partir da seleção de sete diáconos no *Livro*

---

29 Esse e muitos outros *insights* sobre o Movimento de Plantação de Igrejas no Camboja são encontrados em *Church Planting Movements*, PP. 26-31.

Outros movimentos asiáticos

de Atos, mas a linguagem *comitê central* tinha vindo de seu contexto comunista. Bruce riu quando ouviu sobre isso. "Isso não veio de mim", ele disse, "mas parece ser uma ótima ideia".

Um irmão cambojano explicou os sete papéis da liderança leiga. "Temos um líder de louvor, um professor da Bíblia, um ministério para os homens, um para as mulheres, um para os jovens, um ministério evangelístico, um professor de alfabetização", ele explicou. Cada papel vai ao encontro das necessidades da igreja cambojana, especialmente a evidente necessidade de um professor de alfabetização. A Guarda Vermelha de Pol Pot tinha assassinado tantas pessoas instruídas de Khmer que cada aldeia agora precisava de alguém que ensinasse os sobreviventes a escrever e a ler. Essas igrejas estavam literalmente reconstruindo a sociedade cambojana do zero.

Em resposta à pergunta "Como vocês começam novas igrejas?", um dos líderes sorriu e apontou para uma mulher de meia idade que estava em pé ali perto. Ela era membro do comitê central que tinha o dom de começar um novo trabalho. Ela tem um pequeno quiosque na feira da aldeia e quando alguém de fora da cidade vai à sua barraca comprar algo, ela pergunta: "Tem uma igreja batista em sua aldeia?" Se eles respondem de maneira previsível com: "O que é uma igreja batista?", ela responde: "Na próxima semana iremos lá para lhe contar".

Em retrospecto, parece que a vendedora de verduras que planta igrejas fazia questão de perguntar a seus fregueses se havia uma igreja "batista" em sua aldeia, não porque ela era uma entusiasta denominacionalista, mas porque ela, corretamente, havia calculado que era bem provável que eles não soubessem o que ela estava perguntando, o que aumentava suas chances de oferecer um convite para ir e explicar.

Na semana seguinte ela e alguns membros do comitê central chegariam à aldeia, e cada um compartilharia como Jesus tinha mudado suas vidas e como eles agora dedicavam suas vidas para servir à comunidade. Ao final da apresentação eles perguntam:

"Vocês gostariam de ter uma igreja batista em sua aldeia?" Os habitantes das aldeias entusiasticamente davam boas-vindas à nova fé enquanto eles começavam a formar seu próprio comitê central dos sete membros.

As casas rurais das aldeias do Camboja são construídas sobre estacas com largos espaços entre as tábuas do piso e um sapé pesado no teto. Uma típica casa de um cômodo de um membro da igreja serviu como santuário para quarenta ou cinquenta membros que se sentavam no chão para a adoração, enchendo o ar com alegres canções de louvor.

No término do culto de louvor, os membros da igreja desfilavam lentamente enquanto desciam os degraus da igreja no lar e depois vagueavam pelos campos de arroz atrás da aldeia. À distância, era possível ver os montes que marcavam a fronteira com o Vietnã.

Durante a guerra do Vietnã, essa mesma região fronteiriça tinha formado a infame Trilha de Ho Chi Minh, um conduto para contrabandear as armas comunistas para o sul do Vietnã. Os campos estavam todos pacíficos agora, mas o cenário era ainda esburacado com açudes lamacentos, como cicatrizes da guerra. "Aquilo são crateras das bombas", o irmão cambojano explicou, "feito por seus aviões americanos durante a guerra". Ele pausou para deixar as palavras serem absorvidas, e então sorriu. "Na Páscoa passada", ele disse, "batizamos 70 novos cristãos naquele açude".

Através do sudeste asiático, relatórios ainda melhores estão surgindo. Uma vez que o ministério cristão lá ainda está sob a pressão do governo, não podemos contar tudo que está acontecendo, mas Deus está claramente operando nos desdobramentos de novos Movimentos de Plantação de Igrejas de maneiras extraordinárias.

Um dos coordenadores estratégicos viu 65.000 pessoas virem a Cristo durante o período de dez anos, resultando em centenas de novas igrejas, apesar da severa perseguição do governo.

Outros movimentos asiáticos

Outro coordenador viu múltiplos Movimentos de Plantação de Igrejas nascendo em ambos os cenários, rural e urbano. Os cristãos rurais desenvolveram as igrejas POUCH iguais às da China, enquanto muito do crescimento urbano veio como resultado do treinamento de redes de igrejas nos lares já existentes com maneiras mais eficazes de sobrevivência e multiplicação.

Em fevereiro de 2000, um coordenador estratégico que trabalhava em um dos países comunistas arranjou um encontro reservado com o líder de uma grande rede de igreja célula no lar. A rede era uma das sete no país, cada uma contendo mais de 150 igrejas nos lares. Juntas, essas redes atendiam mais de 180.000 cristãos.

O encontro aconteceu em um restaurante flutuante onde podíamos facilmente nos misturar com o tráfego de turistas. A impressionante vista noturna da cidade à beira-mar foi ofuscada pela seriedade do que o líder da igreja e seus dois colegas estavam dizendo.

Em tons abafados, ele contou como os agentes do governo tinham se infiltrado nas igrejas e a polícia tinha tomado medidas severas em relação aos cultos das igrejas não registradas. "Cada dois ou três meses", ele disse, "há outro relatório de uma batida da polícia na casa de alguém. Líderes de igrejas foram presos e seus membros espalhados". Apesar da oposição, o cristianismo continuou a se espalhar amplamente por todas as cidades e no interior.

Uma crise parecia acontecer toda vez que uma igreja crescia para mais de 30 membros. "Talvez nosso louvor estivesse alto demais", ele disse. "Ou talvez os vizinhos estivessem desconfiados com tantos visitantes. Qualquer que seja a razão, a polícia era chamada. Nosso povo era tratado muito severamente. Alguns ainda estão na prisão". Enquanto ele falava seus olhos pareciam ver os rostos daqueles que tinham sido presos.

Então ele sentou e sorriu: "Foi quando seu missionário nos ajudou. Ele convidou vários de nós para ir a Cingapura para um treinamento. Tudo mudou para nós".

"Como as coisas mudaram para vocês?"

Ele continuou: "Aprendemos sobre como ter pequenas igrejas que se multiplicam em vez de igrejas grandes. Dessa forma nunca atraímos muita atenção. Antes desse treinamento, ainda continuávamos pensando como nos velhos tempos, quando louvávamos em lugares abertos. Ainda estávamos tentando crescer. Agora, nós crescemos ao acrescentarmos mais igrejas em célula. Quando alcançamos 15 ou 20 membros começamos uma nova igreja".

"E como está indo?"

"No momento", ele disse, "estamos treinando nosso pessoal. Nesse verão, daqui a uma semana, começaremos 70 novas igrejas em célula".

Ao permanecer pequena, a igreja no sudeste da Ásia está crescendo.

Além de desempenhar o papel de centro para a igreja célula nos lares e treinamento dos Movimentos de Plantação de Igrejas, Cingapura é também o lar do repentino aumento do evangelicalismo que exibe muitas características dos Movimentos de Plantação de Igrejas. Cingapura é uma cidade-estado com uma população de 3,5 milhões. Por toda a Ásia, Cingapura ganhou a reputação de ser uma fonte de influência econômica com seus cidadãos ostentando uma renda per capita anual de quase $27.000. Eles são altamente instruídos com 89 por cento de adultos alfabetizados e têm se tornado, cada vez mais, cristãos evangélicos.

Durante as últimas três décadas, o cristianismo evangélico mais do que dobrou em Cingapura. Em 1990 havia lá apenas cerca de 10.000 cristãos de qualquer denominação. Muitos desses eram apenas afiliados nominalmente na igreja católica ou anglicana. Ainda em 1970, Cingapura era apenas 1,86 por cento cristã.[30] Entretanto, 14 anos depois, mais de 12 por cento do país alega ter uma aliança com Jesus Cristo. Hoje, o número de evangélicos e cristãos carismáticos cresceu para mais de 400.000.

---

30 Keith Hinton, *Growing Churches Singapore Style* (Singapore: OMF, 1985), p. 110.

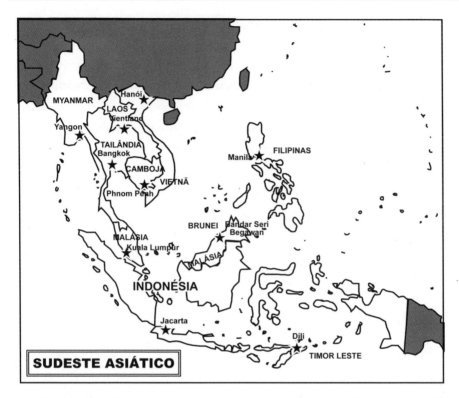

O que contribuiu para esse crescimento? Embora Cingapura não tenha visto esse mesmo tipo de igrejas nos lares evidente nos Movimentos de Plantação de Igrejas, entre 1970 e 1985, experimentou uma explosão de megaigrejas em célula nos lares. Durante esses anos, o número total de igrejas cresceu apenas de 189 para 320,[31] mas a natureza dessas igrejas mudou radicalmente de congregações tradicionais baseadas no louvor para o alastramento de células baseadas em lares.

Uma dessas igrejas em células é a Faith Community Baptist Church (Igreja Batista Comunidade da Fé) onde o pastor Lawrence Khong lidera uma rede satélite com mais de 550 células em lares com 7.000 membros. Khong tem sido um aluno entusiasta e um apóstolo da metodologia da igreja em células, instruindo a todos os que quiserem ouvir.[32]

---

31 Hinton, p. 110.
32 Veja o website da Igreja Batista Comunidade da Fé em: http://www.fcbc.org.sg (Site em inglês. Acesso em 06/06/2015). Em 2001, Khong mudou sua igreja para uma igreja célula no modelo G-12. O paradigma G-12 é discutido no capítulo 8 abaixo.

Uma igreja em células ainda mais dinâmica começou em 1989, quando o pastor Kong Hee e sua esposa Ho Yeow-Sun começou a igreja *City Harvest*. Na virada do milênio, *City Harvest* contava com quase 13.000 membros se reunindo em mais de 400 grupos de células nos lares.[33]

O Reverendo Hee e sua esposa refletiam perfeitamente o tipo de evangelicalismo que está cativando Cingapura. O jovem casal ainda está na casa dos trinta anos e, assim como o grupo social que eles procuram alcançar, vêm de uma comunidade de profissionais em ascendência. Até agora, 57 por cento dos 13.000 membros da igreja *City Harvest* são profissionais assalariados.[34]

Os evangélicos urbanos de Cingapura correspondem a esse mesmo perfil demográfico. Em seu estudo de 1985 sobre aquele movimento, Keith Hilton descobriu que 94,5 por cento dos evangélicos de Cingapura eram alfabetizados e englobava 28 por cento dos profissionais e a classe técnica da nação e 24 por cento de seus administradores e gerentes, totalizando menos de 14 por cento da população total da cidade.[35] Igualmente, a afluência evangélica coloca mais de 27 por cento dos cristãos de Cingapura como donos de suas próprias casas, uma raridade em uma cidade na qual espaço é um prêmio, e mais de 90 por centro da população vive em moradias públicas.[36]

Se o rápido crescimento evangélico de Cingapura é estruturado em torno dos grupos de células nos lares, ele é abastecido pelo evangelismo. Muitos seguiram esse impulso no encontro evangelístico de Billy Graham em dezembro de 1978 no estádio nacional da cidade. Dois anos e meio depois, em março de 1981, a *Campus Crusade for Christ* lançou o filme *Jesus* na cidade. Com a permissão do Ministério da Educação, os materiais promocionais do filme *Jesus* foram enviados para mais de 200 escolas. Ao final da iniciativa, 215.408 pessoas tinham visto o filme; 3.204 tinham devolvido os cartões de decisão indicando que queriam aceitar Cristo ou

---

33   Visite seu website em www.chc.org.sg (Site em inglês. Acesso em 06/06/2015).
34   Ibid.
35   Hinton, pg. 113.
36   Hinton, pg.114.

Outros movimentos asiáticos

dedicar novamente suas vidas a ele; ou receber maiores informações.[37] Os encontros de Billy Graham foram seguidos de ajuntamentos ainda maiores dos evangelistas Reinhard Bonkke em 1985 e de Luis Palau no ano seguinte.

Em 1984 a expansão do evangelismo recebeu outro estímulo quando o governo de Cingapura concluiu que a educação religiosa era necessária no sistema escolar da nação.[38] Os evangélicos aproveitaram muito essa oportunidade e tranquilamente espalharam sua fé por onde e quando fosse possível. O programa era complementado por um grande número de ministérios de estudantes evangélicos (*Inter-Varsity Fellowship* (Comunidade Universitária), *Youth For Christ* [Jovens com uma missão], *Campus Crusade for Christ* [Cruzada Estudantil para Cristo], e outros). Uma pesquisa feita em 1985 revelou que 42 por cento dos protestantes em Cingapura frequentavam algum tipo de grupo cristão paralelo à igreja enquanto estava no ensino superior.[39]

O evangelicalismo urbano de Cingapura pode não ser um Movimento de Plantação de Igrejas, mas certamente é um parente próximo. Um observador local que tem visto a evolução do movimento evangélico de Cingapura citou várias similaridades e diferenças com os Movimentos de Plantação de Igrejas. Seus insights estão parafraseados abaixo:

> Como acontece nos Movimentos de Plantação de Igrejas, essas megaigrejas em células rotineiramente veem a intervenção de Deus na vida diária; gastam muito tempo e energia treinando pessoas leigas para liderar grupos pequenos: elas intencionalmente encorajam o começo de novos grupos; compartilham sua fé com o testemunho de seus vários membros; capacitam seus líderes de células; suas células são participativas; tendem a enfatizar a autoridade da Bíblia [...] são saudáveis, estão levando o Evangelho para milhares de não cristãos.
>
> A diferença é que nenhuma dessas igrejas em células alcançará suas cidades inteiras. Elas apenas crescem até o tamanho da competência de sua liderança. Enquanto os pastores das megaigrejas continuam procurando técnicas para que as igrejas células façam crescer suas próprias igrejas

---

37 Bobby E. K. Sng, *In His Good Time: the story of the church in Singapore*, 1819-1992, 2ª ed. (Cingapura: Graduates' Christian Fellowship, 1993), p. 318.

38 Sng, pgs. 317 e 122. O patrocínio do governo à educação religiosa foi revogado em outubro de 1989.

39 Hinton, p. 120.

ainda mais, os profissionais do Movimento de Plantação de Igrejas procuram por princípios de MPI para alcançar um povo ou uma cidade toda.[40]

Vamos nos voltar agora para outro movimento urbano que floresceu no nordeste da Ásia.

Em Seul, Coreia, o mundo testemunhou outro movimento evangélico urbano. Embora também não seja um Movimento de Plantação de Igrejas, Seul, como em Cingapura, compartilha muitas qualidades dos Movimentos de Plantação de Igrejas. Seul é uma cidade com mais de 12 milhões de pessoas e quase 5.5 milhões delas professam aliança com Jesus Cristo.[41] A multiplicação da igreja de Seul está acontecendo por aproximadamente quatro décadas. Hoje há mais de 5.000 igrejas protestantes na cidade de Seul. Muitas delas têm uma membresia que totaliza dezenas de milhares. Algumas possuem até mais de 100.000 membros ativos. Entretanto, como em Cingapura, as maiorias dessas megaigrejas é, na verdade, megaigrejas em células, consistindo em centenas, e mesmo milhares, de células que se reúnem nas casas durante a semana.

A maior e mais conhecida dessas é a *Full Gospel Church* [Igreja do Evangelho Pleno] de Yoido, do pastor Cho Yonggi, com uma membresia de 780.000. A igreja de Yoido é maior igreja individual do mundo. No coração da igreja está um ardente compromisso com a oração, evangelismo, e estudo da Bíblia com mais de 20.000 células toda semana por toda a cidade.[42]

---

40 Parafraseado de um e-mail de B. Smith, Julho de 2003.
41 *World Christian Encyclopedia*, 2ª edição, Vol. 2, pg. 601
42 A estrutura da Full Gospel Church de Yoido pode ser vista na internet em www.english.fgtv. com/ (Site em inglês. Acesso em 06/06/2015).

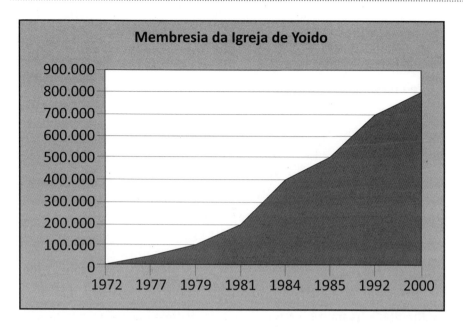

Alguns perguntaram: "Quanto tempo um Movimento de Plantação de Igrejas pode durar?" É claro, se o movimento durar tempo suficiente, ele finalmente alcançará toda a multidão. Como já vimos, muitos Movimentos de Plantação de Igrejas da China têm sido construídos por cerca de 20 anos e não mostram sinal de diminuição. O movimento da Coreia tem uma história ainda mais longa, mas, depois de 30 anos de crescimento, agora está em declínio. Desde seu início, porém, mais de dez milhões de coreanos nasceram de novo. Para entender como esse movimento continua por tanto tempo, devemos examinar seus alicerces.

A história da igreja da Coreia aproveitou uma oportunidade decisiva no final do século 19, quando os missionários protestantes convidaram o missionário da China, John L. Nevius, para ir a Coreia, para compartilhar suas ideias sobre a autoconfiança da igreja. Nevius já havia ganhado reputação na China para aquilo que foi qualificado de *princípio triplo* ou simplesmente o *método Nevius*.

O princípio triplo se originou da inquietação de Nevius em relação à dependência que os subsídios missionários criaram entre os cristãos chineses. Para combater esse mal, Nevius declarou que "a

80   *Movimentos de Plantação de Igrejas*

igreja deveria ser autogovernada, autossustentada e autorreprodutiva". Rejeitado por muitos de seus colegas na China, Nevius e seus três princípios foram bem recebidos na Coreia.

Em 1900, os protestantes na Coreia contavam com apenas 6.500 seguidores. Dez anos depois, as igrejas Presbiterianas e Metodistas que adotaram os ensinamentos locais de Nevius cresceram para aproximadamente 30.000 membros.[43]

O crescimento cristão encontrou oposição violenta quando o Japão invadiu e tomou o controle da península em 1910. Durante as três décadas e meia seguintes os cristãos foram perseguidos e a fé foi reprimida. A ocupação japonesa foi seguida por uma guerra civil, através da qual o comunismo praticamente erradicou o cristianismo no norte. No sul, entretanto, o Evangelho floresceu. De 1940 a 2000, os cristãos protestantes dobraram em número a cada dez anos.[44]

Em 2000, havia mais 8.8 milhões de protestantes somente na Coreia do Sul e mais de 40 por cento da população da Coreia estava afiliada a alguma denominação da fé cristã.

Por anos os evangélicos assistiram a Coreia com um reverente deleite. Muitas sentiram que era um movimento de Deus, mas que era unicamente coreano. Hoje, podemos ver que ele é comparável a outros Movimentos de Plantação de Igrejas que Deus está fazendo nascer pela Ásia e ao redor do mundo.

Cobrimos a Ásia visitando os Movimentos de Plantação de Igrejas da Índia à China à margem do Pacífico. Agora vamos para a África, onde Deus está fazendo um continente perdido voltar a Cristo.

---

43   Stephen Neill, *A History of Christian Missions* (Nova Iorque: Penguin, 1964), pg. 343-344
44   *World Christian Encyclopedia*, 2ª edição, Vol. 1, pg. 684

6

África

Durante o século passado, o número de cristãos professos na África cresceu de nove milhões para mais de 360 milhões.

Todo mês é estimado que 1.200 novas igrejas começam na África.

Em oito meses, 28 evangelistas etíopes levaram 681 pessoas a Cristo e começaram 83 novas igrejas.

Hoje, depois de anos de resistência ao Evangelho, 90.000 dos 600.000 povos Masai do Quênia são seguidores de Jesus Cristo.

Os estrangeiros descrevem a África como um vasto e escuro continente. Mas aqueles que se aventuraram em seu interior sabem de sua beleza e da diversidade rica dos povos. Dos nômades do Saara aos pigmeus das florestas tropicais e aos guerreiros Bantu das planícies do sul, a África é um mosaico colorido.

As antigas tribos Cushitic governam o Saara oriental, enquanto os berberes tuaregues de pele índigo patrulham sua extensão ocidental. Subindo em direção ao sul através do vale do Nilo e ao redor das fontes lendárias do rio nas Montanhas da Lua estão os povos Nilóticos, altos e esguios, tais como os Dinka e os Tutsis. Mais distante ao sul, as nações de Bantu que se esparramam demarcaram reinos nas terras de savana da metade sul do continente.

82 Movimentos de Plantação de Igrejas

Enquanto alguns estrangeiros veem os africanos como um só povo, o continente é, de fato, um emaranhado de nações, tribos e línguas. Em muitos lugares, essas famílias são envolvidas em conflitos genocidas. Milhões morreram durante a década passada em Ruanda e Burundi, e o Congo com a ajuda de Uganda, Tanzânia e Zimbábue ficou preso no que alguém pode apenas descrever como uma guerra mundial dentro do coração da África.

Sob os pés dessas grandes civilizações competitivas estão os aborígenes da África que antigamente perambularam por todo o indisputado continente, mas hoje sobrevivem apenas em grupos simbólicos tais como os pigmeus, bosquímanos, hotentotes e khoisan.

Com toda a diversidade étnica que há na África, não é de admirar que os colonizadores europeus tenham reconfigurado o continente em padrões mais reconhecíveis. Entretanto, como essas concessões de comércio europeias evoluíram para colônias eles desconsideraram completamente as fronteiras dos grupos de pessoas da África antiga.

Depois da Segunda Guerra Mundial, as colônias africanas da Europa começaram a reivindicar sua independência, mas a estrada para a nacionalidade não tem sido fácil. País após país foi despedaçado pelo conflito originado das inimizades tribais antigas que foram facilmente ocultados e tratados de qualquer maneira pelos colonizadores europeus.

A independência do controle ocidental deixou os grupos étnicos de pessoas competindo freneticamente sobre qual tribo seria dominante no novo estado. Os perdedores pagaram um preço amargo. Na década de setenta, a euforia da África em relação à independência tinha se agravado, levando a um conflito étnico crônico sobre quase todo o continente.

Em 1980, os missionários ficaram mais e mais conscientes da diversidade étnica da África e começaram a mudar a atenção para com os grupos de pessoas dentro daqueles Estados. O que importava, eles questionaram, se milhões de quenianos kikuyu eram cristãos se não havia igrejas entre os masai ou os turkana do interior? O povo iorubá da Nigéria tinha 7.000 igrejas batistas, mas e quanto aos milhões de muçulmanos hauçá, fulani e bambara, entre os quais não havia uma única igreja?

África

83

Os esforços dos missionários em focar novamente a atenção para perceber o que estava debaixo da aparência superficial dos países políticos e da realidade dos grupos de pessoas etnolinguísticos praticamente levou a um renascimento da expansão do Evangelho e a uma colheita na África. Os grupos de pessoas que há muito tempo tinham sido negligenciados por razões de hostilidade, complexidade linguística ou isolamento geográfico, estavam agora em evidência.

Muitos desses grupos de pessoas não alcançadas da África nunca tinham ouvido antes o Evangelho em seu próprio idioma. É nesse contexto que Deus está agora revelando vários Movimentos de Plantação de Igrejas na África.

Enquanto a África teve muitos movimentos de grupos de pessoas de grande alcance durante o século passado, muitos destes prestam culto a Deus em igrejas no estilo ocidental e têm hierarquias denominacionais que os ligam firmemente ao controle americano ou europeu.[45] Hoje, o cristianismo africano está expressando seus próprios modelos e a independência do ocidente.

No final do século 20, as tribos Luhya, Luo, Kikuyu do Quênia tinham mostrado um consistente crescimento da igreja a longo prazo, mas não um tipo rápido de crescimento de igrejas que é encontrado nos Movimentos de Plantação de Igrejas.[46] Em Uganda, duas décadas de guerra civil criaram um tipo de ambiente diferente de crescimento de igrejas.

Os 1,1 milhões do povo Teso, que moram na província Teso, em Uganda, compreende apenas mais de cinco por cento da população da nação. A primeira vez que o Evangelho alcançou Uganda foi em 1875 com os exploradores e missionários anglicanos. Desde aquela época, tem havido atividade missionária intermitente entre os teso por quase um século. Durante o início dos anos 80 os batistas do sul nomearam seus primeiros missionários, Harry e Doris Garvin, para Teso. O casal aprendeu bem o idioma teso e rapidamente

---

45   Veja o livro de David B. Barrett, *Schism & Renewal in Africa, an analysis of six thousand contemporary religious movements* (Nairobi: Oxford University Press, 1968).
46   Relatório do IMB's East Africa Strategy Associate Larry Pumpelly de janeiro de 2001.

começou a ter resposta entre as pessoas. Em 1986, cerca de 90 igrejas batistas teso haviam sido iniciadas. Em 1985 um golpe militar derrubou o governo sitiado de Milton Obote. Nos anos caóticos que se seguiram, os missionários foram forçados a se retirar do país. Quando retornaram, em 1990, encontraram um país devastado pela guerra. Aldeias inteiras tinham sido destruídas. Os missionários acharam que não era possível igreja alguma de Teso ter sobrevivido.

Para alegria deles, descobriram que, em vez de se curvarem de medo, os cristãos de Teso estavam corajosamente proclamando as Boas Novas e as pessoas estavam respondendo entusiasticamente à mensagem deles. Durante os cinco anos de caos, as 90 igrejas tinham multiplicado para 320 igrejas. Em um único domingo, 1.200 convertidos teso foram batizados.

Os missionários que retornaram adotaram um papel diferente entre os teso. Em vez de aspirar começar novas igrejas, eles se concentraram na educação teológica e no desenvolvimento da liderança. O crescimento da igreja entre os teso diminuiu desde a explosão do final dos anos 80, mas continuou a ser forte. Hoje há entre 400 e 450 igrejas batistas entre os teso. Isso representa mais de 20.000 tesos que vieram à fé nos últimos quinze anos.

Os masai da África Oriental são lendários por sua coragem e independência. Eles resistiram ao desenvolvimento do estilo ocidental e aos conceitos ocidentais de modernização.

Espalhados pelas savanas do Quênia e da Tanzânia, os masai há muito tempo têm defendido o interior da África dos comerciantes de escravos árabes e dos colonizadores. Os masai moram em pequenas unidades de clãs em casas construídas com barro e estrume de vaca e tetos de palha. À primeira vista, sua pobreza é incômoda, mas então você vê que é apenas uma pobreza dos bens e serviços ocidentais. Os homens e mulheres masai têm muito orgulho de sua aparência pessoal e dos costumes da antiguidade. Seus colares ornamentados, os cabelos cuidadosamente trançados e os músculos fortes revelam uma riqueza interna que muitos ocidentais perderam.

Os missionários tentaram evangelizar os masai durante o século passado. Enquanto alguns tiveram sucessos isolados, os novos cristãos geralmente eram condenados ao ostracismo e mandados embora de suas casas, ou se fechavam para o centro da vida e cultura masai.

No final dos anos 80, três famílias de missionários juntaram alguns cristãos masai e começaram a desenvolver um plano para alcançar todos os povos masai. Seguindo o modelo de Jesus em Lucas 10, eles comissionaram cerca de 70 evangelistas masai leigos e treinados para sair de dois em dois pelas planícies de Masai. Para o apoio de treinamento, cinco famílias de missionários batistas se mudaram para as planícies de Masai e se reportavam aos evangelistas masai à medida que eles se deslocavam pela região.

Hoje, mais de 15 por cento dos 600.000 masai no Quênia podem dizer que são seguidores de Jesus Cristo. A maioria destes pode ser identificada com aqueles primeiros evangelistas leigos de Masai.

Para entender esse despercebido Movimento de Plantação de Igrejas, é preciso um olhar a partir de uma perspectiva diferente. Por vários anos uma fotografia está dependurada na parede da sala de espera perto do meu escritório. É a fotografia de uma árvore de acácia plantada em uma planície árida em algum lugar da África. Você sabe que é na África devido aos 30 ou 40 vultos escuros reunidos debaixo da sombra da árvore apoiando-se em seus troncos. Apenas depois de visitar as planícies de Masai e ver as verdadeiras igrejas masai, eu percebi que a foto ao lado do meu escritório era uma igreja masai.

O estilo do louvor masai é muito diferente das formas do ocidente que marcaram a era colonial das missões. A maioria das igrejas em Masai se reúne debaixo das árvores de acácia, os lugares de encontros tradicionais para as assembleias de Masai. O povo masai se reúne regularmente para o louvor sempre na mesma árvore. De vez em quando alguém puxa um galho de arbusto com espinhos em volta para formar uma parede, uma proteção contra o vento, poeira e animais ferozes.

A essência do louvor dos masai está em suas canções e orações. Eles têm uma cultura oral e se beneficiam em contar as histórias da Bíblia em seu idioma nativo. Não satisfeitos em ouvir as histórias contadas, os masai geralmente convertem essas lindas histórias ensinadas para suas canções nativas, e as cantam com grande entusiasmo.

No crepúsculo fresco da savana africana é possível ouvir um coral de sete homens masai cantando uma canção depois da outra, adaptadas das histórias bíblicas que aprenderam. O ritmo masai é encantador acompanhado de seus grunhidos ressonantes, enquanto batem no peito e nas coxas e os sons das batidas das lanças no chão. Seus rostos exibem expressões vívidas ao representar as histórias da Bíblia com movimentos nas mãos e passos coreografados.

África

É difícil saber quantas igrejas masai ou cristãos realmente existem. Como você conta cada "Igreja da Árvore de Acácia?" Ou por que você iria querer fazer isso? O movimento continua a se espalhar em áreas onde os missionários ocidentais têm dificuldade de acompanhar. Os masai do Quênia compartilham sua fé com 600.000 masai que moram na Tanzânia que também provaram ser bem receptivos. Durante o ano passado, os evangelistas masai também começaram a aprender a língua da sua tribo vizinha, os povos Samburu, com a visão de levar o Evangelho a eles.

Quando os missionários da África Ocidental mudaram sua atenção de países para grupos de pessoas, os ifé de Togo logo sentiram o impacto. Os ifé são uma das tribos divididas entre duas nações, pois se estendem para ambos os lados das fronteiras de Togo e Benin. Totalizando cerca de 10 milhões, os ifé são o maior grupo de pessoas não islâmicas que ainda não foram evangelizadas do sul do Saara. Em Togo eles compreendem cerca de 36 por cento da população da nação; em Benin, constituem 55 por cento do país. A maioria dos ifé pratica a religião tradicional africana.[47]

Os primeiros missionários batistas a aceitarem o trabalho com os ifé foram Mike e Marsha Key. O povo Ifé parecia estar esperando para que os Key os encontrassem. Ou talvez eles simplesmente estivessem esperando que alguém os encontrasse em seus próprios termos. Mike pregou seu primeiro sermão para o povo Ifé em 1981 e 24 adultos se comprometeram com Cristo. Depois de anos em que os evangélicos evitavam aquele povo, Mike podia ver agora que eles eram receptivos ao Evangelho se ao menos pudessem ouvi-lo. Ele também se perguntava se os cristãos togoleses não poderiam multiplicar seus esforços para alcançar o povo Ifé.

Mike retornou para Lomé, capital de Togo, onde recrutou 24 evangelistas togoleses para se juntarem a ele na região de Mono Oriental onde o povo Ifé vive. Mike e sua equipe de batistas togoleses conduziram uma campanha de três semanas de pregação e

---

47 Muito do perfil dos anos iniciais do trabalho com os ifé foi retirado de "The Ife of Togo", de Bill Philips, in: Toward *Church Planting Movements*, ed. Mark Snowden. (Richmond, Virginia: International Mission Board, 1997), pgs. 23-26.

ensino em cinco aldeias diferentes. Durante esse período de três semanas, 5.700 pessoas assistiram ao filme *Jesus* à noite – 446 pessoas fizeram compromisso com Cristo. Entre estes convertidos estavam o chefe e o subchefe de uma aldeia Ifé.

Em 1983, o missionário iniciou uma parceria com os batistas de Carolina do Norte que durou três anos. Durante a parceria, estes construíram uma ponte de 64 metros, perfuraram 113 poços, 16 açudes e construíram um centro de conferência. Ao final do período de três anos, havia 1.200 batismos registrados e 1.000 cristãos a mais esperando o batismo.

Durante a década seguinte o movimento ifé ganhou velocidade, uma vez que 85 novas igrejas foram iniciadas entre o povo Ifé de Togo com mais de 5.000 pessoas louvando nessas igrejas. Apesar desse progresso em Togo, não foi permitido aos missionários estender seu trabalho para o outro lado da fronteira, nas tribos Ifé de Benim.

Depois de anos de negociações sem sucesso com os oficiais do governo de Benim, foi negada a permissão para que os Key morassem entre o povo Ifé. Depois, no início de 1990, Mike Key foi diagnosticado com câncer e teve que deixar a África Ocidental. Levaria vários anos até que novos missionários fossem designados para trabalhar com o povo Ifé.

Em 1995, quando Jess e Peggy Thompson foram transferidos da Guiné Equatorial para viver entre o povo Ifé de Benim, descobriram que já havia cinco novas igrejas em andamento. Logo depois, as cinco igrejas já estavam se reproduzindo sem assistência missionária. O movimento que tinha começado entre os ifé de Togo já estava se espalhando para os ifé de Benim.

A Etiópia tem um lugar especial na história cristã da África Subsaariana. É o lar da única comunidade cristã nativa da África Subsaariana com uma história voltada para os tempos pré-islâmicos. Se as tradições locais forem verdadeiras, a Igreja Ortodoxa da Etiópia começou com um eunuco que foi batizado por Filipe na estrada de Gaza.[48]

---

48 At 8.26-39

Hoje mais de 40 milhões de etíopes professam lealdade à Igreja Ortodoxa Etíope. O cristianismo na Etiópia tem sido moldado por séculos de isolamento do mundo de fora. Festivais religiosos, ícones e tradições pontuam cada aspecto da vida etíope. No decorrer dos séculos, a religião tem adquirido uma identidade étnica que, para muitos, suplanta qualquer senso de relacionamento pessoal com Deus através de Jesus Cristo.

Durante as últimas décadas, missionários evangélicos têm entrado no país. A maior parte desses ministérios está entre as tribos animistas Oromo, do sul da Etiópia. Ao mesmo tempo, os missionários têm encorajado seus irmãos ortodoxos etíopes a deixar a Palavra de Deus remodelar seu entendimento do ideal de Cristo para um discípulo e para uma igreja.

No início dos anos 90, uma associação de etíopes nascidos de novo começou a tomar forma dentro da Igreja Ortodoxa. O movimento era conhecido como *Emmanuel Muhaber* (Irmandade Emanuel). Era centralizado em torno da oração, estudo e proclamação do Novo Testamento, e com uma ênfase na comunhão pessoal com Deus. O movimento se avolumou de maneira rápida, crescendo com milhares de adeptos em meados dos anos 90.

Em 1990, a diretoria da Missão Internacional enviou David e Pam Emmert como missionários para a Etiópia. Em 1993, David tornou--se coordenador estratégico para a cidade de Adis Abeba. Com um olhar em direção ao que Deus estava fazendo para alcançar os povos Amhara, David logo percebeu a vitalidade do *Emmanuel Muhaber*.

Em maio de 1997, David desenvolveu e implementou uma abrangente estratégia para alcançar todas as partes de Adis com um Movimento de Plantação de Igrejas. Diferentemente de muitos evangélicos conservadores, David resistiu à tentação de ver a Igreja Ortodoxa como inimiga ou como uma concorrente em busca da fé etíope. Mas também se recusou a presumir que os membros da Igreja Ortodoxa tivessem um relacionamento pessoal com Cristo.

"O inimigo", Emmert disse, "está perdido. Nossa estratégia é trabalhar de dentro, de fora, e ao lado da igreja com o propósito de

90 *Movimentos de Plantação de Igrejas*

compartilhar o Evangelho, plantar igrejas e ver um Movimento de Plantação de Igrejas".

A pesquisa de Emmert sobre Adis revelou um enorme corredor de não alcançados no coração da cidade antiga. Em uma cidade com abundância de basílicas antigas, o corredor interno da cidade estava quase desprovido de lugares cristãos para adoração. Considerando essa área a *zona vermelha*, Emmert começou a planejar e implementar uma estratégia para levar o Evangelho para aquela região.

Por volta da época em que David e Pam começaram seu trabalho, o crescimento e o caráter evangélico do *Emmanuel Muhaber* alcançaram um ponto crítico dentro da Igreja Ortodoxa. Em 1995, tinha aumentado para um número estimado em 70.000 cristãos nascidos de novo. Temendo a influência evangélica, a hierarquia da Igreja Ortodoxa expulsou o *Emmanuel Muhaber* de sua comunhão.

David envolveu-se com a liderança do *Muhaber* com uma oferta e um pedido de ajuda. Não era difícil achar o grupo, pois eles se encontravam toda noite para reuniões de oração evangelísticas em tendas ao ar livre na cidade. David ofereceu-se para fornecer a eles treinamento teológico baseado na Palavra de Deus em centros de Educação Teológica por Extensão (ETE) espalhados pela cidade. Em troca, pediu que eles o ajudassem a alcançar a zona vermelha da cidade para Jesus Cristo.

Logo os centros de ETE estavam cheios de jovens etíopes devorando ardentemente o ensinamento sobre evangelismo, interpretação bíblica, discipulado pessoal e plantação de igrejas. "Nossa ênfase é em treinamento prático", David explicou. "Tentamos dar aos rapazes ferramentas bastante específicas. O lema básico da nossa escola é: 'Ninguém se importa com o que você sabe; alguém se importa com o que você faz'."[49]

Nos primeiros oito meses do programa, 28 evangelistas etíopes levaram 681 pessoas para Cristo e começaram 83 novas igrejas nos lares na zona vermelha.[50] Durante uma visita em 1997, o autor pode

---

49 Tobin Perry, "Reaching a city, reaching the world", in: *The Commission* (Setembro de 1999), pg. 11.
50 Ibid.

ver ambos os centros de treinamento e muitas das igrejas nos lares que tinham sido plantadas na zona vermelha. Essas igrejas nos lares que vimos variavam de oito a 80 membros. O louvor dessas igrejas era centrado na oração, canções nativas de louvor a Deus e o ensino da Palavra de Deus.

Os cristãos etíopes levantavam suas mãos e cantavam canções de louvor com lindas melodias desvinculadas de qualquer influência ocidental. A alegria e a paixão deles eram contagiantes. Emmert disse: "Toda semana parece que eles estão cantando novas canções que escreveram. A maioria delas é de louvor ou orações a Deus. Para nós é difícil até para acompanhar".

Uma pesquisa sobre o que Deus está fazendo pela África deixa claro que os grupos de pessoas daquele continente são muito amados por ele. Você pode ver isso nos Movimentos de Plantação de Igrejas que estão apenas começando a florescer em cada canto do continente. Contudo para cada Movimento de Plantação de Igrejas que vemos, há dúzias de movimentos abortados e que quase não atingiram o alvo, que nunca fizeram a transição de plantação de igrejas para Movimentos de Plantação de Igrejas. Por quê?

Um conto clássico da *Odisseia,* de Homero, ilustra o desafio que a igreja africana encara ao navegar pelos Movimentos de Plantação de Igrejas. No épico de Homero, Odisseu e sua tripulação tinham que navegar por um canal estreito e perigoso. Não havia jeito de evitá-lo e a costa estava cheia de destroços dos navios que naufragaram. De um lado estava o precipício rochoso chamado Cila e, do outro, o igualmente ameaçador redemoinho chamado Caríbdis. Entre eles estava um canal seguro e profundo, mas Odisseu tinha que evitar os dois perigos.

Como evidenciado por muitos naufrágios nos Movimentos de Plantação de Igrejas em suas histórias, a África enfrenta um desafio parecido. De uma margem estão os naufrágios que ocorreram quando os missionários protegeram excessivamente a igreja africana. Na Nigéria, por exemplo, os missionários batistas do século 19 esperaram 39 anos antes de permitir que um nigeriano pastoreasse a igreja que eles tinham começado. [51] Os missionários estão menos paternalistas hoje, mas alguns continuam sentindo que seu papel de salvaguardar a ortodoxia é indispensável e não pode ser confiado a um africano.

Se o paternalismo é o Cila, então Caríbdis é o redemoinho da dependência estrangeira. Quantos Movimentos de Plantação de Igrejas se perderam para a dependência africana dos fundos estrangeiros, prédios, subsídios e bem-intencionadas caridades?[52]

Entre o Cila do paternalismo e o Caríbdis da dependência estão as águas profundas dos nativos Movimentos de Plantação de Igrejas da igreja africana. Onde quer que os cristãos africanos tenham encontrado esse canal fundo, Deus tem produzido uma navegação tranquila e um crescimento firme na reprodução de igrejas.

---

51 Travis Collins, *The Baptist Mission of Nigeria*, 1850-1993 (Ibadan, Nigeria: Associated Book-Makers Nigeria Limited, 1993), pgs. 12 e 25.

52 Glenn Schwartz formou uma organização chamada *World Mission Associates* com o objetivo de expor e combater a dependência nas missões. Seu website por ser visto em: www.wmausa.org (Site em inglês. Acesso em 06/06/2015).

7

O mundo muçulmano

Mais muçulmanos vieram a Cristo nas últimas duas décadas do que em qualquer outra época da história.

No norte da África mais de 16.000 berberes se voltaram para Cristo durante um período de duas décadas.

Um Movimento de Plantação de Igrejas na Ásia Central viu 13.000 cazaques vindo à fé em Cristo no período de uma década e meia.

Mais de 12.000 muçulmanos de Caxemira trocaram a Jihad pelo Príncipe da Paz.

Em um país muçulmano asiático, mais de 150.000 muçulmanos abraçaram Jesus e se reúnem em mais de 3.000 grupos locais liderados pelos Isa Jamaats (Grupos de Jesus).

O Islã tem desafiado o cristianismo por mais de 13 séculos. Seu sistema de leis sociais, chamado *Sharia*, sufocou e quase eliminou o cristianismo em muitas das regiões que o originaram.

Hoje, entretanto, Deus está mudando o mundo muçulmano como nunca antes. Para entender como essa mudança está ocorrendo, é importante, pelo menos, olhar de relance como a *sharia* islâmica tem sido tão bem-sucedida em sua disputa com o cristianismo.

Apesar das histórias populares dos conquistadores árabes, de terem varrido as nações e forçado a conversão de cristãos por meio da violência, o método muçulmano de dominação e controle tem sido muito mais paciente, insidioso e eficaz. A *sharia* islâmica constitui o único grande sistema religioso no mundo designado para derrotar o cristianismo. Vamos rapidamente examinar como isso funciona.

Para começar, a *sharia* proíbe os muçulmanos de se converterem ao cristianismo ou a qualquer outra religião. A conversão no islamismo é punida com morte. Da mesma forma, para a *sharia*, os cristãos são proibidos de tentar converter os muçulmanos para a sua fé. Não apenas os missionários são proibidos, mas até mesmo os cristãos locais têm restrições para praticar sua fé – incluindo o evangelismo – apenas dentro dos limites do prédio da igreja. E enquanto para os cristãos não é permitido falar mal do Profeta ou da religião muçulmana sob pena de morte, os sermões semanais nas mesquitas abertamente ridicularizam e atacam os principais elementos básicos da fé cristã.

De acordo com a lei islâmica, é permitido a um homem muçulmano se casar com uma mulher cristã, e sua noiva pode manter sua fé cristã, mas seus filhos serão muçulmanos. Se o divórcio acontecer, os filhos ficam sob a custódia do pai muçulmano. Os homens cristãos também podem se casar com uma mulher muçulmana, mas apenas depois de se converterem ao islamismo. Se tentarem depois voltar para sua fé cristã, isso é considerado uma ofensa mortal.

Além de fechar a porta que permitiria aos muçulmanos deixarem sua religião, a *sharia* também criou maneiras engenhosas de integrar e assimilar novos convertidos à sua fé.

Um incentivo popular foram as leis de divórcio liberais do islamismo. O cristianismo católico e ortodoxo proíbe o divórcio. O Islamismo não apenas facilitou que um marido descontente consiga um divórcio rápido, mas também permitiu que ele tivesse quatro esposas ao mesmo tempo.[53]

Os não muçulmanos também recebem incentivos econômicos para a conversão. A *sharia* proíbe os cristãos de servirem o exército, mas

---

53 Tirando vantagem de ambas as leis do Islã, a da poligamia e a do divórcio liberal, um homem poderia ter muitas esposas durante toda a vida.

O mundo muçulmano

95

exige que eles paguem o que era chamado de *imposto dimmi* arrecadado dos não muçulmanos, supostamente para pagar pela "proteção" pelo exército. Ao se converter ao islamismo, um cristão oprimido vencia duas penalidades. Ganhava o acesso à carreira militar (proibida ao não muçulmanos) enquanto se livrava do odiado imposto *dimmi*. Com tantos incentivos e formas de entrar para a religião muçulmana, o islamismo cresceu rapidamente. Todos os caminhos levavam à religião muçulmana, mas não oferecia rampas de saída e, para os muçulmanos, a única forma de sair da religião era através da morte.

Nem todas as razões para a fraca receptividade do cristianismo em relação ao islamismo era culpa da *sharia*. Em muitos casos a natureza das sociedades cristãs que enfrentavam o Islã era sua própria pior inimiga, oferecendo muitas oportunidades para o avanço islâmico.

Apesar do seu início humilde, no tempo do profeta Maomé, o cristianismo cresceu ricamente e se expressava em belas catedrais decoradas com ícones de Cristo e dos santos. Vozes proféticas dentro da cristandade que denunciaram esses ídolos foram estigmatizadas como heréticas, sendo presas ou exiladas.[54]

Os políticos também enfraqueceram a saúde da igreja. Os governantes bizantinos viam as expressões locais do cristianismo como um ameaça de influência sobre a Igreja e o Estado. Consequentemente, a liderança local ou as traduções coloquiais da Bíblia foram desencorajadas, mantendo a Palavra de Deus acessível apenas àqueles que podiam decifrar o grego e o latim.

No surgimento da era muçulmana, muitos líderes da igreja católica foram escolhidos principalmente por sua lealdade a Roma ou a Constantinopla, em vez de sua piedade pessoal. Isso ficou evidente quando os exércitos árabes conquistadores assolaram a África do Norte, incitando centenas de padres e bispos europeus a fugirem de suas paróquias e retonarem à mãe Europa.

Igualmente, quando um pequeno exército invasor de muçulmanos árabes atacou a fortaleza bizantina de Alexandria, no Egito, foi

---

54 A *controvérsia da iconoclastia* (a destruição de imagens) assolou por séculos a Cristandade antes de se tornar uma característica definida do Islã. E. J. Martin, *A History of the Iconoclastic Controversy* (Brooklyn, NY, Ams Pr Inc, 1978 [1ª ed. 1930]; J. Pelikan, Imago Dei (1990)

um cristão egípcio quem secretamente abriu os portões para eles. Para ele, era uma oportunidade de resgatar sua igreja perseguida do controle bizantino. Em resposta, um dos primeiros atos dos novos governantes muçulmanos foi libertar a liderança copta egípcia da prisão na qual a hierarquia bizantina os mantinha presos.

O fracasso do cristianismo em tratar o problema da escravidão também abriu as portas para o avanço islâmico. Quando pequenos exércitos árabes invadiram o Oriente Médio e o norte da África, descobriram milhões de escravos cujos donos eram os romanos e os cristãos bizantinos. A *sharia* simplesmente proibiu a propriedade de escravos muçulmanos por senhores cristãos. Para ganhar sua liberdade, tudo o que um escravo tinha que fazer era se converter ao islamismo. Isso levou à conversão de incontáveis escravos, ao mesmo tempo em que reunia apoio fundamental para a nova religião. [55]

Hoje, muitas das questões que, um dia, caracterizaram o encontro de cristãos e muçulmanos há tempo não estão mais em jogo. Barreiras da escravidão, relações entre o Estado e a Igreja e até incentivo para o casamento já não mais existem. A circulação livre da informação através da televisão via satélite e da internet enfraqueceram a habilidade da *sharia* de reprimir o acesso dos muçulmanos ao Evangelho e à verdade sobre sua própria civilização em declínio. Depois de séculos de relativo isolamento, a crescente interdependência entre as nações está, uma vez mais, empurrando cristãos e muçulmanos a um inevitável contato.

Nesse encontro forçado, muitos cristãos seculares e nominais estão encontrando respostas para as incertezas da vida nas páginas imutáveis do livro sagrado do islamismo, o Alcorão. Ao mesmo tempo, entretanto, é claro que mais muçulmanos têm chegado à fé em Cristo durante as duas últimas décadas do que em qualquer outra época da história dessas duas grandes religiões.

Hoje, muitos dos obstáculos internos do cristianismo para a evangelização dos muçulmanos têm sido removidos, mas a

---

55 Bernard Lewis, *Race and Slavery in the Middle East*, an historical enquiry (Londres: Oxford University Press, 1990).

sharia permanece um enorme desafio com muçulmanos convertidos enfrentando perseguição, e até mesmo a morte. Por essa razão, algumas vezes teremos que esconder a localização e os nomes dos indivíduos envolvidos nas crescentes comunidades de cristãos com histórico muçulmano.

Os primeiros relances dos Movimentos de Plantação de Igrejas entre os muçulmanos estão ocorrendo em lugares onde a fábrica sufocante da *sharia* tem sido desgastada pela guerra e por rápidas mudanças sociais.

Em um país norte-africano que passou muito do século 20 envolvido em guerra civil, mais de 16.000 muçulmanos berberes recentemente abraçaram o cristianismo. Se perguntássemos por que, eles poderiam muito bem responder: "Porque nós podemos".

Entre os extremos de um governo secular e o fundamentalismo islâmico, esses berberes escolheram um terceiro caminho, o Evangelho da paz. Trabalhando em parceria com um coordenador estratégico, a liderança berbere estimulou um emergente Movimento de Plantação de Igrejas.

O movimento norte-africano carregou a onda de renascimento da autoidentidade étnica berbere. Três veículos levaram o Evangelho mais efetivamente: uma versão berbere do Novo Testamento, transmissões do Evangelho no rádio e o filme *Jesus*, que alguns estimaram que mais de quatro milhões de berberes tenham assistido. Em todas as três mídias, os berberes foram evangelizados em seu idioma nativo, sem a dependência de missionários estrangeiros.

Das montanhas do norte da África nos voltamos para o estado da Caxemira, no Himalaia, devastado pela guerra. O único Estado predominantemente muçulmano na Índia, os nove milhões de cidadãos da Caxemira não conheceram muita coisa além da guerra, desde que o Paquistão e a Índia ganharam sua independência da Grã-Bretanha em 1947.

98 — Movimentos de Plantação de Igrejas

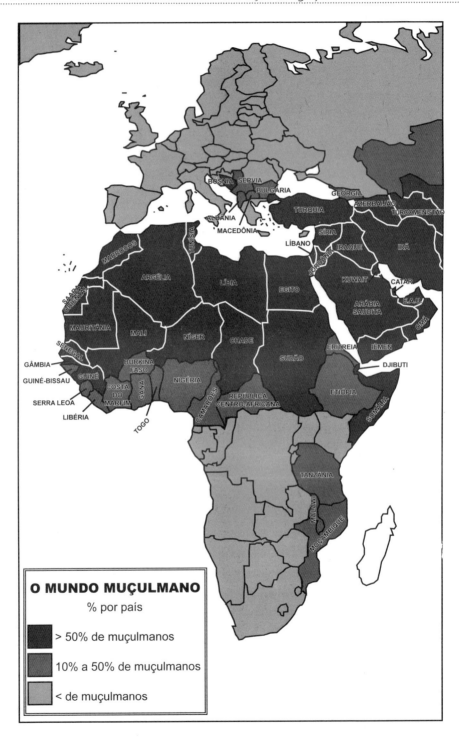

O mundo muçulmano

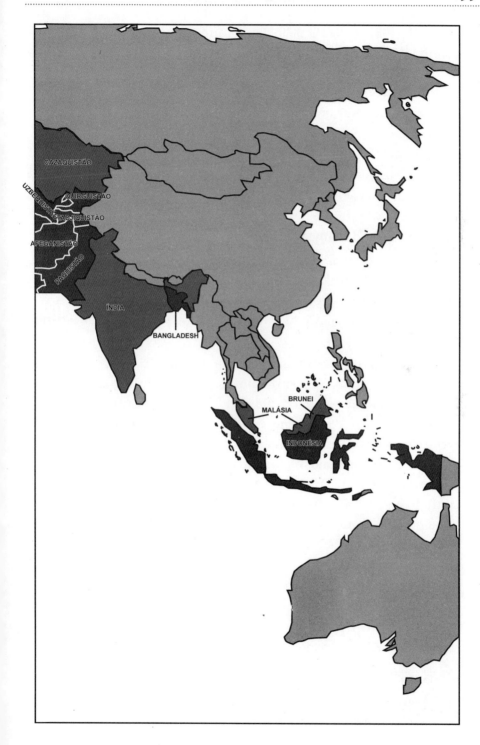

100 Movimentos de Plantação de Igrejas

Desde 1989, mais de 35.000 caxemires perderam suas vidas no conflito. Nos anos recentes, um número crescente de muçulmanos caxemires têm trocado a *Jihad* por Jesus. Em 2003 os jornais da Índia noticiaram com destaque a "cruz na Caxemira" e sobre "milhares que estão se convertendo ao cristianismo".[56]

Evangelistas locais com histórico muçulmano agora compartilham do Evangelho de Cristo e relatam números crescentes de batismos de áreas muçulmanas. O preço que eles pagaram foi alto. Yonathan Paljor, pastor da igreja *All Saints,* em Srinagar, relata: "Você encontrará milhares de pessoas interessadas no cristianismo, (mas) elas têm suas vidas ameaçadas e são socialmente boicotadas".

Por duas vezes militantes muçulmanos queimaram o prédio da igreja de Paljor e a casa pastoral. Enquanto Paljor escapou com vida, um trabalhador da *Gospel for Asia* (GFA) [O Evangelho para a África], chamado Neeraj, não teve tanta sorte. No verão de 2003, Neeraj foi assassinado.

Uma jovem mulher chamada Masooda, de 22 anos, se intitula "crente em Cristo", apesar de ainda não ter sido batizada. "Não é uma questão de religião", ela diz. "É sobre encontrar Deus. Eu encontrei o meu." Seu rosto irradia emoção à medida que descreve como teve duas visões de Cristo. Em uma, ele se sentou em uma rocha enorme. Na outra, estava sendo pregado na cruz, com uma poça de sangue debaixo dele. Embora Masooda tenha contado à sua mãe e aos amigos próximos sobre sua nova fé, ela teme o que os muçulmanos radicais fariam se ela declarasse isso publicamente. "Eles queimariam nossa casa, e minha família estaria em perigo."[57]

Com tanta oposição, por que as pessoas estão se convertendo? Premi Gergan, um diretor aposentado de uma escola católica para meninas explica: "A militância agita o interior de muitos. E as pessoas, especialmente os jovens, começaram a questionar. Todos os

---

56 Tariq Mir, "It's Conversion Time in the Valley", in: *The Indian Express,* Srinagar, Índia, 5 de Abril de 2003, primeira página. Também no *The New Indian Express,* edição de Bangalore, 8 de Abril de 2003, p. 7.

57 Manpreet Singh, "Harassd Kashmiri Christians Reach out to Discrete Muslims", in: *Christianity Today,* 9 de Setembro de 2002, Vol. 46, Nº 10, pg. 26.

O mundo muçulmano

dias uma ou duas pessoas vêm a mim para saber sobre [o] Evangelho. Elas dizem: 'Na nossa religião, não há perdão'".

Paljor diz: "Os cristãos não estão pressionando por conversões. Estão pressionando por novas concepções, abertura da mente ao contar histórias da Bíblia – histórias de amor, harmonia e tolerância".

Continua difícil acessar tudo que está acontecendo nesse remoto vale da montanha, mas está começando a parecer que outros muçulmanos estão se convertendo ao redor do mundo. Estima-se que o número de convertidos seja mais de 12.000.

Em uma das mais dramáticas mudanças políticas do século 20, o colapso da União Soviética tem estabelecido outro cenário, onde muçulmanos estão se convertendo a Cristo em números significativos.

A queda do muro de Berlim em 1989 coincidiu com as primeiras entradas de evangélicos na Ásia Central Soviética. Naquela época, não havia mais do que um punhado de cristãos turcos entre os milhões que viviam nas várias Repúblicas da Ásia Central. Essa escassez de cristãos turcos era devida, em grande parte, aos séculos de conflito entre os muçulmanos da Ásia Central e os cristãos eslavos e ateístas da Rússia.

Durante os anos de 1928-1953, Stalin transferiu milhares de protestantes alemães étnicos que moravam na União Soviética para as Repúblicas da Ásia Central do Cazaquistão, Uzbesquitão e Quirguistão. Esses alemães étnicos, muitos deles batistas e pentecostais apaixonados, rapidamente estabeleceram vibrantes igrejas na região. Mas depois de meio século de coexistência, fizeram pouco impacto sobre os muçulmanos turcos que viviam perto deles.

Hoje, muitos dos evangélicos alemães étnicos deixaram as repúblicas da Ásia Central para pastos mais verdes na Europa Ocidental. Tomando seus lugares há muitas igrejas turcas nativas, constituídas de cazaques, quirguizes e uzbeques, com histórico muçulmano.

Em uma das repúblicas mais abertas, o Cazaquistão, mais de 13.000 cazaques chegaram à fé em Cristo na última década e meia. Hoje há mais de 300 igrejas cazaques nativas, lideradas por pastores cazaques pastoreando esses novos cristãos.[58] Trabalhadores cristãos veteranos na área especulam que deve haver cerca de 50.000 de cristãos espalhados pela república.

O início do alcance evangélico que finalmente levou a esse movimento pode remontar aos últimos dias da Guerra Fria. Em 1989, os missionários aproximaram-se da Ásia Central Soviética de duas direções. Alguns vieram para a região através das bem estabelecidas igrejas da Europa Ocidental, tais como *All-Union Evangelical Baptists* (AUEB) [União das Igrejas Batistas Evangélicas], uma convenção batista constituída principalmente de russos, ucranianos e alemães étnicos que moravam na União Soviética. A AUEB tinha igrejas em todas as repúblicas da Ásia Central, mas tinha pouco relacionamento com a maioria da população muçulmana turca.

Outros evangélicos se aproximaram de um grupo de pessoas. A partir de suas pesquisas sobre a história e a cultura dos povos cazaque, eles entenderam as hostilidades antigas entre os muçulmanos turcos e os cristãos eslavos. Essa percepção os impeliu a estabelecerem relações diretas com grupos de pessoas da Ásia Central em vez de trabalhar através das igrejas eslavas vizinhas. Liderando essa aproximação estava um jovem coordenador estratégico chamado Brian, que foi diretamente ao ministro da educação cazaque em 1989 oferecendo-se para estabelecer um empreendimento conjunto entre cazaques e americanos. A visita de Brian ao ministro da educação colocou o fundamento para um grande movimento.

---

58 The 2000 Annual Statistical Report of the International Mission Board.

O mundo muçulmano 103

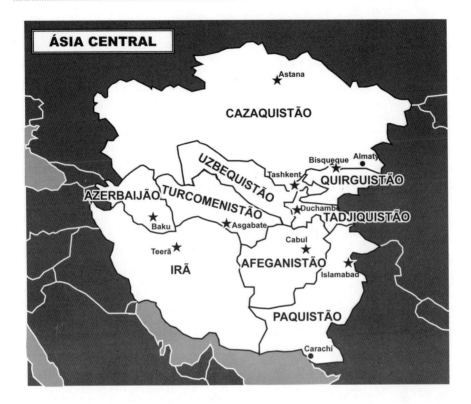

O ministro da educação cazaque recepcionou Brian calorosamente, dizendo a ele: "No ano passado recebi a visita de representantes de duas diferentes escolas da Liga Ivy, dos Estados Unidos. Eles queriam abrir um intercâmbio educacional com os universitários do Cazaquistão. Eu disse a eles 'Não'. Mas para você eu digo 'Sim'." Quando Brian perguntou por que sua oferta foi aceita em detrimento à das escolas da Liga Ivy, que eram academicamente superiores, o Ministro respondeu: "Essas escolas da Liga Ivy queriam estabelecer sua sede em Moscou e abrir uma filial em Almaty (capital cazaque). Você, por outro lado, deixou de lado Moscou e vem trabalhar diretamente conosco".

A ênfase do grupo de pessoas de Brian encaixava bem com o crescente senso de orgulho nacional dos cazaques. Brian seguiu esse primeiro esforço com mais educação e com projetos relacionados a negócios. Cada um desses empreendimentos permitiu que muitos trabalhadores cristãos fossem ao Cazaquistão para proclamar o Evangelho, traduzir a Bíblia e produzir o filme *Jesus*.

A estratégia do grupo de pessoas também impactou as primeiras plantações de igrejas. Em vez de tentar assimilar os novos cristãos cazaques nas igrejas europeias existentes, os primeiros plantadores de igrejas deliberadamente tinham como objetivo estimular um movimento cazaque. Os resultados foram impressionantes. Os cazaques hoje sentem que são donos do movimento. Consequentemente, o impulso está mudando de trabalhadores estrangeiros para líderes nacionais.

O foco desse grupo de pessoas produziu grandes colheitas nas outras repúblicas turcas da Ásia Central. É muito cedo para dizer se todos esses campos de colheitas produzirão Movimentos de Plantação de Igrejas, mas há sinais encorajadores. Mais muçulmanos têm vindo a Cristo na Ásia Central nos últimos dez anos do que em qualquer outra época da história.

Os eventos no norte da África, norte da Índia e Ásia Central foram apenas vislumbres do que estava para vir. Em um país muçulmano asiático que chamaremos de *Jedidistão*, o maior Movimento de Plantação de Igrejas na história das missões cristãs para os muçulmanos está acontecendo agora.[59]

Jedidistão, como em muitos outros países predominantemente muçulmanos, era também a pátria de uma minoria de não muçulmanos que diminuía a cada dia. Era permitido a um número limitado de missionários cristãos prestar assistência e desenvolvimento no país empobrecido, mas eles eram obrigados a restringir o evangelismo às minorias de não muçulmanos. O resultado era que mais de 85 por cento do povo não era apresentado ao Evangelho.

No início dos anos 80, várias agências missionárias e algumas das igrejas tradicionais do país estavam começando a voltar a atenção para a maioria muçulmana. Por volta dessa mesma época, uma

---

59 O estudo de caso é real, apesar de nomes tais como Jedidistão, que significa *o lugar novo* e refere-se à nova vida que está se espalhando entre as pessoas, serem fictícios.

O mundo muçulmano

105

versão do Novo Testamento sensível aos muçulmanos do Jedidistão foi publicada e os missionários começaram a experimentar o novo formato de igreja que atendia à visão de mundo muçulmana.[60]

O Novo Testamento sensível aos muçulmanos foi bem recebido e os relatórios ignoraram aldeias remotas onde mesquitas inteiras estavam louvando a Jesus como Messias. Entretanto, esses rumores das coisas que estavam acontecendo eram difíceis de provar, uma vez que os estrangeiros ficavam mantidos à distância e os cristãos nessas áreas ainda se referiam a si próprios como muçulmanos.[61]

Nesse ambiente agitado Deus alcançou e tocou a vida de um adolescente muçulmano com seu dom poderoso de salvação. Sharif cresceu em uma populosa cidade agrícola no Jedidistão Central. Como era o costume com todos os meninos muçulmanos, com cinco anos de idade ele foi enviado à madraça local para aprender árabe, o Alcorão e as histórias da vida do Profeta.

Sharif absorveu seus estudos com uma mente entusiasmada, talvez entusiasmada até demais, pois logo se viu questionando seus professores. "Por que Mohammed fez isso?", ele perguntaria, ou: "Por que Alá disse isso ou aquilo?"

Enquanto a curiosidade pode ser valorizada em alguns sistemas educacionais, não havia lugar para ela nas madraças do Jedidistão.

"A primeira vez que fiz essas perguntas", Shariff se recorda, "o professor me bateu com uma vara. 'Você não deveria fazer perguntas como essas', ele disse, 'você não pode questionar essas coisas'".

Mas Sharif não podia evitar. Logo ele estava questionando novamente. As repetidas surras não podiam abafar sua curiosidade. Em pouco tempo ele foi marcado como um *menino pecador* que iria para o inferno por sua insolência.

---

60 Um dos mais significativos livros que veio à tona durante esse tempo foi o de Phil Parshall, *New Paths in Muslim Evangelism: evangelical approaches to contextualization* (Grand Rapids: Baker Books, 1981).

61 Isso pode parecer estranho para uma pessoa de fora do que para uma pessoa de dentro, uma vez que o nome "muçulmano" literalmente significa "alguém que se submete a Deus", uma designação que muitos cristãos aceitariam.

Quando Sharif completou quatro anos de escolaridade, o professor decidiu que já era suficiente. Ele foi expulso da escola, mas a punição não parou aí. O professor o levou a seu pai e disse: "Seu filho é muito mau. Ele é um garoto pecador e irá para o inferno. É uma desgraça para sua família até mesmo mantê-lo em sua casa".

A maldição do professor religioso caiu pesadamente sobre o jovem Sharif. Seu pai sentiu que não tinha escolha a não ser expulsar o menino de sua família. A mãe de Sharif intercedeu em seu favor e assim foi permitido a ele morar em uma pequena cabana que ficava nos fundos da propriedade da família. Três vezes ao dia, a mãe de Sharif levava água e comida, mas não era permitido a nenhum outro membro da família falar com ele. Esse isolamento continuou pelo restante da infância de Sharif, até um dia quando tudo mudou.

Em um dia quente do verão em 1983, um missionário chamado Tom estava voltando para casa de riquixá. Como a maioria dos missionários nesse país, Tom tinha gastado seus anos ministrando e plantando igrejas entre as minorias não muçulmanas do Jedidistão. Recentemente, porém, tinha sido convencido da necessidade de alcançar os muçulmanos. Nesse dia tumultuado, ele estava ouvindo Deus quando o Senhor falou e o direcionou a um adolescente.

O garoto se sentia particularmente sozinho e desanimado enquanto caminhava para o ponto de ônibus. Talvez fosse a visão do homem branco em um riquixá ou talvez fosse o raro som de alguém falando diretamente com ele que surpreendeu Sharif. As primeiras palavras que ele ouviu foram Tom perguntando a ele fluentemente em seu idioma: "Olá, irmão, você quer subir nesse requixá e ir comigo?"

Sharif mais tarde recordou: "Eu estava totalmente impressionado porque não eram muitas as pessoas que podiam, ou mesmo queriam, conversar comigo porque eu era considerado rebelde pela família e pela comunidade, dessa forma afastado e visto como um rapaz muçulmano pecador". Enquanto eles andavam juntos, Tom e Sharif conversaram muito. Tom sentiu Deus o encorajando a convidar Sharif à sua casa para conhecer sua esposa.

O mundo muçulmano

"A esposa de Tom, Gloria, foi tão gentil comigo", Sharif disse. "Ela me deu biscoitos que tinham acabado de sair do forno e meu primeiro copo de café. Antes de sair da casa dele naquele dia, ela e Tom também me deram uma cópia do Novo Testamento no meu idioma."

Naquela noite, sozinho em seu quarto, Sharif leu seu Novo Testamento. As páginas pareciam virar sozinhas e elas o prenderam em uma absorta atenção até que o sol começasse a nascer na manhã seguinte. Foi na segunda noite, porém, que o Espírito Santo tocou o coração de Sharif.

"Estava lendo o Evangelho de João, capítulo três. Quando cheguei ao versículo dezessete, este me tocou. João diz: *Pois Deus mandou o seu Filho para salvar o mundo e não para julgá-lo.*

Anos mais tarde, quando Sharif conta novamente essa história, as lágrimas ainda correm por sua face. "Veja, eu não estava condenado, eu não era apenas um rapaz pecador. Jesus teve que vir ao mundo para me salvar."

Logo, Sharif estava frequentando a igreja com Tom e Gloria, mas tudo isso mudou no dia em que um vizinho viu o que o jovem rebelde estava fazendo. Naquele domingo quando retornou da igreja, seu pai o estava esperando.

"Meu pai chamou meus irmãos para me bater. Eles disseram que eu tinha um demônio e que me bateriam para que o demônio pudesse sair de mim. Eles me perguntaram se eu era um cristão. Eu disse a eles: 'Eu não sei. Quero apenas saber mais sobre o cristianismo'. Meu pai disse: 'Se você quiser saber qualquer coisa sobre o cristianismo, eu lhe direi. Mas, agora me ouça. Você não irá nunca mais voltar à igreja novamente'."

Sharif respondeu: "Eu tentarei, pai".

No domingo seguinte, Sharif realmente tentou, mas viu-se atraído para a igreja novamente. Dessa vez, quando retornou, seu pai, irmãos e primos o atacaram e bateram nele. Nu, machucado e sangrando, Sharif foi amarrado a um poste no quintal. Ele permaneceu lá sozinho durante todo o dia e a noite, se perguntando se voltaria a ser livre novamente.

Pouco antes do amanhecer, quando os muçulmanos levantam para fazer suas primeiras orações, a mãe de Sharif foi vê-lo. Ela lhe trouxe roupas e algumas moedas.

"Seu pai está vindo para matar você", ela disse em voz baixa. "Você deve fugir da cidade."

Nos anos que se seguiram, Sharif foi para capital, foi batizado secretamente em uma igreja tradicional e se formou em Administração de Empresas em uma universidade nacional. Depois de se formar, começou a trabalhar para uma das agências missionárias buscando ganhar os muçulmanos para Cristo sem tirá-los de suas comunidades islâmicas.

Apesar de ter aprendido muitas coisas de sua experiência com os novos esforços missionários muçulmanos, Sharif estava preocupado com duas coisas: 1) a influência adquirida das finanças vinda dos Estados Unidos e 2) a identidade duvidosa desses muçulmanos que tinham supostamente se convertido a Cristo e, mesmo assim, continuavam a se chamar de muçulmanos. Com menos de um ano trabalhando na agência missionária, Sharif se sentiu compelido a deixá-la e voltar para sua cidade natal.

Ninguém deu boas-vindas a Sharif em seu retorno para casa. Sua mãe havia morrido depois de muitos anos sendo maltratada por seu pai. Ninguém da família de Sharif reconhecia sua presença. Apenas um amigo de infância, Bashir, o recebeu.

"Você pode ficar em minha casa", Bashir disse animadamente. "Minha cama é grande e podemos colocar uma coberta enrolada entre nós. Uma metade será para você e a outra para mim."

E foi assim que Sharif conseguiu um lar junto a Bashir.

Nos dias seguintes, Bashir pôde ver as mudanças que tinham acontecido na vida de Sharif. Sharif leu a Bíblia e orou não ritualisticamente como os muçulmanos faziam, mas de forma pessoal e fervorosa. Bashir e Sharif geralmente conversavam sobre Cristo e o Novo Testamento até o dia em que alguns acontecimentos provocaram uma mudança.

O mundo muçulmano

Bashir tinha que fazer uma viagem a negócios naquele dia e Sharif não levou isso em consideração. Mas alguns valentões da madraça estavam esperando uma oportunidade como essa. Eles recrutaram um time de futebol local para armar uma cilada para Sharif.

"Eles me bateram até que eu caí no chão e, então, começaram a me chutar até que sangue começou a sair da minha boca", Sharif se lembra. "Eu imagino que eles teriam me matado, mas um dos anciãos da cidade os deteve. 'O que vocês estão fazendo?', ele disse. 'Vocês não sabem que se o soldados chegarem aqui eles os colocarão na cadeia?'"

Enquanto o time de futebol se afastava de Sharif, cada um deles cuspiu nele até que seu corpo ficou coberto de machucados, sangue e cuspe.

Bashir encontrou Sharif naquela condição desoladora na manhã seguinte. Chorou enquanto cuidava das feridas do seu amigo.

"Por que eles fizeram isso?", ele perguntou.

"Porque sou um cristão", Sharif respondeu.

"Então me tornarei um cristão também", disse Bashir.

Sharif ficou apavorado. "Não, você não pode. Você não vê o que eles fizeram comigo?"

"Sim, eu posso", disse Bashir. "Afinal de contas, Jesus sofreu ainda mais por nós dois."

O batismo de Bashir e sua parceria com Sharif marcaram um ponto inicial. Era o ano de 1991. No ano seguinte, os dois homens levaram sua primeira família a Cristo e começaram a primeira igreja de cristãos com histórico muçulmano. Durante a década seguinte, eles veriam quase quatro mil igrejas plantadas e mais de 150.000 muçulmanos chegarem à fé em Cristo.

Em todo o Movimento de Plantação de Igrejas do Jedidistão Sharif batizou apenas duas pessoas. A primeira foi Bashir. A segunda foi seu próprio pai, mas essa é outra história. Hoje, toda a família de Sharif aceitou Jesus Cristo e uma igreja se reúne na mesma casa que uma vez expulsou o jovem rapaz.

O Movimento de Plantação de Igrejas do Jedidistão custou caro. Por duas vezes Sharif apanhou tão severamente que as pessoas que bateram nele pensaram que ele estivesse morto. Uma vez ele foi pregado em uma cruz improvisada. Em duas ocasiões separadas os correios entregaram em sua casa pacotes com mortalhas como aviso do que estava para vir. O golpe maior para Sharif veio em janeiro de 2003 quando seu querido amigo, Bashir, foi arrastado de sua casa à noite e apanhou até a morte.

O trabalho de Sharif e Bashir caminhou em um ritmo lento e inalterado pelos primeiros três ou quatro anos. Eles receberam um grande estímulo em 1997, quando uma agência ocidental designou seu primeiro missionário coordenador estratégico para se dedicar à população muçulmana do Jedidistão em expansão. Não demorou muito para que o missionário encontrasse Sharif e desenvolvessem uma profunda amizade construída em torno de um compromisso compartilhado para com o povo do país.

O coordenador estratégico encorajou e deu segurança a Sharif quando a polícia local o estava perseguindo. Ele forneceu a Sharif o tipo de pesquisa que o induziu a espalhar o movimento além dos limites do Jedidistão do Sul e em cada estado do país. Finalmente, em 2001, o coordenador estratégico do Ocidente organizou para que o próprio Sharif recebesse treinamento como coordenador estratégico.

De sua parte, Sharif ensinou o coordenador estratégico a usar o Alcorão como uma ponte para começar uma conversa sobre Jesus e o Novo Testamento com os muçulmanos. O missionário ocidental também encontrou coragem nos sofrimentos de Sharif.

"Sharif me ensinou a ser corajoso", ele disse. "Como eu poderia ficar com medo de entrar em uma mesquita ou testemunhar para um imã? A pior coisa que poderia acontecer era ser expulso do país. Eu estava pagando um preço muito baixo comparado ao do meu irmão Sharif."

Em 2000, havia ainda muitas perguntas em torno do aumento e do crescimento do Movimento de Plantação de Igrejas do Jedidistão.

O mundo muçulmano

Qual a extensão do movimento? Ele poderia ser realmente tão vital quanto os rumores indicavam?

Em maio de 2002, uma equipe de pesquisadores da *International Mission Board* [Diretoria de Missão Internacional] foi para o Jedidistão e conduziu uma investigação. A equipe de pesquisadores usou os melhores métodos que podiam reunir com amostras aleatórias e com dados bastante amplos. O que eles descobriram foi algo sem precedentes.

Os pesquisadores queriam entender a extensão e a natureza do Movimento de Plantação de Igrejas, mas queriam também estudar a eficácia do coordenador estratégico do Ocidente e sua equipe.

Dos 21 distritos nos quais o coordenador estratégico do Ocidente tinha trabalho, havia uma estimativa de 1.951 batismos em 2001. Isso levou o número total de cristãos nesse setor missionário de trabalho para 4.140 desde seu início em 1998. E o trabalho estava claramente ganhando impulso. Nos primeiros cinco meses de 2002 houve um aumento de 2.227 batismos.

O trabalho de Sharif era mais antigo e, consequentemente, muito maior. A estimativa para o ano de 2001 indicou 89.315 cristãos espalhados por cada um dos 64 distritos do Jedidistão. Em 2001, havia uma estimativa de 23.323 batismos, mais de 2.000 por mês.

Para o ano de 2001, o número conjunto de cristãos com histórico muçulmano nos dois trabalhos era bem maior do que 93.000. E com os números de batismos de 23.323 em 2001 em um trabalho e um aumento de 280 por cento no outro, o movimento foi claramente acelerando em um ritmo formidável!

O estudo de 2001 identificou 3.973 igrejas no movimento associado a Sharif e outras 165 igrejas no trabalho semelhante. Dada a rápida multiplicação das novas igrejas, provavelmente não é uma surpresa que houvesse apenas 2.293 pastores locais para 3.973 igrejas. Isso significa que novos inícios de igrejas estavam andando mais depressa do que o desenvolvimento da liderança, um problema que terá que ser tratado se o movimento continuar.

As igrejas no Movimento de Plantação de Igrejas do Jedidistão naturalmente carregam com elas o DNA das primeiras igrejas fundadas por Sharif e Bashir. Sharif trouxe com ele uma influência de ambas, as igrejas cristãs tradicionais que frequentara e da sua própria educação islâmica.

A igreja resultante foi uma mistura dos dois mundos. A igreja se reúne às sextas-feiras pela manhã, um feriado no Jedidistão. Os cristãos chamam suas igrejas de *Isa Jamaats*, ou literalmente, *Grupos de Jesus* e seus pastores, os *Imãs*, o mesmo termo dado àquele que "fica à frente" para liderar as orações na mesquita.[62] Os novos cristãos referem-se a eles mesmos como *Isahi*, literalmente "pertencentes a Jesus". A igreja típica do Jedidistão tem cerca de 30 membros ou três famílias, que é tanto quanto uma casa pode acomodar.

Os membros da igreja tipicamente se sentam no chão em um círculo, mas, ao contrário de muitos cenários muçulmanos, as mulheres são incluídas, apesar de não se sentarem de frente para eles. Como as igrejas tradicionais, o culto de louvor começa com oração, uma oração alta e barulhenta com todos os membros orando em voz alta até que, finalmente, o líder pronuncia "amém" no final. Depois, eles passam a caixa de dízimo, para coletar os dízimos e ofertas que são usados para o ministério com os pobres e para ajudar na plantação de novas igrejas. Como uma igreja tradicional, cantam canções que eles mesmos escreveram com palavras que refletem suas próprias orações, louvor e suas passagens favoritas das Escrituras.

Um componente nativo inconfundível em muitos *Isa Jamaats* era recitar um poema que alguém tinha escrito. Esses poemas são normalmente meditações sobre algumas histórias da Bíblia, um personagem bíblico ou as implicações de algum estudo bíblico sobre a vida de uma pessoa.

"Em me lembro de uma vez quando ouvia um poema sobre José, o marido de Maria", lembra o coordenador estratégico. "Nunca tinha pensado sobre isso, mas aquele irmão escreveu um poema inteiro acerca da perspectiva de José e o que ele deve ter sentido ao

---

62   Imã literalmente significa "na frente" e se refere à posição do líder das orações.

O mundo muçulmano

saber que sua prometida em casamento estava esperando um filho que não era dele".

Finalmente, alguém compartilha uma mensagem da Bíblia. Nos *Jamaats* essa pessoa pode mudar a cada semana; os imãs, como os pastores de igrejas tradicionais no Jedidistão, amam compartilhar o púlpito.

Quando é feita a pergunta: 'Alguns cristãos retornaram ao Islamismo?" A taxa de apostasia foi bem mais baixa do que o experimentado pelos missionários cristãos de outros campos com ministério muçulmano.

Sim	Não	Não sei
8%	89%	3%

Os pesquisadores perguntaram se esses novos *Isahi* eram grupos periféricos ou se com um ativo histórico muçulmano.

Periférico	Ativo
33,6%	66,4%

Em um esforço para descobrir o quanto o novo *Isahi* tinha se distanciado de suas práticas islâmicas, a equipe de pesquisadores simplesmente perguntou aos entrevistados se os membros *Isahi* desses novos *Isa Jamaats* ainda continuavam praticando as velhas crenças islâmicas mescladas com as crenças cristãs.

Sim, mesclado	Não, não mesclado
22%	77%

É claro que qualquer mistura de crenças não cristãs com novas crenças cristãs é motivo de preocupação, mas os pesquisadores apontaram que esse tipo de autoconsciência de crenças misturadas em um novo movimento é muito saudável, e apontaram para um compromisso interno de eliminar as crenças e as práticas não cristãs.

Os pesquisadores queriam saber onde esses *Isa Jamaats* estavam se reunindo. Descobriram que 87% dos *Jamaats* se reuniam em lares, seguidos de 4% que se reuniam debaixo de uma árvore e 3% em uma escola. Outros 3% se reuniam em um prédio da missão, seguidos por 2% que se reuniam em um prédio pertencente à igreja.

Os cultos predominantemente nas casas ajudavam a isolar o movimento da perseguição externa ao mesmo tempo em que forçava os cristãos a tratarem a necessidade da salvação dos próprios membros da família.

Em uma pergunta relacionada, a equipe de pesquisadores perguntou se esses *Isahi* viam seus cultos como secretos, abertos ou uma mistura dos dois. Veja o que eles descobriram.

Secreto	Aberto	Ambos/mesclados
22,3%	79,9%	4,7%

Apesar da ameaça de perseguição associada à questão de deixar o islamismo e seguir Jesus, a grande maioria desses *Isahi* do Jedidistão se viam como pessoas que professavam e praticavam sua fé em Cristo abertamente.

Essa coragem ficou evidente em outubro de 2001. Havia um alvoroço nos editoriais dos principais jornais do país relacionado a um imã no sul do país que tinha, aparentemente, deixando suas raízes muçulmanas. A história aconteceu assim:

O imã local tinha atraído uma multidão de alguns milhares para transmitir suas queixas. Ao final de sua mensagem, ele levantou uma cópia do Alcorão sobre sua cabeça e gritou para a multidão: "Este livro não fez nada por nós!"

Com essas palavras, ele atirou o Alcorão no canal. Ainda mais assustador foi quando vários outros muçulmanos desapontados emergiram da multidão e jogaram seus próprios Alcorães no canal.

O mundo muçulmano

Como esses homens e mulheres muçulmanos chegaram à fé em Cristo? Muitos fatores estão em jogo: ter uma versão contextualizada (isto é, conveniente aos muçulmanos) do Novo Testamento; se reunir em lares em vez de prédios; adotar nomes muçulmanos próprios para a igreja, os pastores e os novos cristãos; usar o Alcorão como uma ponte para convidar muçulmanos para discussões sobre Jesus e o Novo Testamento. Mas o fator principal foi o testemunho corajoso daqueles cristãos como Sharif e Bashir, que permaneceram fiéis mesmo encarando a morte.

O primeiro *Isahi* no Jedidistão que sacrificou sua vida pelo Evangelho foi um jovem homem chamado Mejanur, que foi estar com o Senhor em agosto de 1997, quase na mesma época que o movimento estava começando a se desenvolver.

Depois de saber que Mejanur e sua família tinham se convertido do Islã, uma quadrilha de militantes de jovens muçulmanos apareceu em sua casa. Apesar dos protestos de sua jovem esposa e de seu pai, a quadrilha pegou Mejanur, de 22 anos, e o arrastou para uma madraça, local onde ele foi pressionado a renunciar sua fé em Jesus. Mejanur se recusou.

Os homens, com raiva, pegaram a mão de Mejanur e cortaram seus dedos, um por um, mas em seu coração ele se agarrou a Jesus. Finalmente, os interrogadores irritados cortaram a mão de Mejanur no pulso. Desfalecendo de dor, Mejanur estava pouco consciente quando os homens, frustrados, amarraram seus braços atrás de suas costas e o deixaram sentado no chão debaixo de uma árvore. No ar fresco da noite ele não estava sangrando muito, mas em algum momento da noite, sozinho no escuro, Mejanur morreu.

Talvez eles não pretendessem matá-lo. Talvez apenas quisessem forçá-lo a renunciar a Jesus e retornar ao Islã. Quaisquer que tenham sido suas intenções, Mejanur foi fiel a Cristo, mesmo até a morte.

Mas a história não termina aí. Mejanur era filho único e recém--casado com sua jovem noiva. Cristãos benevolentes que souberam da história de Mejanur tiveram compaixão de sua família e juntaram dinheiro para comprar um pequeno lote de terra com alguns frangos para fornecer renda a sua viúva e seu pai. Nos anos que se seguiram, a vida foi difícil sem Mejanur por perto para cuidar da fazenda. Então um dia, dois jovens homens apareceram na casa do pai de Mejanur.

"Viemos para pedir o seu perdão", eles disseram. "Somos aqueles que mataram Mejanur. E agora nos damos a nós para o senhor. Seremos como filhos e trabalharemos para o senhor. Pois, nós também, nos tornamos seguidores de *Isa*."

Os pesquisadores concluíram seu estudo do Movimento de Plantação de Igrejas no Jedidistão com a afirmação que este foi, de fato, um genuíno Movimento de Plantação de Igrejas e que ainda está ganhando ímpeto.

Eles também especularam que nem Sharif ou Bashir sobreviveriam ao contínuo crescimento do movimento. Ao mesmo tempo, previram que o martírio dos líderes não colocaria fim ao movimento, ele era simplesmente muito forte.

No mesmo mês em que o relatório deles foi publicado, Bashir foi assassinado, e o número de cristãos com histórico muçulmano subiu para 150.000. Sharif já havia sujeitado seu destino às mãos do Senhor. Assim como Mejanur e Bashir, Sharif sabe que seu sangue pode, um dia, ser exigido como semente.

8

América Latina

Todo sábado à noite, 18.000 jovens fazem fila para entrar em um estádio para louvar em Bogotá, Colômbia. Toda semana outros 500 jovens entregam suas vidas a Cristo e aos valores centrais da oração, jejum e santidade. Durante a semana eles se reúnem em 8.000 células de jovens.

Entre os povos kekchi, na remota Guatemala, o cristianismo evangélico cresceu de 20.000 cristãos para mais de 60.000 em três décadas.

Durante a década 90, os cristãos em um país da América Latina superaram a implacável perseguição do governo para crescer de 235 igrejas para mais de 4.000 igrejas com mais de 40.000 cristãos aguardando o batismo.

A América Latina recebe mais missionários protestantes do que qualquer outra região do mundo. O Brasil tem aproximadamente 4.000 missionários estrangeiros protestantes. O México tem mais de 2.000, enquanto o Equador e o Peru têm, cada um, mais de 1.000.[63]

---

63   Veja Patrick Johnston, *Operation World* (Grand Rapids: Zondervan, 1993), pg. 648.

Apesar desses 15.000 missionários transculturais protestantes servindo na América Latina, a região tem um número relativamente pequeno de Movimentos de Plantação de Igrejas. Por que isso? As respostas para essa pergunta guardam grandes lições para entender como Deus está operando e quer nos usar nesses movimentos.

O elemento principal das missões protestantes na América Latina é o fluxo de dezenas de milhares de voluntários de missões norte-americanas de curto prazo. Todo ano incontáveis evangélicos norte-americanos cheios de boa vontade, aproveitam da vantagem da proximidade da região com os Estados Unidos para viajarem ao sul da fronteira para compartilhar o amor de Cristo com seus vizinhos latinos.

Durante anos esses voluntários levaram a luz do Evangelho para milhões, e deixaram para trás uma boa vontade imensurável e atos de bondade, mas essa benevolência também teve consequências não intencionais.

Pesquisas sobre vários países latino-americanos revelam que mais de 90 por cento das igrejas foram construídas por voluntários dos EUA, e isso deixou muitos cristãos locais com o senso de que a ajuda dos norte-americanos é essencial para começar uma nova igreja. Os profissionais dos Movimentos de Plantação de Igrejas geralmente comentam que, quando os cristãos locais são encorajados a plantar novas igrejas, eles respondem: "Como podemos começar igrejas sem a ajuda americana?"

Para muitos protestantes latino-americanos, como seus companheiros norte-americanos, igreja é sinônimo de construção de igreja. Muitas das construções de igrejas, mesmo que modestas para os padrões norte-americanos, estão além do alcance financeiro dos cristãos locais, reforçando a mesma opinião do voluntário e do latino de que a ajuda financeira da América é indispensável.

Então há muitos Movimentos de Plantação de Igrejas na América Latina? A resposta é *sim*, mas cada um dos Movimentos de Plantação de Igrejas na América Latina ocorreu em um lugar onde as normas convencionais das igrejas foram interrompidas por guerras de drogas,

América Latina

119

isolamento extremo ou por um regime militar. Cada uma dessas interrupções anormais na sociedade possibilitou o surgimento de novos paradigmas da igreja e da liderança da igreja – paradigmas que promovem os Movimentos de Plantação de Igrejas.

Vamos olhar para três exemplos de Movimentos de Plantação de Igrejas latino-americanos. O primeiro vem de um dos países mais violentos do planeta. O segundo está dentro das florestas da Guatemala infestadas de malária. O terceiro aconteceu dentro de um dos países mais restritos da América Latina onde a dependência de Deus é a única opção disponível.

Poucas pessoas no planeta são mais afetadas pela violência pandêmica do que os cidadãos da Colômbia. Os relatórios policiais relatam que aproximadamente 70 pessoas morrem todos os dias em assassinatos, o que tira a vida de 25.000 pessoas todo ano. Além de assassinatos, todo dia outras oito pessoas são sequestradas, fazendo da Colômbia um dos lugares mais perigosos do mundo para se morar.

A violência e a resultante revolta social romperam todas as estruturas tradicionais da Colômbia, incluindo o estabelecimento religioso. Muitos cidadãos do país vivem diariamente com medo de sequestro, assassinato, ou de terem que se alistar em um dos exércitos paramilitares que lutam pelo controle do país. Vistos como americanos ricos, os missionários e voluntários são particularmente vulneráveis a essa ameaça.

No meio desse tumulto Deus está fazendo algumas coisas extraordinárias. Em 2001, a correspondente da imprensa Batista, Sue Sprenkle, visitou a Colômbia para ver o que Deus estava fazendo. Ela se mudou junto com mais de 2.2 milhões de colombianos desalojados que fugiram da insurreição rebelde no interior para encontrar alguma medida de segurança na cidade.

Sprenkle relatou os esforços locais para construir uma igreja e o encontro com a frustração. "Quando as paredes da nova igreja alcançaram um metro de altura, os militares atacaram a propriedade e destruíram o trabalho. Os membros foram alertados de que não poderiam mais se reunir. A ameaça não parou o grupo. Eles continuaram se reunindo – mas agora reúnem-se nas varandas das casas em grupos de 10 a 12 pessoas."[64]

---

[64] História não publicada de Sue Sprenkle, enviada ao autor por Bill Bangham em um e-mail intitulado "História da Colômbia" em 14 de março de 2001.

América Latina

Nesse ambiente intimidador, Deus está abrindo o caminho para comunidades de louvor mais flexíveis que acontecem nas casas. Os evangélicos agora estão vendo uma receptividade sem precedentes à mensagem do Evangelho, com relato de uma cidade com mais de 540 decisões para Cristo em menos de um mês.

Com o declínio do número de missionários e voluntários, os cristãos locais tiveram que ocupar papéis de liderança mais fortes. Um exemplo dessa liderança pode ser visto na capital, Bogotá, onde César Castellanos fundou a Missão Carismática Internacional.[65] Apesar de não ser um Movimento de Plantação de Igrejas (porque é apenas uma igreja em vez de várias), a Missão Carismática Internacional tem muitas características de um Movimento de Plantação de Igrejas dentro de uma única estrutura de igreja.

Usando um modelo criativo de igreja-célula construído em torno de grupos de doze pessoas, "a igreja cresceu de 70 pequenas células em 1983 para mais de 20.000 células em apenas oito anos".[66]

A abordagem dos Grupos dos Doze transformou um ambiente hostil em um campo fértil para plantar e colher novos cristãos. O pastor César – como ele é conhecido – começou seu ministério modelando o que tinha lido sobre a Igreja do Evangelho Pleno de David Yonggi Cho, em Seul, Coreia. Mais tarde ele o modificou para permitir um crescimento ainda mais rápido, multiplicação e assimilação de novos membros.

Os resultados foram impressionantes. A igreja começou em 1983 e em 1990 já tinha crescido para 8.000 membros. Então, Castellanos mudou para sua estrutura acelerada dos Grupos de Doze. De 1990 para 1999 o movimento explodiu de 8.000 para mais de 45.000 membros se reunindo em um estádio, enquanto outros se reuniam em 10 centros satélites de culto.

---

65 Castellanos explica o nome do grupo: "Missão *Carismática* Internacional como uma estratégia evangelística para alcançar os católicos. Nos anos de 1980, a maioria dos católicos colombianos (97%) rejeitou o nome 'evangélico' mas estava mais aberta ao termo 'carismático '". Relatado por Joel Comiskey, em *Groups of 12* (Houston: Touch Publications, 1999), pg. 21.
66 Ibid., pg. 13.

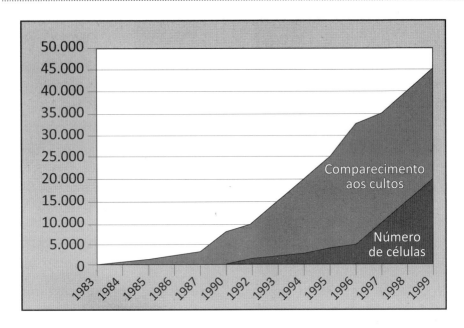

Entretanto, a Missão Carismática Internacional é mais do que uma revolução estrutural. De fato, sua liderança resiste a ser identificada com métodos. Os líderes da igreja infundiram em seus membros um senso ardente da presença e orientação de Deus. A igreja é caracterizada pela liderança colombiana nativa em todos os níveis, reproduzindo rapidamente grupos células, e valores centrais de oração, jejum e santidade. [67]

O movimento do pastor César foi perseguido, assim como quase todos os membros da igreja foram impactados pela violência da Colômbia. Ninguém sentiu a violência mais pessoalmente do que o próprio pastor César. Em maio de 1997, um motociclista parou ao lado do carro do pastor e abriu fogo contra ele e sua família. Seus filhos nada sofreram, mas a esposa de César, Claudia, levou um tiro e o pastor César foi atingido cinco vezes. Miraculosamente, Deus poupou a vida dos dois.

Quanto ao futuro do movimento em Bogotá, você não precisa olhar muito mais longe do que as longas filas de 18.000 jovens que esperam para entrar no estádio para louvar todo sábado à noite. Toda semana 500 jovens entregam suas vidas a Cristo e aos valores

---
67 Ibid., pg.32-33.

centrais de oração, jejum e santidade. Durante a semana eles se reúnem em 8.000 grupos de células para jovens.[68]

Durante as duas últimas décadas, várias outras igrejas na América Latina têm aprendido que elas também podem redefinir seu conceito de igreja e eliminar a dependência em relação aos recursos do norte, desenvolvendo suas próprias igrejas estabelecidas em células. Em 1998, a Missão Cristã Elim, de Sérgio Solórzano, em El Salvador, tinha 116.000 pessoas frequentando regularmente 5.300 grupos células. Todo domingo a igreja alugava 600 ônibus urbanos para transportar os membros para o culto semanal de celebração.[69] Essas megaigrejas em células não são os tipos de movimentos autônomos de igrejas nos lares que vimos em outras partes do mundo, mas as igrejas em células estão claramente relacionadas e podem seguir seu crescimento com muito das mesmas dinâmicas internas.[70]

No remoto interior dos departamentos de Verapaz e Petén, no norte da Guatemala, os descendentes dos índios Maias, chamados de povo quiché, descobriram um santuário de séculos da dominação dos colonizadores europeus. Hoje há entre 500.000 e um milhão de quichés vivendo na fronteira litorânea da tropical Belize. Em anos recentes, dezenas de milhares de quichés têm se voltado para o cristianismo evangélico, algo parecido com um Movimento de Plantação de Igrejas que está se desenvolvendo entre eles.

Por séculos, os quichés adotaram uma mistura sincretista de catolicismo e religião tradicional dos antigos maias. O isolamento em que viviam tornou difícil para os missionários alcançá-los. Menos de 50 por cento dos quichés são alfabetizados em espanhol e menos ainda em seu idioma nativo, o quiché. Todavia, partes da Bíblia foram traduzidas para o quiché antes de 1937, com o Novo Testamento sendo finalizado em 1984, e a Bíblia inteira foi publicada em 1988.[71]

---

68 *Groups of 12*, pg. 38.
69 Comiskey, *Home Cell Group Explosion*, Houston: Touch Publications, 1999, pg. 25.
70 Discutiremos as diferenças entre igrejas em células e Movimentos de Plantação de Igrejas no capítulo 15.
71 Barbara Grimes, *Ethnologue*, 14th Edition Vol. 1: *Languages of the World* (Dallas: Summer Institute of Linguistics), p. 308.

124   *Movimentos de Plantação de Igrejas*

Durante as décadas de 60 a 80, os evangélicos quiché viram seus números triplicarem de cerca de 20.000 para mais de 60.000. Depois de passar muitos anos morando e trabalhando na Guatemala, o pesquisador missionário Frank Johnson refletiu sobre o movimento quiché e citou seis razões para o seu rápido crescimento. [72]

1) **Um grupo de pessoas com foco** no quiché, depois de anos de trabalho missionário no idioma comercial nacional do espanhol. "Por séculos", escreveu Johnson, "qualquer quiché que chegava à fé em Cristo tinha que fazê-lo em espanhol, o equivalente a abraçar a cultura dominante dos conquistadores europeus dos povos maias. A percepção dos batistas, nazarenos e menonitas da necessidade de ir além do espanhol para o idioma local cresceu com a tradução da Bíblia para o quiché".

2) A produção da **Bíblia** e outras literaturas cristãs no idioma quiché. "Pela primeira vez", Johnson explicou, "os quiché podiam ler as palavras: '*Pois Deus amou o mundo*' em seu próprio idioma. Nada valida mais um povo do que ter sua própria literatura".

3) Desenvolvimento de uma **liderança quiché nativa.** "Em vez de importar clero treinado em seminários de outras partes da Guatemala", disse Johnson, "nós levantamos líderes quiché", acreditando que "quando Deus chama um grupo de pessoas daquele mesmo grupo para formar uma igreja, (ele) chamará os líderes necessários para liderarem a igreja. Uma implicação prática desse conceito é que os líderes serão parecidos com aqueles com os quais irão trabalhar, tanto no histórico quanto na preparação. Por exemplo, se a maioria das pessoas é de fazendeiros analfabetos, o pastor da igreja pode também ser um fazendeiro analfabeto".[73]

---

[72]   O perfil de Johnson dos quichés é encontrado em *Toward a Church Planting Movement*, de Snowden, pp.31-34.

[73]   Snowden, p. 33.

América Latina

4) O relativo **isolamento físico** dos quiché. "O isolamento remoto preveniu o paternalismo externo e promoveu autoconfiança", percebeu Johnson. "O relativo isolamento da liderança batista quiché da liderança de falantes do espanhol pode ser ilustrado pela observação de que os primeiros líderes quiché participaram da assembleia nacional anual apenas em 1969, cinco anos depois que o trabalho batista quiché tinha sido iniciado. Os líderes quiché provavelmente não participaram de outra assembleia nacional até 1974."[74]

5) **Autoassistência financeira** do trabalho quiché. "O isolamento dos quiché os protegeu da generosidade dos bem-intencionados voluntários. Ao contrário da maioria das igrejas evangélicas da Guatemala, as igrejas quiché são construídas por eles mesmos e com materiais de construção nativos. Da mesma forma, os pastores quiché perderam a corrente de subsídios financeiros que viraram a cabeça de muitos pastores guatemaltecos que, em vez de olhar para suas congregações, começaram a olhar em direção aos doadores que vivem ao norte da fronteira."

6) **A iniciativa missionária e evangelística** própria dos quiché. Johnson escreve: "Os quiché têm um grande espírito evangelístico. As congregações são ensinadas desde o começo que elas mesmas são responsáveis por começar novas igrejas. Os cristãos quiché dizem que uma igreja sem uma congregação missionária é uma igreja morta".

O crescimento dos quiché foi excepcional em um país que já tinha estruturas de igreja e relacionamentos estabelecidos. Como Johnson observou, foi o isolamento dos quiché que lhes permitiu desenvolverem seus próprios padrões e direções de crescimento. Entretanto, este não é o único grupo latino-americano de pessoas movendo-se em direção a um Movimento de Plantação de Igrejas.

---

74 Ibid.

126 *Movimentos de Plantação de Igrejas*

O maior Movimento de Plantação de Igrejas na América Latina está em progresso dentro de um país que, em grande parte, se fechou para a corrente de influências externas. Por razões de segurança, não iremos mencionar o nome do país, mas descreveremos suas principais características da maneira mais exata possível. [75]

Como tantos outros países latino-americanos, este tem uma população de descendências heterogêneas como europeias, hispânicas e africanas. Por várias décadas o governo tem sido gerido por um único partido socialista. As pessoas têm liberdades limitadas, pobreza sufocante, mas níveis relativamente altos de alfabetização e educação.

Historicamente a população tem mais de 95 por centro de católicos romanos, mas nas últimas várias décadas, o governo suprimiu toda religião. Hoje, a liberdade religiosa ainda é uma esperança distante, apesar de as condições estarem melhorando aos poucos.

O s batistas enviaram seus primeiros missionários ao país há mais de um século. Nos 75 anos seguintes, os missionários plantaram igrejas, treinaram líderes e formaram duas uniões batistas com uma membresia de cerca de 3.000 pessoas. Após um golpe militar, todos os missionários foram presos ou expulsos do país. Nos turbulentos anos que se seguiram ao golpe, metade da membresia batista do país fugiu para o exterior.

Durante as décadas seguintes, o governo tentou eliminar o cristianismo e sua influência do país. Perseguição, prisões e torturas eram comuns. Depois de uma queda na membresia da igreja, os batistas no país aos poucos começaram a aumentar novamente.

Em 1989, a *Northern Baptist Union* (União Batista do Norte) tinha aproximadamente 5.800 membros congregando em 100 igrejas. Naquele mesmo ano eles começaram a experimentar um avivamento espiritual resultando em mais oração, evangelismo e plantação de igrejas. A membresia cresceu cinco por cento em 1989 e depois quase sete por cento no ano seguinte.

---

75 Partes desse perfil são retiradas do livreto do autor de 1999, *Church Planting Movements*, pg.11-16.

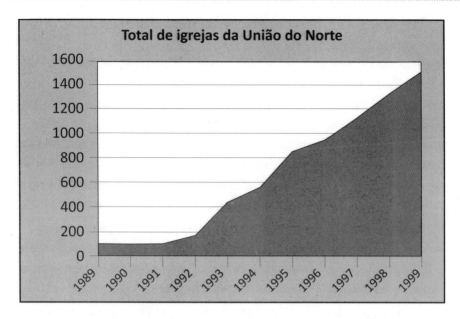

Ao final da década de 90, a membresia da *Northern Baptist Union* (União Batista do Norte) tinha subido para mais de 14.000 membros batizados congregando em 1.475 igrejas ou casas de culto. Desses 1.475 locais de reunião, apenas 160 eram constituídos e registrados na convenção como igrejas, mas quase 1.000 existiam como *casas de cultos* ou igrejas nos lares. Além desses 14.000 membros de igrejas já batizados, há mais de 38.000 participantes de igreja regulares aguardando o batismo.

Um Movimento de Plantação de Igrejas parecido estava se desenvolvendo na *Southern Baptist Union* (SU) (União Batista do Sul). Em 1989, as SU tinham 129 igrejas com quase 7.000 membros. No ano 2000, ainda havia apenas igrejas constituídas pela SU, mas tinham mais de 2.600 quando consideradas as 1.620 igrejas nos lares e as 858 novas igrejas que estavam em andamento. A membresia tinha crescido para quase 19.000, com batismos anuais de mais 2.600 pessoas. Outros 12.000 não membros estavam matriculados nas aulas de ensino bíblico aguardando o batismo. Durante a década, o número total de igrejas subiu de 129 para mais de 2.600 – um aumento de 1.900 por cento.

Vários fatores conspiraram para ocasionar o crescimento enorme nesse país da América Latina. A oração pelas pessoas foi construída desde o golpe militar quase quarenta anos atrás. A oração também permeou as vidas dos cristãos latinos que se descreviam como um "povo de joelhos".

A perseguição, que o governo tinha esperança que destruísse a igreja, ao contrário, a purificou e a fortaleceu. O líder da União Batista comentou: "A prisão foi como um segundo seminário para nós".

Um missionário que recentemente visitou o país relatou: "Todos os líderes da convenção passaram um tempo na prisão ou nos campos de trabalho por causa de sua fé".

Os missionários estrangeiros, apesar de terem sido proibidos de morar no país, foram de vital importância no desenvolvimento do Movimento de Plantação de Igrejas. Primeiro, por estabelecerem um alicerce firme sobre a Palavra de Deus e sobre o conceito de sacerdócio para todo cristão, os missionários garantiram à igreja uma forma de sobreviver à tempestade da perseguição que estava por vir. Então, durante os anos em que o governo impôs isolamento, os missionários continuaram a saturar a região com o Evangelho através de transmissões de rádio no idioma do coração das pessoas.

No início dos anos 90, quando os missionários começaram a visitar o país novamente, descobriram que as igrejas precisavam de reafirmação e treinamento, à medida que consideravam adotar as desconhecidas estruturas de igrejas nos lares. Se os missionários tivessem criticado esse mover ou tentado suprimi-lo, o Movimento de

América Latina 129

Plantação de Igrejas provavelmente teria sido reprimido. Os missionários também tentaram proteger as igrejas da dependência externa. Ao mesmo tempo, concentraram esforços em promover a visão dos líderes da igreja emergente, oferecendo treinamento apropriado e oração para um avanço continuado.

Às vezes é possível olhar para trás em um movimento e identificar limites que, uma vez cruzados de forma bem-sucedida, resultam em um quase inevitável movimento. Ao mesmo tempo, podemos, às vezes, identificar esses mesmos cruzamentos como o ponto quando uma escolha errada pode descarrilar um Movimento de Plantação de Igrejas.

O Movimento de Plantação de Igrejas latino-americano cruzou um limite significativo em 1992. O Espírito de Deus estava mexendo com as pessoas dessa região. As reuniões da igreja nos seis prédios modestos estavam regularmente lotadas. A menos que fosse possível encontrar novas instalações, o crescimento do movimento estava em perigo. Além de as igrejas terem ficado pequenas, o aumento do número de cristãos estava encarando uma escassez de combustível que dificultava a possibilidade de se deslocarem para as igrejas nos lares.

Por toda a estação das dores do crescimento, o superintendente da União Batista fez visitas repetidas ao ministério do governo responsável por autorizar novas construções de prédio.

"Por favor, senhor", ele implorou, "o senhor precisa nos deixar construir mais igrejas. Não temos mais espaço!"

Repetidamente seu pedido era negado. Finalmente, um dia, muito irritado, o oficial do governo gritou com ele: "Construções, construções, construções... isso é tudo que vocês batistas podem pensar! Por que vocês não se reúnem em suas casas!"[76]

A resposta brusca estimulou o pensamento do superintendente. Logo depois, ele instruiu as pessoas a começarem a se reunir nas casas, e um limite tinha sido cruzado.

Mudar as igrejas para as casas como *casas de culto*, ou igrejas nos lares, estimulou várias coisas simultaneamente.

---

76 Como relatado ao autor pelos líderes da União Batista.

1. Libertou a igreja da identificação com construções.
2. Precisou de muito mais líderes do que os seminários poderiam fornecer – provocando um grande movimento de liderança leiga.
3. Eliminou qualquer atraso de tempo para começar uma nova igreja.
4. Muitas pessoas que tinham um histórico católico romano ou que eram ateístas sentiam-se desconfortáveis ao entrar em uma igreja batista, mas se sentiam menos ameaçadas ao visitar a casa de um vizinho.
5. Permitiu que o movimento crescesse rapidamente sem atrair a atenção pública imediata ou a censura do governo, que certamente viria se uma nova de igreja estivesse sendo construída.

Os leigos reagiram vigorosamente ao que estava acontecendo em suas casas e na vizinhança. A *Northern Baptist Union* começou uma Escola Missionária para Leigos em 1990 para fornecer treinamento a um grande número de homens e mulheres leigos que estavam começando e liderando casas de adoração. Em 1998, haviam 110 formados e mais 40 estudantes inscritos. A *Southern Baptist Union* não ficou muito atrás. As duas uniões formaram quase 800 missionários para as igrejas nos lares no país. Hoje os líderes das Uniões relatam que "milhares estão agora expressando um chamado para missões".

Esse Movimento de Plantação de Igrejas agora está pronto para espalhar a fé além das fronteiras nacionais. Algumas dessas igrejas batistas já estão encontrando oportunidades de emprego em países restritos onde podem contribuir para a Grande Comissão como missionários fazedores de tendas.

Ninguém pode predizer o futuro dos Movimentos de Plantação de Igrejas na América Latina. Mas, onde quer que os missionários, voluntários e evangélicos latino-americanos aprendam a confiar na liderança nativa e a depender de Deus, em vez de depender dos fundos estrangeiros, os Movimentos de Plantação de Igrejas provavelmente se seguiram.

9

Europa

Profissionais do Movimento de Plantação de Igrejas relataram que, em 1999, entre os refugiados dos Países Baixos, 45 novas igrejas foram iniciadas em um único ano.

O Movimento Evangélico de Ciganos começou na França e Espanha no final da década de 50. Em 1964 havia 10.000 cristãos ciganos. Em 1979, entre 30.000 e 40.000 membros de igreja, com 150.000 frequentando os cultos.

Em 1996 dois jovens evangélicos suíços começaram uma igreja em célula. Em apenas cinco anos a International Christian Fellowship [Aliança Cristã Internacional] cresceu para mais de 3.000 membros se reunindo em várias centenas de células nos lares.

Em lugar algum do mundo o cristianismo recebeu tanta ajuda do Estado como na Europa. Mesmo hoje, o governo fornece educação e salários ao clero, as igrejas são isentas de impostos e a educação baseada na igreja é custeada para as crianças. Ainda assim, com toda essa ajuda, as igrejas protestantes da Europa estão perdendo o controle sobre seus membros pós-modernos.

No lugar de um cristianismo vibrante estão as sociedades auto-declaradas pós-cristãs, buscando por novas vias de espiritualidade. Secularismo, complacência e hedonismo, todos têm competido pela fidelidade das massas da Europa. Alguma coisa na estrutura da Europa Ocidental tem resistido incondicionalmente aos avanços evangélicos. Os Movimentos de Plantação de Igrejas têm encontrado um solo árido por toda a Europa Ocidental.

Antes que alguém possa perguntar: "Onde estão os Movimentos de Plantação de Igrejas da Europa?", pode ser mais apropriado procurar por aqueles elementos característicos tão comumente associados aos Movimentos de Plantação de Igrejas.

Onde estão as igrejas nos lares, as células que têm como base as casas, os líderes leigos? Onde está a oração fervorosa, o evangelismo em abundância e a submissão à Bíblia? Apenas depois de tratarmos essas questões provavelmente encontraremos os Movimentos de Plantação de Igrejas.

Bem-intencionados clérigos do passado procuraram assegurar a cristianização das futuras gerações da Europa criando em suas estruturas legais e nos códigos de impostos o apoio que fortaleceria aquele edifício. As catedrais e as basílicas bonitas da Europa são prova daquela estrutura de apoio. Mas hoje aquelas catedrais estão vazias.

Se as estruturas e os paradigmas da igreja convencional na Europa encontram-se em contraste com os Movimentos de Plantação de Igrejas, então não deveria ser surpresa ver os Movimentos de Plantação de Igrejas aparecerem onde o tecido da sociedade tradicional está rasgado e é permitido que os elementos-chave que formam os Movimentos de Plantação de Igrejas floresçam. Isso é exatamente o que encontramos. Deus escolheu revelar seu poder fora dos centros da cristandade europeia. Em vez disso, expandiu seu trabalho entre os marginais e os abandonados da Europa: os refugiados e os ciganos.

Os povos marginalizados da Europa, tais como os refugiados da Holanda, não herdaram o legado da igreja-estado ou a camisa de força de apoio do estado para a igreja. Todo ano milhares de refugiados vindos de países problemáticos como a África e Ásia chegam em grande quantidade à Europa procurando segurança e avanços econômicos. Na Holanda, esses refugiados são enviados aos campos de processamento onde permanecem de um a vários meses enquanto o governo revisa seu pedido de asilo.

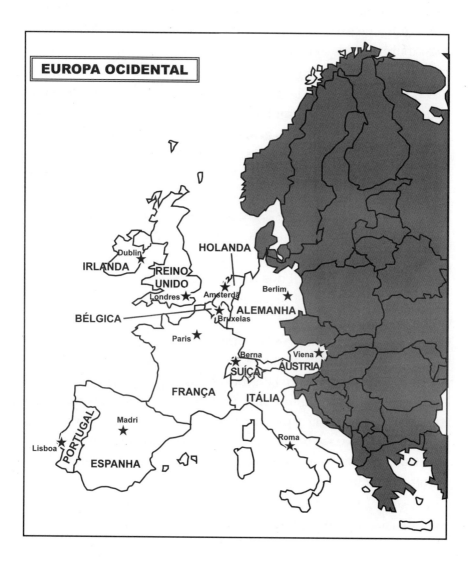

134 *Movimentos de Plantação de Igrejas*

Os campos de processamento para refugiados fornecem um santuário agradável para as famílias traumatizadas dos refugiados antes de entrarem na sociedade holandesa. Nesses cenários, os missionários levaram o Evangelho e um conceito de plantação de igrejas que se ajusta ao estilo de vida transicional dos refugiados.

Em 1995, os missionários Larry e Laura Hughes foram designados para Eindhoven, Holanda. Depois de um ano de estudo do idioma holandês, Larry começou seu ministério como pastor da comunidade internacional de Eindhoven. Os Hughes logo descobriram que muitos de seus membros eram refugiados recém-chegados de todo o mundo. Os Países Baixos têm mais de 90.000 refugiados na região norte, apenas em torno de Eindhoven.

Logo os Hughes começaram a seguir seus membros da igreja de volta aos campos de reassentamento de refugiados para ministrar a seus amigos e famílias. Eles gostavam de visitar os recém-chegados de lugares tais como Serra Leoa, Irã, Afeganistão, Ruanda, Nigéria e Iraque. Os refugiados pareciam felizes em receber os missionários e recebiam de bom grado suas orações e leitura da Bíblia.

Larry e Laura ansiavam por uma maneira de fazer mais do que simplesmente ministrar aos refugiados. A analogia de ensinar uma pessoa a pescar para alimentá-la para toda a vida parecia se encaixar bem à situação difícil dos refugiados. Se eles pudessem apenas ensiná-los a como ministrar um ao outro, talvez o ministério tivesse vida por si só.

Em 1997, os Hughes começaram a implementar sua visão para um Movimento de Plantação de Igrejas. Eles não tinham certeza de que isso aconteceria. Afinal de contas, esse não era apenas um grupo de pessoas, mas um mosaico de pessoas. O único fio que ligava todos esses grupos de pessoas era seu trânsito pelos Países Baixos. Durante os meses seguintes, os Hughes intencionalmente se dispuseram a lançar uma visão e fornecer treinamento para um Movimento de Plantação de Igrejas.

Os refugiados se revelaram notavelmente receptivos à ideia de começar suas próprias igrejas. Ao final de 1997, os Hughes estavam se reunindo com dez células diferentes toda semana.[77] No ano seguinte, os grupos começaram a se formar em igrejas lideradas por leigos.

Um e-mail de Larry em 1999 declarou: "No ano passado (1998) eu e minha esposa começamos 15 novas igrejas. Ao sairmos para um trabalho de seis meses nos Estados Unidos, nos perguntamos o que encontraríamos quando retornássemos. Foi algo impactante! Pudemos verificar pelo menos 30 novas igrejas agora, mas acredito que poderia ser duas ou até três vezes esse número".[78]

Quando perguntado como essas igrejas chegaram a se multiplicar tão rapidamente, Larry explicou:

> Todas as nossas igrejas (nos lares) têm pastores/líderes leigos porque mudamos o trabalho tão rápido que o missionário raramente lidera mais do que dois ou três estudos bíblicos antes que Deus levante pelo menos um líder. O novo líder é salvo e chamado para liderar ao mesmo tempo, então o batizamos e damos a ele uma Bíblia. Depois que os novos cristãos/líderes são batizados, estão tão fervorosos que simplesmente não podemos segurá-los. Eles se espalham por todo o país começando estudos bíblicos e, em poucas semananas, começamos a obter palavra de retorno de quantos grupos foram iniciados. É a coisa mais louca que já vimos! Não começamos isso, e não poderíamos parar se tentássemos.[79]

Durante anos, os missionários evangélicos enviados à Holanda a tinham considerado um dos países menos receptivos ao Evangelho do mundo. No meio desse solo árido, entretanto, Deus tem produzido um jardim fértil entre os refugiados.

Em julho de 2000, eu mesmo visitei o ministério de refugiados. A esta altura, Larry e sua esposa haviam retornado aos Estados Unidos para cuidar dos pais que estavam gravemente doentes. Os missionários que ficaram no lugar deles no ministério de refugiados eram maravilhosos, santos cheios do Espírito que amavam os refugiados e compartilhavam o Evangelho com eles fielmente. Um deles nos contou que tinha pessoalmente batizado mais de 90 refugiados em um único ano. Não havia dúvida de que esses missionários tinham uma visão para o ministério, evangelismo e discipulado, mas o entendimento de um Movimento de Plantação de Igrejas estava ausente.

---

77 Mike Creswell, "The Netherlands: Providing An Anchor", in: *The Commission* (Novembro de 1997), pg. 22.
78 Citado no livreto do autor de 1999, *Church Planting Movements*, pg.4.
79 Ibid., pg. 4-5.

É possível agradecer pelo testemunho, amor e ministério desses missionários que vieram depois dos Hughes, mas é possível também apenas lamentar a decadência do Movimento de Plantação de Igrejas. A natureza transitória dos refugiados significou que eles ficaram apenas por um período curto nos centros de refugiados, depois foram instalados em comunidades pela Holanda. Com ninguém para transferir a visão dos Movimentos de Plantação de Igrejas para os refugiados que estavam chegando, logo o movimento expirou.

A equipe que sucedeu os Hughes tinha uma paixão pelo evangelismo e ministério, mas pouco entendimento do que é necessário para um Movimento de Plantação de Igrejas. Consequentemente, o movimento regrediu de um Movimento de Plantação de Igrejas de volta para um ministério evangelístico para refugiados.

Alguns anos atrás, um missionário batista trabalhando na Espanha fez um intrigante comentário. "Na Espanha", ele disse, "não podemos nos chamar de evangélicos, ou as pessoas pensam que somos ciganos".

Imagine um grupo de pessoas tão caracterizado pelo Evangelho que seu mero nome tornou-se sinônimo de evangélico. Investigando os evangélicos ciganos fiquei impressionado quão semelhantemente eles correspondiam aos padrões dos Movimentos de Plantação de Igrejas que emergiram em todo mundo.

Devido ao seu status marginalizado na sociedade europeia, não é sempre muito fácil encontrar relatórios publicados em inglês do que Deus está fazendo entre os ciganos da Europa. Ocasionalmente, entretanto, a magnitude do movimento cigano consegue chamar a atenção da mídia secular. Em 1983, em um artigo do *New York Times*, John Darnton descreveu um movimento com mais de 250 mil pessoas, sendo que 60.000 delas estavam bastante comprometidas com o Evangelho e que já tinham sido batizadas.[80]

---

80   John Darnton, "Europe's Gypsies Hear the Call of the Evangelicals" in *The New York Times* (August 25, 1983), Late City Final Edition, Section A, p.2.

Dez anos depois, o professor francês Jean-Pierre Liégois observou: "Durante os últimos anos tem havido um crescimento rápido no movimento do pentecostalismo cigano através da Igreja Evangélica Cigana; desde seu começo na França, nos anos 50, ele tem se espalhado por toda Europa e além dela". [81]

Em 1993, o movimento estava penetrando na população cigana da Inglaterra onde chamou a atenção de Andrew Hobbs, um correspondente do *The Observer*. Hobbs relatou que, na Inglaterra, 5.000 dos 60.000 ciganos estimados da Grã-Bretanha eram cristãos comprometidos.[82] Outro jornalista britânico, Justin Webster, procurou a origem do movimento na Espanha onde a *Spanish Association of Gypsy Presence* (Associação Espanhola da Presença Cigana) afirmou que cerca de 30 por cento dos ciganos na Espanha eram associados ao movimento.[83] Em 1999, a *Christianity Today* relatou sobre o movimento identificando 600 igrejas evangélicas ciganas apenas na Espanha.[84] Em sua assembleia anual em uma abandonada base aérea da OTAN, em Chambley, França, de 25.000 a 30.000 cristão ciganos se reuniram em agosto de 2000.[85]

Claramente alguma coisa estava acontecendo entre os povos ciganos da Europa Ocidental, mas era um Movimento de Plantação de Igrejas? As respostas estavam escondidas dentro das fontes espanholas e dentro da unida comunidade cigana, ambas as quais são difíceis para um estrangeiro penetrar.

A ajuda veio de uma fonte inesperada, quando um bibliotecário encontrou um resultado de pesquisa sobre o movimento cigano. Em 1989, Stephanie Crider, uma aluna graduada da Universidade Samford e filha de missionários batistas na Espanha, escreveu sua tese final sobre o "Movimento Evangélico entre os Ciganos Espanhóis". Fluente em espanhol, Crider havia conhecido pessoalmente

---

81   Jean-Pierre *Liégeois, Roma, Gypsies, Travellers*, traduzido por Sinéad ní Shuinéar (Strasbourg: Council of Europe, 1994), pp. 91-92. Originalmente publicado em francês como *Roma, Tsiganes, Voyageurs*, em 1992.

82   Andrew Hobbs, "Gypsies take to highway to heaven" in *The Observer* (August 1, 1993), p.20.

83   Justin Webster, "Gypsies for Jesus", relatado na página 30 na Seção de Recursos do *The Independent* (Londres), 11 de fevereiro de 1995.

84   Wendy Murray Zoba, "The Gypsy Reformation", in: *Christianity Today* (8 de fevereiro de 1999), pg. 50-54.

85   Relatado como "Cerca de 25.000 Ciganos se Reúnem na França", in: *Agence France Presse*, 24 de agosto de 2000.

138 *Movimentos de Plantação de Igrejas*

muitos ciganos e congregado com eles na igreja de seu pai em Granada, Espanha. Em sua tese, Crider traduziu muitas das fontes que revelaram a história do Movimento de Plantação de Igrejas Cigano.

Crider escreve,

> O avivamento cigano pode remontar a 1950, na Normandia, França, na pequena cidade de Liseuz. Um dia, na feira, uma senhora cigana chamada Duvil-Reinhart, ganhou um folheto de um cristão da igreja Assembleia de Deus. Ela colocou o panfleto em sua bolsa e o esqueceu, até que, vários meses depois, um de seus filhos ficou extremamente doente. Ela, então, se lembrou do panfleto e do que o cristão contou a ela sobre as curas milagrosas. A senhora Duvil foi à igreja Assembleia de Deus e pediu para o pastor orar por seu filho, porque ele iria morrer. Ele foi com ela ao hospital e colocou suas mãos no jovem rapaz, que foi completamente curado. Esse milagre fez com que toda a família se rendesse a Cristo. Eles compartilharam sua experiência com seus parentes, e o grande avivamento que ainda continua até hoje começou lá.[86]

Le Cossec (o pastor da Assembleia de Deus que tinha orado pelo filho da senhora Duvil) conta a história em suas próprias palavras: "Um dia uma família de ciganos veio à minha igreja. Eles estavam buscando. Convidei-os para uma reunião de oração e eles vieram. Receberam o Espírito Santo. No domingo seguinte eu batizei 30 pessoas no mar. No ano seguinte, 3.000."[87] Crider continua:

> As primeiras conversões foram entre a tribo Manouche. Os primeiros ciganos espanhóis ou *gitanos* foram convertidos em 1960 enquanto estavam trabalhando em Bordeaux, França. Em 1962 o movimento se espalhou para a tribo Rom que está espalhada na Itália. Em 1965, sete dos ciganos espanhóis convertidos retornaram como missionários para a Espanha. Os ciganos sempre testemunharam primeiro para suas famílias devido à grande importância que eles dão à vida em família.[88]

Crider escreve: "O Evangelho se espalha entre os ciganos com grande rapidez. Em 1958, havia três mil batizados e em 1964, havia dez mil".[89]

Em 1979, havia cerca de 30.000 a 40.000 membros com 150.000 frequentando os grupos de culto. No mesmo ano, a França contou

---

86 Stephanie P. Crider, "The Evangelical Movement Among Spanish Gypsies", tese final submetida à faculdade do Departamento de História e do Conselho Honorífico em cumprimento parcial aos Requisitos do Programa Honorífico da Universidade de Samford, pg. 34.

87 Darnton, *The New York Times*, pg. 2.

88 Crider, pg. 38. Crider retira, em parte, do trabalho da língua espanhola de Lisardo Cano, *Un Pentecostes em el Siglo XX* (Sabadell: Imp. Serracanta, 1981) pg. 7-8.

89 Ibid., pg. 37

Europa

19.000 cristãos ciganos e 230 pastores, e a Espanha tinha aproximadamente 10.000 membros com 400 pastores.[90]

Em 1981 a igreja evangélica cigana estava trabalhando entre os ciganos na França, Bélgica, Suíça, Canadá, Espanha, Itália, Alemanha, EUA, Finlândia, Grécia, Índia, Inglaterra, Portugal, Argentina e Romênia.[91]

Todas as fontes confirmam o papel de Clement Le Cossec, o pastor das Assembleias francesas. Em 1983, Le Cossec estimou que 50.000 dos 100.000 a 150.000 ciganos na França pertenciam a esse movimento. Naquele mesmo ano, 12.000 a 15.000 cristãos ciganos sob a liderança de Le Cossec se reuniram para uma convenção internacional no sul da França. Entre as várias tribos ciganas estavam a Manouche, da França e Alemanha; a Rom, da Itália; a Gitano, da Espanha e a Yediche, da Alemanha. No final dos anos 80, o reverendo Le Cossec calculou que 250.000 ciganos tinham sido atraídos pelo movimento e que 60.000 tinham sido batizados.[92]

Os primeiros sete missionários ciganos que foram para a Espanha em 1965 foram, mais tarde, reverenciados como apóstolos pelos ciganos espanhóis. Eles se espalharam pelo país e passaram por grandes dificuldades para plantar igrejas entre seu povo. A perseguição não era algo novo para os ciganos, mas para os novos ciganos evangélicos a perseguição veio de dentro da própria população cigana.

Os oponentes do movimento zombavam dos cristãos chamando-os de "Aleluias", uma referência ao frequente uso do termo no culto e nas conversas diárias. Os pregadores ciganos leigos eram ridicularizados e chamados de "pastores". Apesar de usados como insultos, esses títulos foram designações apropriadas para as pessoas que são "uma fragrância de louvor a Deus" e "uma nação de pastores".

Sinais e maravilhas acompanharam a propagação da fé. Vidas transformadas, incluindo curas, eram comuns entre eles. Os cristãos ciganos também trouxeram com eles a prática pentecostal de

---

90 Ibid., pg. 69 citando Lisardo Cano, pg. 185.
91 Ibid.
92 John Darnton, "Europe's Gypsies Hear the Call of the Evangelicals", in: *The New York Times* (25 de agosto de 1983) Late City Final Edition, Seção A, pg. 2.

falar em línguas e receber mensagens proféticas de Deus. Crider observou: "Um culto cigano é cerca de 90% adoração. Inclui muita música intercalada com oração. A música na igreja foi adaptada às próprias músicas ciganas. Geralmente acompanhadas por guitarra e palmas, os coros têm um distinto som 'flamenco'".

Os ciganos na Espanha são famosos por sua dança flamenca. Depois da conversão, porém, as letras de suas canções eram transformadas tais como no seguinte coro traduzido:

> Antes os ciganos carregavam facas
> Agora carregamos a Bíblia, a Palavra verdadeira.
> Não quero pecar mais.
> Cristo levou minhas feridas.
> Agora canto para ele com alegria;
> Quero seguir seu caminho.[93]

Quanto ao papel da Bíblia no culto cigano, Crider relatou que "as mensagens bíblicas eram intercaladas com louvores, mas elas são geralmente curtas e simples devido ao fato de que as muitas pessoas na congregação, às vezes até mesmo o pregador, não sabem ler. Portanto, as mensagens devem ser algo fácil de entender e assimilar. As parábolas são as formas favoritas usadas para ensinar a Palavra de Deus".[94]

A oração está no coração do movimento. Além das orações por curas e por profecias, os cristãos geralmente passam a noite inteira em vigílias no final de semana. A oração era também o centro do treinamento da liderança. Os pastores ciganos descreviam sua preparação para o ministério como "vinda do monte", talvez uma referência a Moisés, que foi ao topo da montanha onde falou com Deus.[95]

As igrejas se reúnem onde quer que seja possível, geralmente começando nos lares antes de se mudarem para instalações alugadas quando elas crescem mais do que o tamanho da casa. Além de se reunirem em lares e em instalações aleatórias, as igrejas ciganas

---

93 Anotado pelo primeiro missionário da Operação Mobilização, Hans van Bemmeten, em um documento não publicado apresentado como uma exigência da aula do professor Gabino Fernandez em IBSTE, 4 de março de 1987, pg. 1. Citado em Crider, pg. 58-59.
94 Crider, pg. 59 citando Juan Quero, um pastor batista espanhol.
95 Ibid., pg. 61 citando Juan Quero.

Europa

141

"geralmente mudam o lugar de culto". Há várias razões para essa mobilidade, nem todas elas ligadas ao estilo de vida nômade dos ciganos. Instalações alugadas permitem-lhes crescer sem a preocupação com as limitações do tamanho da construção, e também permite deixar um bairro quando os vizinhos reclamavam de suas músicas muito altas e dos gritos de louvor.[96]

Alguns pastores ciganos de congregações maiores recebiam um salário de sua congregação, mas a maioria dos pregadores era bivocacionado. Eles continuavam trabalhando em seus trabalhos seculares geralmente no ramo comum dos ciganos, tais como vendas em feiras ou no trabalho de construção. A razão para isso, de acordo com um artigo da *The Ecumenical Review* [A análise ecumênica] era "principalmente devido a razões financeiras; é simplesmente necessário ter dinheiro para cobrir as despesas e para sustentar a família".[97]

A *Review* continuou a apontar um interessante produto derivado do pastorado bivocacionado de que "as congregações dedicam suas ofertas para ter convenções e fazer o trabalho missionário, em vez de manter um pastorado pago".

Crider identificou a razão principal para o crescimento da igreja cigana tendo a ênfase na formação de pregadores. Ela escreve "Porque muitos dos pregadores eram, e ainda são, analfabetos, os pastores ciganos não recebem o treinamento tradicional esperado pelas outras denominações evangélicas. Eles são principalmente pregadores leigos. Não há seminário. Eles treinam um ao outro".[98]

O treinamento seguia um modelo de mentoria. Aqueles que queriam entrar no ministério se apresentavam ao pastor, que se encontrava com eles duas ou três vezes na semana. Uma vez que o pastor estivesse convencido de que eles estavam prontos, começava a dar-lhes oportunidade de liderar o louvor e pregar em sua igreja. Depois de provar que eram fiéis à sua liderança por um período de dois anos, os candidatos ao ministério eram apresentados à convenção nacional como novos pregadores ou pastores.[99]

---

96 Ibid., pg. 60.
97 Ibid. pg. 61-62 citando "The Gipsy Evangelical Church", in: *The Ecumenical review*, 31(3), 1979, pg. 292.
98 Ibid., pg. 60.
99 Ibid., pg. 61.

Por que esse movimento aconteceu entre os ciganos e não com outros grupos de pessoas na Europa? Os ciganos têm uma longa história de perseguição em quase todos os países da Europa. Seu status de estar à margem da sociedade respeitável pode ser um dos fatores que contribuíram para sua abertura à fé evangélica.

Em contraste com os setores mais "respeitáveis" da sociedade europeia, os ciganos eram menos conformados com os padrões do cristianismo europeu convencional levado pelo clero. Os ciganos evangélicos permitiam uma participação congregacional muito maior no culto. Palavras espontâneas de inspiração dos membros leigos da igreja eram levadas seriamente. Apesar de os ciganos se reunirem em igrejas com construções modestas, ficavam igualmente confortáveis em levar sua fé pelas estradas em caravanas de vans e trailers.

Nos anos 80, muitos missionários servindo na Espanha ainda estavam pastoreando igrejas, em vez de estarem trabalhando com e através dos pastores espanhóis locais. Esses missionários estavam também concentrados nos espanhóis em geral, em vez de identificarem grupos separados de pessoas, como os ciganos. Como Crider observou: "Há outras igreja e denominações trabalhando com os ciganos na Espanha além da *Iglesia Filadelfia* (o Movimento Evangélico Cigano). Eles, porém, são *payo* (não ciganos), denominações que ministram para os ciganos, em vez de ser primeiramente um movimento cigano".[100]

Como Crider observou, muitas das igrejas evangélicas espanholas tinham ciganos como membros, mas nenhuma delas buscou formar um Movimento de Plantação de Igrejas com base nos ciganos. Algumas até lamentaram que quando os *payos* visitavam a igreja e quando viam os ciganos, se viravam e iam embora.[101] Consequentemente, em vez de verem os ciganos como um campo de colheita eles eram, às vezes, vistos como um obstáculo para alcançar uma população espanhola maior.

---

100 Ibid., pg. 64
101 Ibid., pg. 65

Europa

No solo endurecido da Europa Ocidental ainda é possível encontrar sinais ocasionais de esperança para os Movimentos de Plantação de Igrejas. Depois de anos de declínio na Suíça, os evangélicos estão começando a plantar sementes de novas abordagens. Em 1996 dois jovens evangélicos suíços começaram uma igreja em célula tendo como foco pessoas de 18 a 24 anos. Durante os cinco anos seguintes a *International Christian Fellowship of Zurich* [Aliança Cristã Internacional de Zurique] cresceu para mais de 3.000 membros se reunindo em vários milhares de células nos lares.

Na Inglaterra podemos encontrar outro sinal de esperança no *Curso Alpha* no evangelismo com base nas casas. O Curso Alpha é uma introdução das verdades centrais da fé cristã construída em torno de um ambiente de abertura para questionar. Com duração de 15 semanas, o curso concentra-se em torno de não cristãos, geralmente se reúnem nas casas em vez de na igreja, habitualmente incluem uma refeição compartilhada, as perguntas céticas são bem-vindas, resultando em um surpreendente número de conversões. Um profissional do Alpha compartilhou sua visão sobre porque os Grupos Alpha têm sido instrumentos de evangelismo tão efetivos.

Primeiro, ele reúne não cristãos em pequenos grupos que se encontram nas casas de cristãos. Segundo, ele na verdade encoraja as perguntas difíceis que os não cristãos têm, sem o sentimento da necessidade de responder a toda pergunta. Isso é muito importante. Os cristãos pensam que têm que ter uma resposta para toda pergunta. Os não cristãos querem saber que eles são livres para perguntar – perguntar é mais importante para eles do que receber uma resposta mal elaborada. Terceiro, quando as 15 semanas terminam, é geralmente o próprio pequeno grupo que converte os não cristãos. Uma comunidade de pessoas que buscam tem algo a ganhar.[102]

Os Grupos Alpha começaram nos anos 80 quando um clérigo anglicano, Charles Marnham, usou o programa que não era ameaçador para apresentar novos convertidos à fé cristã. Em 1990, Nicky Gumbel tomou conta do programa e começou a procurar formas

---

102 De uma conversa entre o autor e um representante dos *Grupos Alpha* em seu quiosque de exposição no encontro *Amsterdam 2000*, em Amsterdam, Holanda, julho de 2000.

de compartilhar os métodos com o mundo cristão mais abrangente. Em 1999 mais de 1.5 milhões de pessoas estavam inscritas nos Grupos Alpha em mais de 17.000 igrejas ao redor do mundo.[103] Em 2001, mais de 65.000 líderes de igrejas tinha recebido o treinamento Alpha habilitando-os a usar o programa Alpha em suas próprias igrejas. O programa se espalhou para além das comunidades das igrejas até às universidades, lares e até em prisões.

Os Grupos Alpha estão provando ser a ferramenta de evangelismo mais eficaz da Europa Ocidental por muitos anos. Alguns dos componentes que os tornam eficazes são reminiscências dos Movimentos de Plantação de Igrejas, no entanto, os principais usuários do Programa Alpha continuam sendo as igrejas convencionais.

Ainda é necessário ver se o programa será capaz de libertar-se da igreja convencional e produzir genuínos Movimentos de Plantação de Igrejas. O que é claro é que muito dos esforços da Europa para fortalecer o cristianismo oficial tem feito, na verdade, o efeito contrário, deixando os grupos às margens da sociedade como os campos mais férteis para os Movimentos de Plantação de Igrejas.

---

103 A página oficial dos *Grupos Alpha* no Reino Unido é www.uk.alpha.org. No Brasil informações relacionadas podem ser encontradas em http://brasil.alpha.org.

10

América do Norte

Em 17 anos, uma igreja batista na Carolina do Norte se tornou mãe, avó e bisavó de 42 igrejas, das quais se originaram 125 ministros.

Em 20 anos, a Aliança Cristã DOVE cresceu de três igrejas em células com 25 membros para mais de 80 redes de igrejas em células em cinco continentes com mais de 20.000 membros.

Por todo o ano de 2001, a Associação de Multiplicação de Igrejas viu uma nova igreja começar a cada semana.

Toda semana a Igreja da Comunidade de Saddleback Valley e a Igreja da Comunidade Willow Creek pastoreavam 40.000 membros através de uma rede de 4.000 células nos lares.

Em seus sete volumes de história do cristianismo, Kenneth Scott Latourette identificou o século 19 como uma era de avanço sem precedentes para o corpo de Cristo.[104] De todos os grandes avanços que o cristianismo fez durante esse período, nenhum foi mais significativo do que o discipulado e o congregacionalismo da América do Norte.

---

104 Kenneth Scott Latourette, *A History of the Expansion of Christianity* (Nova Iorque: Harper), 1937-1945.

146   *Movimentos de Plantação de Igrejas*

O avanço pioneiro pela vasta expansão da América do Norte foi de mãos dadas com sua evangelização e a plantação de novas igrejas nas fronteiras. No final do século 19 quase toda cidade da América do Norte tinha pelo menos alguma pequena comunidade protestante se esforçando para concretizar a visão de uma nação subordinada a Deus.

Como esse movimento pioneiro espalhou o Evangelho com tanta determinação da costa do Atlântico à do Pacífico? As denominações do século 21 olham para trás, para seus antepassados, e se esforçam para entender o tipo de zelo que dominou um continente indômito. Imagens do circuito percorrido pelos pregadores, *Brush Arbor Revival*[105] e Grandes Despertamentos impulsionaram o movimento através do território, mas que tipos de igrejas eram capazes de acompanhar o ritmo dessa rápida expansão?

Uma das igrejas de fronteiras arquetípicas que se espalharam pela América do Norte nos séculos 18 e 19 foi a Igreja Batista de Sandy Creek, fundada na área rural da Carolina do Norte em 1755. O historiador Roberto Baker descreveu a igreja de Sandy Creek como

> a mãe de todos os Batistas Independentes... (que) em 17 anos, tem espalhado ramos para o oeste tão distante quanto o grande rio Mississipi; ao sul tão longe quanto a Geórgia; ao leste para o mar e para a Baía de Chesapeake; e ao norte para as águas do Potomac; ela, em 17 anos, tem se tornado a mãe, avó e bisavó de 42 igrejas, das quais nasceram 125 ministros.[106]

Baker continua:

> Três anos depois dos Batistas Independentes terem se instalado em Sandy Creek, havia três igrejas completamente constituídas com uma membresia de mais de 9.000 pessoas. Ramificações vigorosas cresceram na região de Sandy Creek em Little River no Condado de Montgomery e Grassy Creek no Condado de Granville, e outras ramificações estavam localizadas também ao sul do sudoeste no Condado de Lenoir, Black River em Duplin, New River em Onslow, tão distante quanto em Lockwood's Folly em Brunswick. A pregação continuava desde os assentamentos moravianos até Cape Fear, e ao norte na Virgínia.[107]

---

105   Ministério Pentecostal de avivamente, em formato de retiros e seminários. (N. de Revisão)
106   Robert A. Baker, The Southern Baptist Convention and Its People (Nashville: Broadman Press, 1974), pg. 50, citando os materiais de Morgan Edwards, *Toward a History of American Baptists*. Dos doze volumes do trabalho projetado, apenas quarto foram publicados (Filadélfia, 1770-1792).
107   Baker, pg. 50, citando William L. Lumpkin, *Baptist Foundations in the South* (Nashville: Broadman Press, 1961), pg. 38.

América do Norte

A expansão de Sandy Creek não foi um acidente. O historiador William Lumpkin "julgou que uma estratégia missionária definitiva tenha sido planejada pela liderança (como) de Shubal Stearns, que trabalhou principalmente no leste da Carolina do Norte e ao oeste de Sandy Creek; Daniel Marshall teve como itinerário o norte; Philip Mulkey pregou principalmente no leste e sudeste".[108]

Em 1881, William Cathcart pôde escrever: "Há hoje provavelmente milhares de igrejas que surgiram a partir dos esforços de Shubal Stearns e das igrejas de Sandy Creek".[109] Qual era o DNA que produziu esse movimento de fronteira tão explosivo?

Morgan Edwards, outro antigo analista do Movimento de Plantação de Igrejas de Sandy Creek, percebeu a intensa crença na autonomia de cada congregação local e a convicção de que Deus tinha transmitido autoridade para cada igreja independente. "Se o poder é fixado por Cristo em uma igreja específica", ele escreveu, "eles não podem transferi-lo; não, eles devem formalmente dá-lo, apesar de ainda não ter ido embora".[110]

Dois séculos mais tarde, os batistas ainda estão impressionados com o impulso dinâmico que fluiu da tradição de Sandy Creek. O historiador Elliot Smith sugeriu vários ingredientes essenciais:

1) **Entusiasmo:** "O zelo e a pregação emocionada dos Batistas Independentes, o uso de ministros sem instrução, os cultos barulhentos, e até mesmo o ministério abrangente das mulheres nos serviços, afastaram os batistas antigos mais formais".[111]

2) **Persistência diante da perseguição:** "Mas quanto mais vigorosamente eles eram atacados, mais vigorosamente os Batistas Independentes pregavam e mais rápido se multiplicavam... a

---

108 Baker, pg. 51, citando Lupkin.
109 Elliot Smith, *The Advance of Baptist Associations Across America* (Nashville: Broadman Press, 1979) pg. 34, citando William Cathcart, *The Baptist Encyclopedia* (Filadélfia: Louis H. Everts, 1881), vol. 2, pg. 917.
110 Baker, pg. 51, citando Morgan Edwards.
111 Elliott Smith citando Baker em *The Southern Baptist Convention*, pg. 32.

148 *Movimentos de Plantação de Igrejas*

resposta batista à opressão era o rápido crescimento. Garnett Ryland escreveu que as igrejas batistas eram formadas em cada condado da Virgínia onde eles foram presos".[112]

3) **Evangelismo:** Citando Reuben E. Alley, "aqueles que se comprometiam com essa experiência rapidamente recebiam a evidência da satisfação de Deus ao buscar a salvação dos homens. O comprometimento verdadeiro exigia que a pessoa fosse um evangelista de Cristo".[113]

Sob o título de "fervor" o historiador batista Walter Shurden observou que os batistas de Sandy Creek "era um povo possuído pelo fervor. E aquele fervor se expressou no individualismo, no congregacionalismo, no *biblicismo* e no igualitarismo. Eles lançaram uma devoção à liberdade que é sem paralelo na história batista".[114]

Paixão, evangelismo, *biblicismo*, autonomia da igreja local, líderes leigos sem instrução, zelo missionário, rápida multiplicação dos cristãos e novas igrejas, avanço destemido em meio à perseguição – todas essas eram características da tradição de Sandy Creek.

Visto através das lentes dos Movimentos de Plantação de Igrejas dos dias modernos, é fácil acrescentar a tradição de Sandy Creek à lista. Pelos padrões de hoje, Sandy Creek parece excepcional, mas foi apenas uma de várias igrejas de fronteira que ganharam o continente norte-americano nos séculos 18 e 19. Aquelas que não tiveram o explosivo DNA de Sandy Creek simplesmente não floresceram ou até mesmo não sobreviveram.

Se esse foi o legado do século 19 ao protestantismo americano, então onde aquela tradição se encontra hoje?

No começo do terceiro milênio, o cristianismo norte-americano é ainda vibrante. Mais de 68 por cento dos 275 milhões

---

112 Elliott Smith, pg. 36-37, citando Garnett Ryland, *The Baptists of Virginia*, 1699-1926 (Richmond: The Virginia Baptist Board of Missions and Education, 1955), pg. 85-86.

113 Elliott Smith, pg. 38, citando Reuben E. Alley, *A History of Baptists in Virginia* (Richmond: Virginia Baptist General Board, 1974), pg. 36.

114 Walter Shurden, "The Southern Baptist Synthesis: Is it Cracking?", in: *A Baptist History and Heritage*, Vol. XVI, no. 2, abril de 1981, pg. 4.

América do Norte

de cidadãos da América são membros de algum tipo de igreja.[115] Mesmo o estudo anual do Conselho Nacional de Igrejas, que apenas inclui as denominações que eles escolhem, identifica mais de 151 milhões de membros de igreja cultuando nas quase 321.000 congregações espalhadas pelos Estados Unidos. Essas pessoas que congregam dão dízimos e ofertas de quase $ 27 bilhões.[116]

No século 21, megaigrejas estão, de maneira crescente, caracterizando o cenário evangélico norte-americano. As Primeiras Igrejas Batistas em Atlanta, Houston, e Dallas, todas alegam ter uma membresia maior que 20.000, assim como a Igreja Batista de Prestonwood, a Segunda Batista de Houston, a Batista Bellevue em Cordova, Tennessee, e a Igreja Batista Thomas Road de Jerry Falwell, em Lynchburg, na Virgínia. Mas nem tudo é saudável nessas megaigrejas que podem normalmente contar com apenas um terço de seus membros em determinado domingo. Pois para muitos, ser membro de igreja é como ser um espectador de esportes em vez de ser uma parte vital da vida diária.

Uma história é contada no Quênia de um proeminente pastor dos Estados Unidos que visitou Nairobi e foi apresentado à liderança da igreja queniana como "pastor de uma das maiores igrejas da América, com mais de 20.000 membros. Toda semana mais de 8.000 pessoas ouvem sua pregação". Visivelmente tocado, o líder queniano conduziu seus irmãos para orarem pelo pastor americano porque apenas metade de seus membros iam à igreja no domingo de manhã!

Além do problema dos membros ausentes, a América do Norte enfrenta o desafio das pessoas que não frequentam igrejas. Os Estados Unidos, por exemplo, podem se vangloriar de que 68 por cento de sua população são membros de igreja, mas e os 88 milhões de outros americanos que não vão à igreja? Esse número sozinho seria maior que muitos países.

Um estudo feito entre o cristianismo protestante americano nos anos 80 revelou que os evangélicos americanos fizeram pouco ou

---

115 Barrett, vol. 2, pg. 607.
116 Eileen W. Lindner, ed., *Yearbook of American and Canadian Churches*, 2001 (Nashville: Abingdon Press, 2001), pg. 366.

150 Movimentos de Plantação de Igrejas

nenhum progresso em alcançar as pessoas sem igrejas. O analista de crescimento de igrejas Win Arn descobriu que "nenhum condado nos Estados Unidos cresceu em relação à frequência à igreja mais rápido do que o crescimento geral da população em toda a década dos anos 80".[117]

Muitos veem os padrões da América do Norte como seguindo as tendências pós-cristãs da Europa Ocidental, mas outros reconhecem que sua demografia tem sido permanentemente alterada pelos milhões de imigrantes que entram nos EUA e Canadá vindo de países não cristãos ao redor do mundo.

Desde a Segunda Guerra, no entanto, o ritmo de imigrantes não cristãos para a América do Norte tem ultrapassado a capacidade das igrejas de os integrarem. As populações de muçulmanos, hindus e budistas têm aproveitado essa oportunidade para estabelecer suas próprias mesquitas, templos, ashrams[118] e centros culturais por todo o continente. Ao mesmo tempo, as igrejas protestantes na América do Norte têm visto diminuir seu papel, que antes era proeminente na sociedade e cultura ocidental.

Diante desse cenário de igreja em mudança há esperança para o renascimento de Sandy Creek? A América do Norte ainda tem esperança para uma nova onda de Movimentos de Plantação de Igrejas?

Para um crescente número de cristãos do século 21, a resposta é "Sim!" Um número surpreendente de líderes cristãos está adotando uma nova visão radical que se parece surpreendentemente com outros movimentos que testemunhamos ao redor do mundo.

Em grandes e pequenas cidades e subúrbios em toda a América do Norte há uma corrente silenciosa crescente de eclesiásticos subversivos. Dan Mahew, de Portland, Oregon, da *Summit House Church Network* [Rede da cúpula de igrejas nos lares] descreve um típico culto em sua casa.

---

117 David Mays, "Notes from Jim Montgomery's Great News About the Great Commission", in: Monthen.bk 1997. Disponível em www.davidmays.org referindo-se a Win Arn em *Leadership Journal*, primavera de 1996, pg. 75.
118 Local de retiro espiritual indu, orientado, em geral, por um guru, místico ou líder religioso. (N. de Revisão)

América do Norte

É segunda-feira à noite. Rostos familiares estão entrando pela porta da minha casa. As pessoas estão sentadas ou em pé conversando na sala de estar. Um casal de convidados trouxe um ensopado e pedaços de pão – é a vez deles de fornecer comida para essa multidão modesta de cerca de quinze pessoas. Pelas próximas três horas conversaremos ao redor da mesa, faremos a limpeza depois da refeição, contaremos história para as crianças, oraremos pelos nossos problemas, cantaremos e discutiremos nossas descobertas nas Escrituras. Antes de todos irem embora, serviremos o cálice da mesa do Senhor, depois de já termos compartilhado o pão no jantar.[119]

Um clamor distante das igrejas protestantes tradicionais, mas a experiência de Mahew é familiar ao número crescente de evangélicos americanos. Quantas igrejas nos lares existem? Ninguém sabe com certeza. Um estudo de 1994 de Robert Wuthnow estimou que 80 milhões de americanos faziam parte de pequenos grupos que se reuniam regularmente para louvar ou para estudo bíblico. [120]

Alguns desses indivíduos, tais como os três milhões nas salas da escola dominical metodista ou os oito milhões inscritos nas escolas bíblicas dominicais batistas do sul, são fáceis de serem representados, mas depois eles também estão presentes nos tradicionais cultos de louvor semanais. Menos óbvias são as milhares de igrejas em células nas casas e nos lares, que raramente aparecem nos números do censo das igrejas, mas podem, às vezes, ser detectadas através de buscas pelas internet. [121]

Os sites na internet variam desde nomes simples e sistemáticos como o canadense "Reunião nas casas" (www.themeetinghouse. com), passando pelo o restaurador "A Igreja Primitiva" (www. TheEarlyChurch.com), até o sublime "Aos Seus Pés" (www.atHis-feet.org).

No Canadá, as igrejas nos lares têm nomes tais como *43rd House Group in Calgary* [43º Grupo Caseiro de Calgary], *the Dwelling Place in Ontario* [a Residência em Ontário], *Face to Face in Saskatchewan*

---

119 Leia mais sobre Igrejas nos Lares em: www.thesummitnetwork.com. (Site em inglês. Acesso em 29/06/2015)
120 Robert Wuthnow, *I Come Away Stronger: How Small Groups are Shaping American Religion* (Grand Rapids, MI: William B. Eerdmans Publishing Company, 1994), pg. 370, citado em *Home Cell Group Explosion* de Joel Comiskey
121 Veja por exemplo o Diretório de Worldwide House Church Directory em www.hccentral.com. (Site em inglês. Acesso em 29/06/2015)

[Cara a cara em Saskatchewan], *the Citywide Church in Montreal* [A igreja em toda a cidade de Montreal] ou o conveniente *J'snexdoor* [Jesus está ao lado] em Bristish Columbia.

As crescentes classificações de profissionais das igrejas nos lares individualistas encontraram voz no livro *Casas que Mudam o Mundo*, de Wolfgang Simson.[122]A revista on-line *House2House*, dos drs. Tony e Felicity Dale,[123] e as longas discussões nos grupos da internet que variam do espectro da vida da igreja nos lares ao sistema governamental.[124]

Discussões *on-line* revelam que essas igrejas nos lares não são utopia de consenso e conformidade. Seus membros estão sempre às voltas com questões de organização, programação, autoridade e liberdade. A realidade revigorante de que qualquer membro pode entrar na discussão e a única autoridade consistentemente persuasiva parece ser o Novo Testamento.[125]

Em Long Beach, na área da Califórnia, Neil e Dana Cole começaram se reunindo em igrejas nos lares há dez anos. Hoje sua igreja *Church Multiplication Associates (CMA)* [Igrejas Multiplicadoras Associadas] abrange nove diferentes redes de igrejas nos lares espalhadas por sete estados e dois países. Em 2001 a rede CMA estava fluindo em um movimento que tinha a média de uma igreja iniciada a cada semana.

A declaração no site da CMA revela os valores centrais do grupo do Movimento de Plantação de Igrejas. Aqui estão alguns trechos escolhidos:

1. Pessoas más fazem um bom solo, há muito fertilizante em suas vidas.

2. Há dois tipos de pessoas perdidas: as mariposas e as baratas. A forma de mostrar a diferença entre as duas é ligando a luz – as mariposas serão atraídas para a luz e as baratas fugirão.

---

122 Wolfgang Simson, *Casas que mudam o mundo* (Curitiba: Esperança, 2001).
123 Veja www.House2House.com. (Site em inglês. Acesso em 29/06/2015)
124 Tal como nas 17 páginas encontradas na internet em: www.home-church.org. (Site em inglês. Acesso em 29/06/2015)
125 Ibid.

América do Norte

3. Devemos simplificar o modo como fazemos igreja, elevar os padrões do que significa ser um discípulo de Cristo e dessa maneira elevaremos o padrão do que verdadeiramente é ser igreja.

4. Não organize "algo" até que você tenha "algo" para organizar.

5. A transformação pessoal precede a transformação comunitária.

6. O louvor tem audiência de uma pessoa só.

7. Para mover outros é preciso que primeiro você seja movido.

8. Devemos levantar líderes da colheita para a colheita, e todos os recursos para uma colheita abundante estão na colheita.

9. Aonde você vai, o Rei vai!

10. Quando você oferecer livros e recursos para o crescimento de cristãos, dê-lhes a Bíblia! "Devemos plantar a semente, e não uma semente substituta."

11. Ao mentorear: "Mantenha uma visão de liderança bifocal: comece pelo começo, mas comece tendo o fim em mente".

12. Temos que sair dos celeiros e ir para a colheita![126]

Na vizinha Riverside, Califórnia, o Ph.D. Jonathan Campbell e sua esposa, Jennifer, lideram uma próspera rede que agora tem igrejas nos lares na cidades de Riverside, Los Angeles, Pasadena, Santa Cruz, San Diego, San Jose e São Francisco, na Califórnia, e também em Orlando, na Flórida, em Boise, Idaho, e em Seattle e Kitsap County, no Estado de Washington.[127]

Ler os valores centrais de Campbell é como ter um manual do início de um Movimento de Plantação de Igrejas:

---

126 Veja o site dos ministérios DAWN nos E.U.A em www.newdawnministriesintl.org/. (Site em inglês. Acesso em 29/06/2015)
127 Ibid.

1. Ame e obedeça a Jesus Cristo.

2. Encarne o Evangelho no meio dos não alcançados e dos não discipulados – concentre-se em discipular "pessoas de paz".

3. Discipule redes sociais – buscamos conversões (evangelismo *oikos*[128]) compartilhando o Evangelho em e através de redes relacionais e sistemas culturais.

4. Equipe e capacite cada cristão para participar ativamente no cumprimento da missão de Cristo na e através da igreja.

5. Doe livremente para o Reino – o Novo Testamento fornece duas razões para a coleta de dinheiro: benevolência e missões.

6. Capacite equipes locais – identificamos, equipamos e capacitamos líderes locais para serem parceiros no relacionamento e na missão.

7. Reproduza em cada esfera – intencionalmente reproduzimos em cada esfera da vida da igreja: discípulos, líderes, igrejas e equipes.

8. Faça parceria com o corpo de Cristo maior – igrejas, equipes e grupos da mesma fé e missão para uma edificação mútua.

A maioria das redes de igrejas nos lares norte-americanas parece ter se formado como alternativa em relação às congregações tradicionais que se reúnem em prédios com um clérigo profissional. Entretanto, um número cada vez maior tem reconhecido seu próprio potencial como semente para Movimentos de Plantação de Igrejas completamente desenvolvidos.

Um exemplo é a Associação Internacional Cristã DOVE, com sede em Lancaster, Pensilvânia.

---

128 *Oikos* é a palavra grega para família.

América do Norte

Em 1978, um ministro de jovens menonita do condado de Lancaster, Pensilvânia, recebeu um desafio do Senhor: "Você está disposto a se envolver na igreja clandestina?"

A princípio a pergunta desconcertou Larry Kreider, mas ele e sua esposa, LaVerne, se submeteram ao chamado do Senhor para formar um novo tipo de igreja que estava em gritante contraste com as centenas de igrejas protestantes tradicionais espalhadas pelo interior da Pensilvânia.

Em 1980, os Kreider reuniram alguns cristãos e formaram a Associação Cristã DOVE, que é o acrônimo para *Declaring Our Victory Emanuel* [Declarando Nossa Vitória Emanuel]. O nome não é tão importante como a visão que a impulsiona. Kreider percebeu que o Senhor queria que essa nova comunidade se reunisse em lares, que contasse com liderança leiga e concentrasse sua atenção em alcançar a sociedade sem igreja que estava perdida e que não participaria de uma estrutura de igreja tradicional.

Em 1990, as três células originais tinham crescido para poder incluir 2.300 membros reunidos em várias associações de lares pelo sul da Pensilvânia. Em 1996, Kreider entregou a liderança e o ministério da igreja a oito pastores, vinte e um presbíteros e todos os anfitriões líderes de células. Logo depois a igreja se descentralizou e se transformou em oito redes de igrejas com base em células e o movimento começou se andar.

Em 2001 a família das igrejas DOVE tinha se multiplicado para 80 igrejas em células localizadas em cinco continentes do mundo.[129] Apesar de Kreider evitar dar palpite sobre os números totais da membresia, um simples cálculo em 1990 mostrou que a família DOVE tinha 20.000 membros.

Várias das megaigrejas com os mais rápidos crescimentos da América têm criado dinâmicas similares às da igreja nos lares dentro de suas comunidades maiores. A *Saddleback Valley Community Church* [Igreja Comunidade de Saddleback Valley], pastoreada por Rick Warren, com 20.000 membros, superou a lacuna entre os clérigos

---

129 Leia mais sobre a peregrinação de Kreider e a Associação Cristã DOVE em seu site www.dcfi.org. (Site em inglês. Acesso em 29/06/2015.) Outubro de 2003.

156 — Movimentos de Plantação de Igrejas

e leigos através de um culto contemporâneo, que buscava ter uma atmosfera amigável e cultos semanais nos lares com 1.600 membros. O mesmo acontece na Igreja Comunidade de Willow Creek pastoreada por Bill Hybel, com 17.000 membros que se reúnem toda semana em mais de 2.600 comunidades nos lares.[130]

O *Center World Prayer Bethany* [Centro de Oração Mundial Betânia], em Baker, Lousiana, pastoreado por Larry Stockstill, abriu mão da estrutura segura de seu edifício em 1993 e começou a se reorganizar em grupos nos lares nos subúrbios de Baton Rouge. Sete anos depois o Centro tinha quase 600 grupos nos lares com 3.000 adultos frequentando regularmente.[131]

À medida que as denominações protestantes tentam recuperar o ponto de apoio nas fronteiras urbanas da América do Norte, os custos da propriedade estão forçando os estrategistas de plantação de igrejas a considerarem uma alternativa a plantar igrejas no "estilo de catedrais".

Em 1995, a *Chicago Metro Baptist Association* [Associação Batista Metropolitana de Chicago] adotou uma visão para nada menos do que um Movimento de Plantação de Igrejas por toda a cidade de Chicago. Na área maior de Houston, a *Union Baptist Association* [Associação União Batista] adotou uma visão similar.[132] Igualmente, a *Dallas Union Baptist Association* designou Joseph Cartwright para servir como um "catalisador plantador de igrejas nos lares para saturar a região com igrejas lideradas por leigos que não se reúnem em igrejas".[133]

Para fornecer amplo apoio à tendência, a *Southern Baptists' North American Mission Board* [Diretoria da Missão Norte-Americana dos Batistas do Sul] comissionou seu *Grupo de Plantação de Igrejas* para adotar um "movimento de plantação de igrejas de acordo com o

---

130 Verla Gillmor, "Community is Their Middle Name", in: *Christianity Today*, 23 de novembro de 2000, pg.50.
131 Para visitar seu website www.bethany.com. (Site em inglês. Acesso em 29/06/2015.)
132 Veja seus objetivos para associação dos Movimentos de Plantação de Igrejas em seu site: www.facebook.com/ubahouston. (Site em inglês. Acesso em 29/06/2015.)
133 Visite www.newdawnministriesintl.org/. (Site em inglês. Acesso em 29/06/2015.)

Novo Testamento entre todos os grupos de pessoas dos Estados Unidos, territórios dos E.U.A e Canadá"[134]

Os Movimentos de Plantação de Igrejas podem emergir na América do Norte do século 21? Os evangélicos norte-americanos perderam seu legado de Sandy Creek para o conforto da igreja institucional com seus clérigos profissionais, creches com ar-condicionado e programas de corais de sucesso? A América, como Esaú, trocou seu direito de primogenitura de Sandy Creek por um prato de lentilhas?

A América do Norte pode ter ainda outra era Sandy Creek à frente. Esses são tempos efervescentes.

---

134 Visite www.namb.net. (Site em inglês. Acesso em 29/06/2015.)

Parte 3

Lições aprendidas

11

Em *todo* Movimento de Plantação de Igrejas

Agora que terminamos nossa pesquisa dos Movimentos de Plantação de Igrejas, é hora de recuarmos e ver o que podemos aprender. Isso é o que começamos em agosto de 1998, quando alguns missionários se reuniram em torno de uma mesa de uma sala de conferência na Virgínia. A pergunta que fizemos foi: "Como Deus está agindo nesses Movimentos de Plantação de Igrejas e como podemos nos juntar a ele?"

Equipados com três quadros brancos, um *flipchart* e um exército de pincéis coloridos, escrevemos nos quadros enquanto discutíamos, analisávamos e debatíamos a natureza do que vimos Deus fazer. Aos poucos, os padrões começaram a aparecer.

Depois de várias horas, compilamos nossas descobertas em três títulos:

1. *Elementos de <u>todos</u> os Movimentos de Plantação de Igrejas –* dez elementos universais que agem em todo Movimento de Plantação de Igrejas.

2. *Elementos na <u>maioria</u> dos Movimentos de Plantação de Igrejas* – dez qualidades e características presentes na maioria, apesar de não em todos, os Movimentos de Plantação de Igrejas.

3. *Obstáculos ao Movimento de Plantação de Igrejas* – barreiras que, uma vez removidas, permitem aos Movimentos de Plantação de Igrejas se desenvolverem.

Desde aqueles estudos iniciais em 1998, temos visto novos Movimentos de Plantação de Igrejas nascendo ao redor do mundo, mas essas listas originais de ingredientes e obstáculos ainda permanecem como guias fiéis para entender e participar nos Movimentos de Plantação de Igrejas. Algumas dessas descobertas pareciam óbvias a princípio, mas houve algumas surpresas.

Algumas características que esperávamos encontrar estavam estranhamente ausentes. Enquanto outras, apesar de presentes, eram diferentes nas maneiras pelas quais tinham contribuído para seus respectivos movimentos. Essas eram, geralmente, contraintuitivas, e por essa razão, seu estudo e aplicação são inestimáveis para qualquer pessoa desejosa de alinhar-se com a maneira pela qual Deus está agindo. Vamos olhar agora para os dez elementos universais que encontramos em todo Movimento de Plantação de Igrejas.

EM *TODO* MOVIMENTO DE PLANTAÇÃO DE IGREJAS

1. Oração extraordinária
2. Evangelismo abundante
3. Plantação intencional de igrejas reprodutivas
4. A autoridade da Palavra de Deus
5. Liderança local
6. Liderança leiga
7. Igrejas nos lares
8. Igrejas plantando igrejas
9. Reprodução rápida
10. Igrejas saudáveis

1. ORAÇÃO EXTRAORDINÁRIA

A oração permeia os Movimentos de Plantação de Igrejas. Sejam os coreanos levantando às quatro horas da manhã para duas horas de tempo de oração, ou os ciganos espanhóis *"indo para as montanhas"*, como eles chamam suas vigílias noturnas de oração, os Movimentos de Plantação de Igrejas são mergulhados em oração.

Consequentemente a oração tem se tornado a primeira prioridade de todo estrategista do Movimento de Plantação de Igrejas. Assim que o coordenador estratégico percebe a seriedade de seu chamado, imediatamente dobra seus joelhos e ora: "Ó, Deus, só o Senhor pode fazer isso acontecer".

Identificamos sete papéis distintos que a oração tem na vida do Movimento de Plantação de Igrejas. Nos Movimentos de Plantação de Igrejas a oração ocupa ambos os papéis intuitivos e contraintuitivos.

Papéis intuitivos da oração

❖1 **Oração *pelos* missionários.** Os missionários enviados ao mundo dos grupos de pessoas não alcançadas estão invadindo um território hostil. Muitos desses povos não alcançados passaram séculos, até mesmo milênios, sob o domínio do "deus deste mundo"[135] e ele não os entrega alegremente. Os missionários comprometidos nos Movimentos de Plantação de Igrejas estão sob um ataque severo na esfera espiritual. Sua saúde, os membros da família e sua vocação estão sujeitos ao ataque de Satanás. Orar por eles é a melhor defesa que eles podem ter.

❖2 **Oração pelos *grupos de pessoas perdidas*.** Um de nossos líderes missionários que serve na África comentou sobre um objetivo importante que ele tinha alcançado e que estava rendendo grandes resultados. "Por anos", ele disse, "nossos missionários tinham igrejas orando por eles. Agora eles estão trocando o foco da oração para as pessoas perdidas que estão tentando alcançar".

A mudança foi declarada pelo mundo evangélico. Por anos, tem sido comum para os cristãos acrescentar às suas orações: "e Deus abençoe os missionários". Enquanto os cristãos continuam orando pelos missionários, eles estão mais e mais derramando seus corações para os *curdos, mongóis, uigures ou uzbeques*. Grupos de pessoas que nunca receberam oração em toda a história estão agora sendo levantados diante do trono de Deus.

---

135 2Co 4.4.

Às vezes fiéis guerreiros de oração me fazem a seguinte pergunta: "As minhas orações fazem diferença?" Amo contar-lhes sobre pessoas como Ibrahim. Ibrahim era um jovem convertido do islamismo que encontrei no interior da Ásia Central em 1990. Ele era o primeiro do seu grupo de pessoas a chegar à fé em Cristo. Lembro-me como seu rosto brilhou com o resplendor do Espírito Santo em sua vida. Perguntei a um dos plantadores de igrejas que trabalhava na área como eles tinham levado Ibrahim a Cristo.

"Nós não o levamos", eles disseram. "Ele chegou à fé através das orações."

"Não entendo", eu disse.

O plantador de igrejas explicou: "Ibrahim é um aluno na universidade onde leciono. Ele é filho de um mulá (líder religioso muçulmano). Normalmente ficamos longe de pessoas como ele. Mas um dia Ibrahim veio a mim e me contou sobre um sonho que teve. Em seu sonho um senhor idoso entregou-lhe um livro e disse: 'Leia-o'. Ibrahim me perguntou se eu sabia qual poderia ser o livro do seu sonho. Pelo visto ele tinha feito a mesma pergunta aos seus amigos porque o sonho o estava perseguindo há semanas. Seus amigos sempre diziam a ele que era o Alcorão, mas Ibrahim dizia: 'Não, não é o Alcorão'".

O plantador de igrejas hesitou e depois falou gentilmente: "Na minha gaveta eu tinha uma cópia bem velha do Novo Testamento. Estava em uma escrita antiga que a maioria do povo de Ibrahim já não conseguia entender, por isso eu nunca o tinha usado para testemunhar a eles. Hesitei, mas depois senti que Deus queria que eu corresse o risco com aquele filho de mulá. Mostrei-o a Ibrahim. 'Poderia ser este livro?'

Ibrahim abriu o livro e disse: 'Ah, vejo que está em uma escrita antiga. Meu pai me ensinou a ler isso. Você se importa de me emprestá-lo?' Durante as semanas seguintes Ibrahim o leu todo e, assim, chegou à fé em Cristo".

Nós dois sabíamos que a fonte verdadeira da conversão de Ibrahim poderia ser apenas encontrada nos muitos santos que oraram por tanto tempo pelo seu povo.

Papéis contraintuitivos da oração

❖3 **Oração modelada *pelos* missionários e plantadores de igrejas.** Geralmente subestimamos a maneira pela qual nossas ações ofuscam nossas palavras. Apenas quando a oração vem para caracterizar a vida dos missionários e dos plantadores de igrejas, ela se espalha para os membros da equipe e para aqueles que eles estão tentando alcançar. Se a oração não caracterizar a vida do missionário, então o novo cristão não compreenderá a verdadeira fonte do poder transformador da vida do missionário. Ele verá o missionário como uma pessoa extraordinária a quem ele nunca poderia imitar, ou pior, uma pessoa secular a quem ele não desejaria imitar.

❖4 **Oração *pelos* novos cristãos.** No decorrer dos Movimentos de Plantação de Igrejas ninguém sofre mais do que os primeiros cristãos do movimento. As cartas dos missionários estão cheias de pedidos para que as igrejas orem pelo Amal, que foi preso, ou pelo Mohammed, cuja família ameaçou matá-lo. Os Movimentos de Plantação de Igrejas geralmente passam por uma difícil provação na qual os primeiros cristãos são perseguidos ou mesmo mortos. Se a igreja sobrevive a esse teste inicial, então um Movimento de Plantação de Igrejas não está muito longe de acontecer. Se Satanás consegue destruir os primeiros frutos, então o Movimento de Plantação de Igrejas morrerá.

❖5 **Oração *dos* novos cristãos.** Em todo Movimento de Plantação de Igrejas orações poderosas fluem através das vidas dos cristãos e de suas igrejas, à medida que a ação poderosa de Deus flui através de suas vidas. Vícios são destruídos, doenças são curadas, a oposição é destruída e vidas são transformadas. Geralmente a oração é acompanhada por um forte senso de que Deus tem sua mão sobre seu povo. É o tempo deles – seu dia determinado para a salvação. Isso cria uma força poderosa dentro de um povo. Eles testemunham com coragem, sentindo que Deus está ao seu lado. Não vacilam diante da perseguição, mas confiam que Deus está com eles.

Em todo Movimento de Plantação de Igrejas **167**

Finalmente, descobrimos que houve alguns benefícios colaterais que emergem a partir da oração nos Movimentos de Plantação de Igrejas, benefícios que não tínhamos esperado encontrar, mas emergiram como fatores-chave no sucesso do trabalho de muitos coordenadores estratégicos.

❖6 ORAÇÃO *ENTRE* PARCEIROS. Os coordenadores estratégicos dos Movimentos de Plantação de Igrejas invariavelmente têm uma extensa rede de parceiros que vêm de todo o mundo. Como eles desenvolvem tais vínculos tão rapidamente que superam enormes barreiras de idioma, cultura, e até mesmo de teologia? O segredo é a oração. Os coordenadores estratégicos oram por parceiros e oram com parceiros. O chamado para a oração por um grupo de pessoas não alcançadas é o ímã que primeiro atrai esses diferentes parceiros juntos, e a cola que os mantêm juntos durante os anos.

❖7 ORAÇÃO POR MAIS TRABALHADORES. Jesus nos ordenou que orássemos *"ao dono da plantação que mande mais trabalhadores para fazerem a colheita"*,[136] A oração mobiliza os trabalhadores a virem e se juntarem ao trabalho. Mais importante, porém, a oração convoca novos trabalhadores a emergirem de *dentro* da colheita. Ao mesmo tempo, cria um senso de expectativa da parte dos missionários e plantadores de igrejas para serem vigilantes, sempre procurarem por novos trabalhadores, os colaboradores que Deus está levantando. Esses novos colaboradores vão pegar o bastão da liderança dentro do movimento e impulsioná-lo para o próximo nível.

Oramos porque nossa visão excede nossas habilidades. A oração é o clamor mais profundo da alma da rebelião contra a maneira pela qual as coisas são, ver o perdido desse mundo e clamar: "Isso não glorifica a Deus, e então, pela graça de Deus, isso deve mudar!" A oração vem de Deus e sobe de volta a Deus em nome daqueles que não o conhecem. A oração extraordinária constrói um alicerce firme para o Movimento de Plantação de Igrejas.

---

136 Mt 9.38.

2. Evangelismo abundante

Se a oração liga um Movimento de Plantação de Igrejas a Deus, então o evangelismo é sua conexão com as pessoas. Essencial a todo movimento é o princípio de plantar em abundância. Assim como a natureza requer que uma árvore libere milhares de sementes para produzir uma única nova muda, ou um corpo humano que gera milhares de óvulos para produzir um único bebê, assim é com o evangelismo. Nos Movimentos de Plantação de Igrejas encontramos centenas e milhares de pessoas que ouvem o Evangelho todos os dias e, dessa semeadura abundante, uma crescente plantação começa a acontecer.

A sabedoria convencional do Ocidente tem geralmente ensinado um razoável, porém menos eficaz, modelo de transmissão do Evangelho. "Uma vez que você tenha desenvolvido uma amizade e demonstrado que realmente é diferente, seu amigo perdido perguntará o que tem de diferente em sua vida. Então, você pode lhe contar sobre Jesus."

Um disseminador apaixonado dos Movimentos de Plantação de Igrejas denunciou esse modelo ocidental. "Ensinamos que compartilhar sua fé não tem a ver com você ou com o direito recebido para isso. Jesus ganhou o direito quando morreu por nós na cruz. Então ele nos ordenou que contássemos aos outros!"

Se o princípio da natureza de semear abundantemente para colher abundantemente for verdade, o oposto também é: *se você semeia com moderação, colherá com moderação*. Onde quer que governos hostis ou pressões sociais consigam sufocar o testemunho cristão, os Movimentos de Plantação de Igrejas nunca decolam. Essa verdade tão simples é muito poderosa, e ainda assim muitos missionários bem-intencionados conseguem alcançar todo o ideal elevado, *exceto* esse.

Um colega que trabalha em um país do Oriente Médio expressou sua frustração sobre a falta de plantação da semente em seu país. "Em meu país", ele disse, "todo mundo diz: 'Não estamos colhendo uma safra ainda, mas estamos removendo as pedras do campo'. A verdade é que eles ainda nem começaram a plantar as sementes. Se você perguntar, eles dirão: 'Ainda estamos limpando os campos para que possamos plantar o Evangelho. Estamos tirando as pedras, tirando as pedras, tirando as pedras".

"ESTOU FARTO DE TIRAR PEDRAS!", ele exclamou. "Se Deus quiser, ele pode transformar essas pedras em filhos de Abraão! Então vamos parar de tirar pedras e começar a falar de Jesus para as pessoas!"

Para lembrá-los da importância de semear o Evangelho em abundância, muitos coordenadores estratégicos têm colocado bem à vista um aviso de uma página em suas mesas de trabalho onde se pode ler: *Quantos do meu povo ouvirão o Evangelho hoje?* Se for para acontecer um movimento, então a resposta deve ser: milhares.

Nos Movimentos de Plantação de Igrejas há um alvoroço no ar sobre Jesus, salvação, arrependimento, converter-se a Deus e nova vida em Cristo. Um coordenador estratégico em um movimento da Ásia Central exclamou: "Esse é o lugar mais receptivo em que já estive. O jornal mantido pelo estado relatou ano passado que 5.000 muçulmanos adultos na capital tinham se tornados cristãos. Por isso a legislatura tornou ilegal evangelizar qualquer pessoa, mas eles deixaram uma brecha em que a pessoa pode responder perguntas sobre o cristianismo".

"E como isso afetou a expansão do Evangelho?"

"Não diminuiu nem um pouco", ele riu. "Estou dizendo a você. Uma pessoa irá espirrar. Alguém dirá: 'Deus o abençoe', e uma terceira pessoa dirá: 'Como poderei ser salvo?'"

O coordenador estratégico pode estar exagerando, mas não muito.

Nos Movimentos de Plantação de Igrejas o evangelismo pessoal e o evangelismo em massa reforçam e contribuem um com o outro. O Evangelismo em massa sempre contém formas de retroalimentação para garantir que ninguém que chega à fé em Cristo se distancie sem o discipulado, enquanto o objetivo do evangelismo pessoal é encorajar o novo cristão a compartilhar sua fé com sua família e amigos.

Quantidade e qualidade

Se a quantidade da proclamação do Evangelho é de suma importância, a qualidade da comunicação não pode ficar para trás. Em sua forma mais simples, o evangelismo significa a proclamação do Evangelho, contar as Boas Novas do presente da nova vida em Jesus Cristo. Mas, se fosse tão simples assim, poderíamos simplesmente traduzir João 3.16 para todos os idiomas do mundo e despejar de um avião.

Com muita frequência os missionários desviam do propósito de um movimento do Evangelho devido a perguntas tais como se um grupo de pessoas é ou não *receptivo* às Boas Novas. As perguntas de receptividade estão geralmente relacionadas, não com as notícias, mas com o mensageiro.

O evangelismo verdadeiro vai além da proclamação, vai em direção à *comunicação*. Comunicação significa que alguém tem que ouvir e entender o que está sendo proclamado. Muitas vezes, a sutil mudança da proclamação para a comunicação verdadeira provoca uma resposta que estava previamente ausente. Comunicação eficaz requer entendimento do idioma e da visão de mundo das pessoas que você está tentando alcançar.

Jesus disse: *"e, quando eu for levantado da terra, atrairei todas as pessoas para mim"*.[137] O desafio é levantar Jesus de uma maneira que não seja obscurecido pelas barreiras culturais que impediriam todos os povos de chegar à fé nele.

Descobrir a visão de mundo dos grupos de pessoas pode ajudar a remover essas barreiras. Comunicar o Evangelho exige que entremos na mente daqueles que estamos tentando alcançar, e isso é impossível sem aprender o idioma e a cultura dessas pessoas.

Uma das ilustrações de campo que enfatiza a importância do estudo da visão de mundo específica de um grupo de pessoas vem do Quênia. Dois grupos de pessoas no norte do Quênia compartilhavam o mesmo idioma e origens. Eles pareciam idênticos para os

---

137 Jo 12.32.

observadores de fora, exceto que um grupo habitava nas planícies enquanto o outro residia nas montanhas adjacentes.

Por anos, os missionários usaram a mesma abordagem para ambos os grupos com resultados mesclados. Os habitantes da planície responderam bem ao Evangelho, resultando em muitas igrejas. A tribo das montanhas permanecia indiferente. Os missionários tinham esperança de que os habitantes das planícies levassem o Evangelho às montanhas para alcançar seus primos resistentes.

Apesar de anos de esforços, a tribo da montanha mostrou pouco interesse no Evangelho. Então os missionários começaram a pesquisar a visão de mundo das tribos. Eles descobriram a razão da falta de resposta da tribo da montanha. Descobriram que, em séculos anteriores, as tribos da planície tinham sido comerciantes de escravos, geralmente conduziam expedições pelas montanhas para caçar seus desavisados primos. A história de vitimização tinha deixado uma impressão indelével sobre a visão de mundo das tribos das montanhas. Eles não podiam receber as Boas Novas dos vizinhos das planícies.

Uma vez que os missionários descobriram essa barreira histórica, foram capazes de superá-la usando outros mensageiros para levar o Evangelho às tribos das montanhas.

A busca por uma comunicação eficaz do Evangelho levou a grandes avanços no que tem sido chamado de *contextualização*, isto é, apresentar a eterna mensagem do Evangelho nas formas culturais e de visão de mundo dos povos a serem alcançados.

Os profissionais dos Movimentos de Plantação de Igrejas normalmente alcançam esse mesmo objetivo através da *nativização* – transferir a responsabilidade pela comunicação do Evangelho para aqueles que naturalmente o apresentam através de sua perspectiva de visão de mundo. Mesmo que os missionários geralmente comecem a evangelização de um grupo de pessoas, nos Movimentos de Plantação de Igrejas, os principais evangelistas são sempre os próprios novos cristãos, e eles contextualizam o Evangelho melhor do que ninguém.

3. Plantação Intencional de Reprodução de Igrejas

Intuitivamente, alguém poderia assumir que a poderosa combinação de oração extraordinária e evangelismo abundante resultariam naturalmente em igrejas que se multiplicariam de forma espontânea. Muitos missionários e plantadores de igrejas tinham essa visão, e ficaram surpresos e desapontados quando a multiplicação de novas igrejas não veio. O que descobrimos em vez disso foi que os Movimentos de Plantação de Igrejas não emergiram sem um compromisso deliberado em plantar igrejas que se reproduzem.

Uma pessoa sábia disse: "Você provavelmente realizará exatamente o que planeja realizar, nada mais, nada menos". Se você tiver como objetivo fazer uma tradução da Bíblia, provavelmente produzirá uma tradução da Bíblia. Se seu objetivo é o ministério, provavelmente terá êxito. Mas você não pode presumir que apenas uma tradução da Bíblia ou um ministério cristão resultarão em uma plantação de igreja. Se você quer ver igrejas plantadas, então deve planejar a plantação de igrejas. O mesmo axioma pode ser tomado um passo além para dizer: "Se você quer ver igrejas plantadas que se reproduzem, então deve ter como objetivo plantar igrejas que se reproduzem".

No Movimento de Plantação de Igrejas bhojpuri, por exemplo, os missionários estavam trabalhando na área por vários anos. Eles eram evangelísticos, modelos devotos de amor e serviço cristãos, mas lhes faltava uma estratégia clara para a plantação de igrejas. Uma virada aconteceu quando o coordenador estratégico desenvolveu um treinamento intensivo para plantadores de igrejas. A partir desse treinamento prático, os cristãos bhojpuri começaram a plantar igrejas. Hoje, parece que todos os que trabalham entre os bhjpuri estão começando novas igrejas.

Ambos, missionários e cristãos locais, estão percebendo mais e mais a importância da plantação de igrejas de maneira intencional. Muitas agências de missões que não eram previamente conhecidas por plantar igrejas começaram a buscar de forma ativa treinamento nessa área. Entre os povos bhojpuri, Jovens com uma Missão (Jocum) lideram uma das maiores denominações de igrejas. Anteriormente não conhecidos por plantar igrejas, hoje muitos missionários da Jocum têm se tornado alunos ansiosos por plantar igrejas e estão produzindo o início de novas igrejas ao redor do mundo.

4. A AUTORIDADE DA PALAVRA DE DEUS

Como os Movimentos de Plantação de Igrejas produzem múltiplas igrejas reprodutoras, o que mantém o movimento longe de se fragmentar em milhares de heresias como quando se quebra o para-brisa de um carro formando estilhaços? Só pode haver uma resposta: *a autoridade da Palavra de Deus.* Como uma medula espinhal invisível alinhando e sustentando o movimento, assim o compromisso com a autoridade da Bíblia está presente em cada Movimento de Plantação de Igrejas.

Até mesmo entre o grande número de pessoas não alfabetizadas, para quem a leitura das Escrituras é algo raro, os cristãos dependem muito das fitas de áudio da Bíblia, prendendo-se a cada palavra. Eles também aprenderam a abordar cada situação da vida e da fé com a pergunta: "Como posso glorificar a Cristo da melhor forma possível dessa maneira?" Ao seguir esse princípio elas nunca se arriscam longe da autoridade bíblica.

Essas duas forças dominantes da autoridade bíblica e do senhorio de Cristo reforçam um ao outro como linhas de trem paralelas, guiando o movimento à medida que ele rola além do controle direto do missionário ou dos primeiros plantadores de igrejas. Uma vez que esse guia interno é independente do missionário, não exige a presença dele para avançar. Mesmo sem o missionário o movimento não se torna desorientado, porque sua orientação não deriva de uma fonte externa, mas de uma estrutura sólida da Palavra de autoridade de Deus e do senhorio de Jesus Cristo.

Isso não significa que o missionário não tenha papel no discipulado dos novos cristãos ou no treinamento de líderes da igreja. Ele simplesmente não dá corda a um Movimento de Plantação de Igrejas como um brinquedo e o assiste funcionar sozinho. Discipulado e treinamento de liderança estão acontecendo todo o tempo. Mas mesmo o ensino e treinamento do missionário são avaliados pelos mesmos dois critérios: é consistente com a Palavra de Deus e com o senhorio de Jesus Cristo? Qualquer ensinamento que se desvie dos trilhos gêmeos da Escritura e do senhorio são rejeitados, tanto faz se vem de um professor herético ou do próprio missionário coordenador estratégico.

Consequentemente, os missionários e plantadores de igrejas engajados em Movimentos de Plantação de Igrejas aprendem muito rapidamente a desviar deles questões de doutrinas, encaminhando-as para esse trilho de orientação. Quando perguntado por um novo cristão ou por um novo líder de igreja: "O que devemos fazer nessa situação?", em vez de responder a partir de seu próprio reservatório de sabedoria ou treinamento, o experiente plantador de igrejas responde: "Vamos ver o que a Palavra de Deus diz".

Aqueles que têm dirigido de forma bem-sucedida um Movimento de Plantação de Igrejas são unânimes em sua convicção de que "a Palavra de Deus deve ser a autoridade para os novos cristãos e para as igrejas emergentes e <u>não</u> a sabedoria dos missionários, nem de alguns credos estrangeiros, nem mesmo da autoridade das igrejas locais". Ao continuamente apontar em direção à fonte da única autoridade genuína, o plantador de igrejas está modelando o padrão correto para os novos cristãos que, em breve, se tornarão os novos condutores do movimento.

POVOS NÃO ALFABETIZADOS

Muitos dos povos não alcançados que restam no mundo são analfabetos, e os missionários envolvidos nos Movimentos de Plantação de Igrejas têm lutado para que eles superem o desafio do analfabetismo. Como os evangélicos, que são fundamentalmente um "povo do livro", se multiplicam entre pessoas que não sabem ler

Em todo Movimento de Plantação de Igrejas **175**

nem escrever? O analfabetismo não diminui a importância da Bíblia como uma fonte de autoridade; ele simplesmente apresenta novos desafios para sua transmissão.

Há pelo menos cinco modelos que observamos para transmitir os ensinamentos bíblicos para os povos não alfabetizados no mundo hoje.

1) **MEMORIZAÇÃO** – Apesar de ser uma arte perdida no ocidente, a memorização das Escrituras ainda é bastante comum no mundo não ocidental. Isso é especialmente verdade entre os muçulmanos que têm uma longa história de memorização do Alcorão inteiro. Em um país muçulmano do sul da Ásia, onde a carência de Bíblias ligada à expansão do analfabetismo ameaçou o avanço de um Movimento de Plantação de Igrejas, os novos cristãos encontraram uma solução engenhosa – *eles rasgaram suas Bíblias em pedaços!* A um cristão foi dado o Evangelho de Mateus, e foi dito: "Você memoriza isso". A outro foi dado o Evangelho de Marcos, e assim por diante. Então, quando a igreja se reunia, essas "Bíblias vivas" eram chamadas a fielmente recitar as palavras das Escrituras.

2) **AUDIOVISUAL** – Os missionários têm sido rápidos em adaptar os textos bíblicos para os não alfabetizados em formatos como Bíblias em áudio e o filme *Jesus,* que têm fornecido as Escrituras para muitos que não são capazes de lê-la.

3) **NARRAÇÃO DE HISTÓRIAS DA BÍBLIA** – Reconhecendo que muitos grupos de pessoas são essencialmente de "culturas orais" que comunicam grandes verdades através da narrativa de histórias, os missionários e os plantadores de igrejas pegaram as histórias-chave da Bíblia e as traduziram em curtas histórias orais de tal forma que eles podem, assim, recitar para seus ouvintes analfabetos. Essas histórias da Bíblia têm sido usadas para evangelismo, discipulado e desenvolvimento de liderança. Nos Movimentos de Plantação de Igrejas, os contadores de

176 *Movimentos de Plantação de Igrejas*

histórias da Bíblia não ficam satisfeitos até que aqueles que estão ouvindo as histórias sejam capazes de repeti-las de forma exata e, assim, multiplicar as grandes verdades das Escrituras por toda sua comunidade.[138]

4) Canções – Um exemplo típico vem de uma cultura oral africana, na qual a missionária passou várias semanas traduzindo a mensagem do Evangelho em histórias do idioma do coração para as pessoas que ela estava tentando alcançar. Enquanto ela contava as histórias, um membro do grupo estava ouvindo atentamente e traduzia sua mensagem outra vez – ele a estava colocando em uma canção. "Nosso povo não apenas conta histórias", ele explicou. "Cantamos nossas histórias. É pedir demais que você nos forneça canções, mas agora que você nos deu a Palavra de Deus, nós a cantaremos para nossos filhos e netos".

5) Usando os jovens instruídos – O desafio do analfabetismo em um mundo cada vez mais alfabetizado não está limitado àqueles que propagam o Evangelho. Governos nacionais enfrentam o mesmo desafio quando querem comunicar a alguma aldeia de pessoas analfabetas informações importantes referentes a impostos ou a uma nova lei com diretrizes para votação. Perguntamos a um evangelista rural como esse problema é superado localmente. "Eles pedem a uma das crianças da família para ler a carta ou mensagem para eles", ele respondeu. O mesmo é obviamente verdadeiro para a Palavra de Deus. Apesar da amplitude do analfabetismo, há normalmente algumas crianças que frequentam a escola e aprendem a ler e escrever. Da mesma forma não é incomum que os anciãos da aldeia chamem um aluno ou aluna da escola para ler o *Livro de Deus*. Depois o ancião é capaz de interpretar e aplicar o que ouviu para o benefício da comunidade inteira.

---

138 Para mais *Chronological Bible Storying* visite os muitos recursos do site: www.bible.org/seriespage/2-chronological-bible-storying-and-storytelling-institute. (Site em inglês. Acesso em 29/06/2015.)

Ao tentar alcançar pessoas analfabetas, os profissionais dos Movimentos de Plantação de Igrejas encontram encorajamento no relato do Novo Testamento da rápida multiplicação da igreja. A grande maioria do mundo do Novo Testamento era analfabeta, mas, ainda assim, as Boas Novas avançaram.

Às vezes surge a pergunta: "Por que produzir uma tradução da Bíblia para esse grupo de pessoas se elas são analfabetas?" Uma tradução é importante mesmo que o grupo de pessoas não possa ler nem escrever. Em primeiro lugar, mais culturas hoje tiveram seu idioma escrito pela primeira vez por um tradutor da Bíblia do que de qualquer outra maneira. A partir dessas traduções iniciais da Bíblia nasceram tradições literárias inteiras que uniram um povo a um mundo radicalmente em mudança.

O mais importante é que a tradução da Bíblia no idioma do coração fornece recursos combinados de evangelismo, discipulado e desenvolvimento de liderança. A partir da tradução do Novo Testamento para o idioma do coração, um missionário pode produzir programas de rádio com histórias do Evangelho, testemunhos em fitas de áudio com promessas das Escrituras e até mesmo um video do filme *Jesus* para que as pessoas possam ouvir e responder à história de Jesus em seu próprio idioma do coração.

5. LIDERANÇA LOCAL

Os missionários que de forma bem-sucedida lançaram os Movimentos de Plantação de Igrejas aprenderam a manter os estrangeiros longe dos holofotes. O princípio tem sido agora traduzido para um lema importante que acompanha os coordenadores estratégicos em todos os lugares: "Os recursos estão na colheita". Esse axioma é um lembrete contínuo para se procurar líderes locais para que o trabalho seja feito. E fornece um corretivo importante para os missionários estrangeiros cujas estratégias requerem uma forte dependência dos colegas de equipe estrangeiros.

As equipes mais eficazes nos Movimentos de Plantação de Igrejas têm relativamente poucos estrangeiros, mas têm uma grande rede de parceiros locais. Os missionários estrangeiros entendem que seu papel é passar a visão, paixão e habilidades para os irmãos e irmãs locais com os quais eles servem.

Assim, nos Movimentos de Plantação de Igrejas, os profissionais rapidamente desenvolvem líderes locais e confiam a eles o futuro do movimento. Os coordenadores estratégicos mais antigos que aprenderam essa lição o fizeram tanto pela necessidade quanto pelo raciocínio missiológico. Quando confrontados com o desafio enorme de alcançar milhões de pessoas perdidas, eles não tiveram escolha a não ser levantar colaboradores de dentro do povo que estavam procurando alcançar.

O principio 222 descrito no estudo de caso do Movimento de Plantação de Igrejas do Camboja (capítulo 5) também se tornou bastante difundido. Os profissionais dos MPI aprenderam a *nunca fazer nada sozinho; sempre leve um irmão junto para que possa modelar e mentorear à medida que você vai*. Em cada exemplo o objetivo é transferir a força propulsora da visão nos corações e vidas daqueles a serem alcançados.

Passando o bastão

Confiar nos líderes locais poder ser difícil para os missionários. Mesmo hoje, alguns missionários insistem em pastorear as novas igrejas que ajudaram a plantar. De maneira similar, alguns missionários ainda insistem em que as igrejas mães enviem um pastor ordenado a uma rota itinerante para fornecer às novas igrejas em dificuldade os ritos do batismo e a Ceia do Senhor. Esse modelo de dependência externa nunca produziu um Movimento de Plantação de Igrejas.

Aqueles que são relutantes para transferir esse tipo de autoridade rapidamente apontam para as instruções de Paulo em 1 Timóteo 3.6, em que Paulo aconselha o jovem Timóteo que um bispo *não deve ser alguém convertido* há pouco tempo... Entretanto, a igreja de

Timóteo já estava bem estabelecida o suficiente para ser referência a várias gerações de cristãos (veja 2Tm 2.2). Em tal ambiente era natural que Paulo delegasse a vigilância da igreja para aqueles que estavam mais próximos da mensagem original passada pelos apóstolos, mas *em lugar algum* Paulo coloca a autoridade da igreja nas mãos de estrangeiros.

Quando uma nova igreja é iniciada, Paulo não hesita em apontar líderes locais de imediato. Em Atos 14.23, imediatamente depois de ganhar os convertidos em Listra, Icônio e Antioquia da Ásia Menor, *em cada igreja os apóstolos escolhiam presbíteros. Eles oravam, jejuavam e entregavam os presbíteros à proteção do Senhor, em quem estes haviam crido.* Igualmente, ele encoraja Tito a constituir presbíteros, homens do local com famílias a quem todos conhecessem, para cada cidade de Creta.[139]

Ao nos encontrarmos com a força-tarefa dos Movimentos de Plantação de Igrejas, apresentamos a pergunta: "Quando vocês passam o bastão para novos líderes?"

A resposta unânime foi: "Em um Movimento de Plantação de Igrejas começamos com o bastão nas mãos deles". Os gestos com a cabeça em sinal de aprovação ao redor da sala testificaram a experiência compartilhada. Claro que isso só é possível quando as igrejas estão consolidadas na obediência à Palavra de Deus e em um compromisso de uma vida toda ao discipulado.

Apontar líderes locais em vez de depender da liderança de estrangeiros faz várias coisas importantes:

1) Declara que somos todos igualmente pecadores; todos igualmente salvos pela graça; todos igualmente capazes de ser usados por Deus.

2) Reforça a verdade de que o cristianismo não é uma religião ocidental, mas uma expressão do corpo de Cristo dada a *todos* os cristãos.

3) Evita estabelecer padrões de liderança que são intangíveis. Muitos missionários plantadores de igrejas têm bem mais

---

139 Tt 1.5s.

experiência e treinamento bíblico do que a primeira geração dos novos cristãos jamais esperaria alcançar. Mas não devemos nos esquecer de que levou muitas gerações para que os ocidentais desenvolvessem essas oportunidades de treinamento que agora desfrutamos. Os novos cristãos não precisam pensar que eles têm que alcançar o mesmo nível de educação para liderar o povo de Deus.

Um líder de uma igreja africana disse isso bem. "Pensamos em vocês, missionários, com grande apreço e afeição. Como a pessoa que primeiro nos ensinou a dirigir um carro, somos gratos pelo que nos ensinaram. Mas não iríamos querer nosso instrutor de direção sentado ao nosso lado todas as vezes que nos sentamos atrás do volante!"

6. Liderança leiga

Nos Movimentos de Plantação de Igrejas os leigos estão claramente no banco do motorista. Homens e mulheres comuns, não profissionais e sem salários estão liderando as igrejas. Por que a liderança leiga é importante? Há várias razões:

1) **Por razões práticas** – Um movimento que produz milhares de novas igrejas precisa de milhares de novos líderes, e a maior fonte para encontrar esses líderes é na própria membresia da igreja local. Para produzir esses líderes, é necessário pescar no maior lago de candidatos.

2) **Por razões teológicas** – A liderança leiga está firmemente estabelecida na doutrina do *sacerdócio do cristão* – a doutrina mais igualitária que já foi apresentada. Depois de séculos de dependência na pequena tribo dos sacerdotes levíticos, Deus volta-se para igreja e diz: *Mas vocês são a raça escolhida, os sacerdotes do Rei...*[140]

---

140 1Pe 2.9.

Não é que o cristianismo não tenha um status especial para os líderes religiosos; é que agora *todo* cristão tem esse status especial como um sacerdote do Senhor Deus. Todo cristão é completamente dotado com direito e responsabilidade de guiar o perdido à salvação e à maturidade em Cristo.

3) **Seguindo o modelo de Jesus** – O próprio modelo de Jesus em chamar homens e mulheres leigos para virem e seguirem-no não foi desperdiçado pelos profissionais dos Movimentos de Plantação de Igrejas. É um grande conforto reforçar o desejo de um novo cristão de ser um líder servo da igreja ao apontá-lo ao exemplo dos doze e daqueles que os seguiram.

4) **Com o propósito de retenção** – Ao redor do mundo, o convite do Evangelho para a salvação tem provado ser bem mais cativante do que seu chamado a uma vida de discipulado dentro da igreja. Perto de se tornar um novo cristão, muitas pessoas saem pela porta de trás para nunca mais serem vistas novamente. Colocar homens e mulheres leigos para trabalhar dentro da igreja tem provado ser o único meio mais eficaz de "fechar a porta de trás" para a membresia da igreja e garantir uma vida inteira de envolvimento íntimo dentro do corpo de Cristo.

5) **Por razões de relevância** – Nas estruturas da igreja tradicional, um clérigo é colocado à parte da congregação em ambos os termos da educação e do meio de vida. Na Igreja Católica isso ainda é composto pelos votos do celibatário. Nos Movimentos de Plantação de Igrejas, os pastores permanecem sendo um grupo de pessoas que compartilham seus estilos de vida e lutas. Isso significa que, se o grupo é predominantemente de fazendeiros, os líderes serão fazendeiros. Se as pessoas são urbanas, a liderança será urbana. Se as pessoas são analfabetas, então os líderes também serão analfabetos. Se as pessoas são surdas, então a liderança também será surda.

6) Por razões econômicas – Muitos Movimentos de Plantação de Igrejas ocorreram em países em desenvolvimento onde os recursos financeiros são mínimos. Ao usar múltiplos líderes leigos e se reunirem em casa, esses recursos financeiros limitados são direcionados para as missões e ministério, em vez de serem direcionado para o salário das pessoas que trabalham na igreja e para instalações.

A liderança leiga não exclui os ministros profissionais. Deve haver um pastor profissional, treinado em seminário e ordenado ou um coordenador estratégico envolvido em pontos-chave do movimento – como no caso das muitas redes de igrejas nos lares espalhadas – mas na vanguarda de seu crescimento estão os leigos que estão conduzindo o caminho.

Para que os Movimentos de Plantação de Igrejas sejam capazes de, efetivamente, confiar em sua liderança leiga, dois fatores importantes devem estar presentes:

Primeiro, as igrejas devem permanecer *pequenas o suficiente* para serem manejáveis por um ou alguns líderes leigos. Quando as igrejas excedem a 20 ou 30 membros e começam a usar uma construção da igreja separada, isso significa que a tarefa se torna muito grande para uma pessoa leiga liderar sem deixar seu emprego secular.

Segundo, os líderes de igrejas devem ser *eternos aprendizes.* Nos Movimentos de Plantação de Igrejas, os líderes leigos tipicamente têm uma fome insaciável por treinamento. Os profissionais dos Movimentos de Plantação de Igrejas aprenderam a continuamente alimentar e cultivar líderes em potencial com treinamento "enquanto trabalham" e treinamento "na hora certa" (os quais discutiremos mais tarde em maior profundidade). Programas de mentoria, programas de treinamento para liderança rural, escolas de treinamento pastoral, materiais de treinamento em cassete e pela internet, estudos bíblicos por pastores e oficinas, tudo isso contribui para o desenvolvimento da liderança.

7. IGREJAS NOS LARES

As igrejas nos Movimentos de Plantação de Igrejas começam como uma pequena comunidade de cristãos se reunindo em ambientes naturais, tais como lares ou seu equivalente. Entre o povo masai, os cultos acontecem debaixo de árvores; entre os kui, em pátios abertos. O elemento-chave em cada um desses Movimentos de Plantação de Igrejas foi o começo em uma comunidade íntima de cristãos que não foi imediatamente imobilizada com despesas e manutenção de uma igreja.

A reunião em pequenos grupos[141] certamente tem implicações econômicas. Liberar o inexperiente movimento do fardo de ter que custear um edifício e um pastor profissional não é um obstáculo pequeno de vencer. Mais ainda, as igrejas nos lares criam uma atmosfera que estimula a formação do Movimento de Plantação de Igrejas. Considere os seguintes benefícios.

1) As responsabilidades da liderança continuam pequenas e podem ser manejadas.

2) Se ocorrerem heresias, elas ficarão confinadas ao tamanho pequeno da igreja nos lares. Como um vazamento que aparece no casco de um grande navio, a heresia pode ser vedada em único compartimento sem comprometer o todo.

3) Você não pode se esconder em um pequeno grupo, por isso a responsabilidade é amplificada.

4) O cuidado com o membro é mais fácil, porque todo mundo conhece todo mundo.

5) Porque a estrutura da igreja no lar é simples, é mais fácil de reproduzir.

6) Grupos pequenos tendem a ser muito mais eficientes no evangelismo e na integração dos novos cristãos.

---

141 Exploraremos as diferenças entre igrejas células e igrejas nos lares no capítulo 13, *Perguntas frequentes*.

184 *Movimentos de Plantação de Igrejas*

7) Reunir-se em lares posiciona a igreja para mais perto do perdido.

8) As igrejas nos lares se misturam na comunidade, tornando--as menos visíveis aos perseguidores.

9) Ter como base os lares mantém a atenção da igreja nas questões diárias da vida.

10) A mera natureza da rapidez com que as igrejas nos lares se multiplicam promove o desenvolvimento rápido de novos líderes da igreja.

É importante entender o papel das pequenas igrejas nos lares e das igrejas células na vida de um Movimento de Plantação de Igrejas. Agora é fácil ver porque os missionários que querem começar um Movimento de Plantação de Igrejas sem as igrejas nos lares ou igrejas células acharão isso tão difícil.

8. Igrejas plantando igrejas

Os Movimentos de Plantação de Igrejas não estão completamente floridos até que as igrejas comecem a se reproduzir espontaneamente. Viajando entre o povo khmer do Camboja, cada igreja nos lares dava testemunho das igrejas adicionais que eles tinham começado no ano anterior. Entre o povo bhojpuri, a média era de quatro novos começos de igreja em andamento. Muitos líderes chineses das igrejas nos lares ensinaram à sua congregação que a maior alegria era treinar alguém para começar uma igreja em seu lar.

Em muitos dos Movimentos de Plantação de Igrejas que estudamos já havia algumas igrejas presentes entre o grupo de pessoas antes da chegada do primeiro missionário. Por alguma razão, porém, essas igrejas tinham se estagnado e parado de se reproduzir. O missionário, geralmente um coordenador estratégico, trazia uma nova visão, paixão e treinamento para a plantação de igrejas.

À medida que o movimento ganhava impulso, o missionário desaparecia ao fundo e as próprias igrejas começavam a reproduzir

Em todo Movimento de Plantação de Igrejas   185

novas igrejas. Apenas quando o movimento alcança esse estágio exponencial de reprodução, percebe seu completo potencial.

Os profissionais dos Movimentos de Plantação de Igrejas relatam a procura pela quarta geração de reprodução de igrejas como um sinal que o movimento está prosseguindo sujeito ao seu próprio impulso. Um deles explicou: "Quando vejo uma igreja que ajudei a começar reproduzindo uma igreja filha, e que esta própria reproduz uma nova igreja, que produz ainda outra igreja, eu sei que fiz o meu trabalho. Contando que esse padrão de reprodução continue, posso me mudar para outros centros de população menos alcançados e saber que esse movimento continuará sem mim".

Nos Movimentos de Plantação de Igrejas os missionários conscientemente progridem para um processo de quatro estágios de *Modelar, Ajudar, Assistir* e *Partir*. Primeiro, eles modelam os tipos de padrões em evangelismo, discipulado e plantação de igrejas que eles querem que os novos cristãos imitem. Então, ajudam os novos cristãos a seguirem esse modelo. Em seguida, assistem para ver que seus protegidos são capazes efetivamente de reproduzir o que aprenderam e experimentaram. Quando eles veem que seus alunos executam o mesmo padrão de reprodução, sabem que é hora de partir.

"Partir pode ser difícil para os missionários, mas é completamente necessário", um missionário explicou. "Caso contrário, a igreja continuará procurando o missionário em vez do Senhor e seus próprios líderes para direcionamentos futuros. A partida garante a viabilidade nativa da igreja".

A partida não significa que o missionário se aposente. Em vez disso, ele agora é livre para ir para outro e menos alcançado grupo de pessoas para começar o processo todo novamente.

9. Reprodução rápida

Os Movimentos de Plantação de Igrejas reproduzem igrejas rapidamente. Claro que a palavra "rápida" é indefinida. Mas os missionários plantadores de igrejas geralmente falam de plantação de igrejas em termos de nascimento, perguntando: "Quanto tempo leva para o nascimento de uma nova igreja?" Esse período de gestação varia ao redor do mundo, da mesma maneira que acontece no reino animal. Os elefantes normalmente requerem 22 meses para produzir crias, enquanto os coelhos podem produzir uma nova ninhada a cada três meses.

Movimentos de Plantação de Igrejas se reproduzem como os coelhos! Enquanto a taxa de uma gestação saudável em um ambiente controlado pode produzir uma nova igreja a cada três ou quatro anos, um Movimento de Plantação de Igrejas pode ver uma nova igreja começando a cada três ou quatro meses. Além disso, porque as novas igrejas irradiam de cada igreja, e não do missionário plantador de igreja, a reprodução se multiplica exponencialmente.

Para esse tipo de multiplicação, a reprodução rápida deve ser construída nos valores centrais de cada igreja que está sendo plantada. Entre o povo kekchi (capítulo 8) se uma igreja não se reproduzisse depois de seis meses, era considerada uma igreja doente. Muitos grupos de igrejas em células espalhados não permitirão que uma igreja em célula no lar continue se não for capaz de crescer e se multiplicar depois de um ano de existência.

O paradigma da reprodução rápida coloca-se em um distinto contraste em relação à visão mais tradicional de que uma igreja precisa, em primeiro lugar, crescer bastante e ser madura o suficiente para ser capaz de permitir sacrificar alguns de seus membros para começar um novo trabalho. Nos Movimentos de Plantação de Igrejas o amadurecimento em Cristo é um processo infinito que fica cada vez melhor, em vez de colocar em perigo quando novas igrejas são iniciadas. Nos Movimentos de Plantação de Igrejas, ambos, o desenvolvimento da liderança e o discipulado de cada membro, são construídos nas estruturas em andamento da vida da igreja – juntamente com uma paixão por começar novas igrejas.

Quando o discipulado e o desenvolvimento da liderança estão contidos no DNA das primeiras igrejas, elas naturalmente transferirão aquele DNA para sua descendência. O contrário também é

Em todo Movimento de Plantação de Igrejas **187**

verdade. Quando você ensina suas primeiras igrejas a trabalharem por muitos anos sob a liderança de um pastor missionário enquanto espera receber seu próprio líder, que estudou em um seminário, depois exige que a igreja adquira uma sede própria e a encha com vários membros que dizimam para sustentar tudo que foi descrito acima, não pode esperar que essas igrejas gerem rapidamente e reproduzam igrejas filhas. A reprodução rápida começa com o DNA da primeira igreja.

Em um Movimento de Plantação de Igrejas o corpo de Cristo recupera o senso de urgência que caracterizou os Evangelhos e as igrejas do Novo Testamento. Reprodução rápida indica que várias dinâmicas saudáveis estão presentes no movimento:

1) O movimento foi além do controle do missionário ou de qualquer pessoa de fora.

2) O movimento tem seu próprio impulso interno.

3) Os novos cristãos ardentemente acreditam que sua mensagem é tão importante que deve ser espalhada rapidamente.

4) Os campos estão confirmadamente prontos para a colheita.

5) Todos os elementos que são estranhos à igreja – e que não são rapidamente reproduzidos – têm que ser eliminados.

Os missionários que são experientes nos Movimentos de Plantação de Igrejas nunca admitiriam sacrificar a ortodoxia em prol da rápida reprodução. Ao contrário, aprenderam a construir os controles teológicos no DNA de cada igreja em vez de tentar, continuamente, fortalecê-las pelo lado de fora.

10. Igrejas saudáveis

Que tipo de igrejas você encontra nos Movimentos de Plantação de Igrejas? Essa é uma pergunta que muitas pessoas de fora querem fazer. Ao falar sobre essa questão, o painel dos profissionais dos Movimentos de Plantação de Igrejas usou várias palavras para descrever a natureza das igrejas em movimentos que eles tinham conhecido. Podemos agrupar essas qualidades sob o termo *"Igrejas saudáveis"*.

Um coordenador estratégico colocou dessa forma: "Colocarei essas igrejas face a face com quaisquer igrejas do Ocidente e verei como elas podem ser comparadas. São mais vibrantes, mais compromissadas com a Palavra de Deus, mais pacientes... e muito mais".

Temos que perdoar o orgulho desse missionário sobre o caráter das igrejas. Isso vem de uma percepção aguda não apenas de sua coragem heroica em relação à tremenda perseguição, mas também de uma percepção triste de como o cristianismo ocidental se tornou anêmico.

Quais são as marcas de uma igreja saudável? Bem, você não mede isso pelo número de escolas dominicais, o tamanho de sua congregação ou pelas credenciais das pessoas que trabalham na igreja.

No livro *Uma igreja com propósitos,* Rick Warren nos lembra a igreja de um padrão mais bíblico para medir a saúde da igreja. Usando o grande mandamento e a Grande Comissão de Cristo, Warren aponta cinco propósitos de uma igreja saudável: [142]

1) Comunhão

2) Discipulado

3) Ministério

4) Evangelismo/Missões

5) Adoração

Igrejas saudáveis apresentam todas as cinco propostas naturalmente, porque essas propostas fluem a partir da identidade da igreja com o Cristo vivo. Jesus dotou a igreja com esses propósitos quando emitiu o grande mandamento *"Ame o Senhor, seu Deus, com todo o coração, com toda a alma e com toda a mente [...] Ame os outros*

---

142 Rick Warren, *Uma igreja com propósitos* (São Paulo: Vida, 2002)

Em todo Movimento de Plantação de Igrejas

como você ama a você mesmo"[143] e a Grande Comissão "*vão a todos os povos do mundo e façam com que sejam meus seguidores [...] ensinando-os a obedecer a tudo o que tenho ordenado a vocês*".[144]

Quando foram pesquisados, os missionários que tinham testemunhado os Movimentos de Plantação de Igrejas foram unânimes em sua opinião de que as igrejas nesses movimentos exibiam cada um dos cinco propósitos. "Eles estavam todos lá", foi a resposta deles, "mas alguns dos propósitos pareciam diferentes do ocidente".

Essa diferença era particularmente evidente na área do ministério. Um coordenador estratégico explicou: "O tipo de ministério deles é mais parecido com o que encontramos no Novo Testamento. Eles curam o doente, expulsam os demônios e compartilham, mesmo na pobreza, com os outros em necessidade". Soa muito saudável.

Claro que o teste último de uma igreja saudável é: "Ela glorifica a Deus?" Essas igrejas revelam e exibem a natureza de Deus como revelada em Jesus Cristo?

Com essa definição de saúde, cada um dos Movimentos de Plantação de Igrejas que estudamos pontua muito bem. Esse é o mesmo tipo de pergunta que o prisioneiro João Batista enviou os seus discípulos para fazer a Jesus. *O Senhor é aquele que ia chegar ou devemos esperar outro?*

A resposta do Senhor aos discípulos de João ainda nos ensina hoje. Ele disse: "*Voltem e contem* a João o que vocês estão ouvindo e vendo".[145]

Jesus estava dizendo: "Se as minhas palavras e feitos não revelam a vocês a completa glória de Deus, então vocês <u>deveriam</u> procurar outra pessoa".

Da mesma maneira, deveríamos perguntar: "A glória de Deus, sua natureza verdadeira como revelada na pessoa de Cristo, está evidente nesses movimentos?" A resposta é vista nos milhões de

---

143 Mt 22.37-40
144 Mt 28.19s
145 Mt 11.2-6

vidas transformadas, corpos e almas curados, paixão pela santidade, intolerância ao pecado, submissão à Palavra de Deus e visão para alcançar um mundo perdido.

Há muito mais que podemos aprender sobre os Movimentos de Plantação de Igrejas a partir de nossas observações dos estudos de caso, mas antes disso, vamos nos voltar para a Bíblia e ver o que ela tem a dizer sobre os Movimentos de Plantação de Igrejas.

12

O que a Bíblia diz?

É maravilhoso saber que tantas pessoas estão chegando a Cristo e que novas igrejas estão surgindo ao redor do mundo. Apenas essa razão pode ser suficiente para que abracemos os Movimentos de Plantação de Igrejas. Mas, como o povo do Livro, somos compromissados a filtrar nosso entendimento do mundo através das lentes da Palavra de Deus.

À medida que fazemos isso, seguimos a tradição dos cristãos do primeiro século, assim como em Bereia, que examinavam as Escrituras para ver se tudo era assim mesmo.[146] Portanto o que a Palavra de Deus fala sobre os Movimentos de Plantação de Igrejas? Vamos ao início do diálogo bereano.

---

146 At 17.11.

Você pode pesquisar sua extensa concordância *exaustivamente* e não encontrará um único registro para "Movimentos de Plantação de Igrejas". Ao mesmo tempo, o mundo do primeiro século estava ao redor de novos cristãos e das igrejas plantadoras de igrejas nativas e multiplicadoras – em resumo, *Movimentos de Plantação de Igrejas.*

As origens dos Movimentos de Plantação de Igrejas podem ser encontradas na vida e ensinamentos do próprio Jesus. O mesmo Cristo que mentoreava um pequeno grupo de seguidores, se movia de um lugar para outro ao longo do interior palestino, modelando a oração e a fidelidade com as Escrituras, louvando nos lares e nas montanhas, fazendo sinais e maravilhas, e comissionando seus discípulos como os primeiros missionários, é o Cristo dos Movimentos de Plantação de Igrejas.

Lucas, companheiro de viagem do apóstolo Paulo e autor da maior parte do nosso Novo Testamento, claramente ligou o ministério terreno de Jesus com os Movimentos de Plantação de Igrejas que se seguiram.

Em seu segundo volume, o *Livro de Atos*, Lucas escreve a Teófilo: *No primeiro livro que escrevi, contei tudo o que Jesus fez e ensinou, desde o começo do seu trabalho.*[147] A implicação é inevitável, se o volume um, o *Evangelho de Lucas*, cobriu tudo que Jesus *começou* a fazer e a ensinar, então, sua sequência, o *Livro de Atos*, descreverá o que Jesus *continua* a fazer e ensinar através do seu corpo, a Igreja. Por isso não deveríamos nos surpreender que as características que marcam os Movimentos de Plantação de Igrejas hoje podem ser seguidas no passado através da igreja do Novo Testamento e a própria vida e ensinamentos de Jesus.

Vamos ver algumas dessas características.

---

147 At 1.1.

VISÃO DIRIGIDA

Os profissionais de Plantação de Igrejas geralmente falam de sua visão ou da visão final. Isso descreve onde eles esperam ver quando a visão de Deus para seu povo ou cidade for cumprida. Um irmão colocou isso da seguinte forma, "Se você não pode ver isso antes de ver isso, você nunca verá isso".

Jesus encheu seus discípulos com grandes expectativas e uma visão do fim cumprida. Ele os ensinou a orar para a realização da visão, *"Venha o teu Reino. Que a tua vontade seja feita aqui na terra como é feita no céu"*.[148]

Depois que os 72 missionários retornaram de suas missões, Jesus parecia gritar de alegria: *"Eu vi Satanás cair do céu como um raio"*,[149] ele disse.

Em Apocalipse 12, o apóstolo João tem a visão da mesma imagem: *Pois o acusador dos nossos irmãos, que estava diante de Deus para acusá-los dia e noite, foi jogado fora do céu.*[150]

Jesus claramente iniciou a derrubada do *príncipe deste mundo*; isso continuou através da igreja primitiva e através dos Movimentos de Plantação de Igrejas, e essa subversão divina continua mesmo até o dia de hoje.[151]

Jesus preparou seus discípulos para esperarem milagres ainda maiores do que os que ele fez. Ele também estabeleceu um padrão de colheita que, de longe, supera as expectativas normais. Em sua parábola das dez minas, Jesus ensinou seus discípulos que Deus espera um retorno exponencial de seu investimento.[152] Essa expectativa da grande colheita capacitou uma tripulação heterogênea de 120 seguidores a emergirem do cenáculo para levar um mundo inteiro para Cristo.

Depois de caminhar com Jesus por três anos e então ver sua morte, sepultamento e ressurreição, os discípulos estavam prontos para receber o mandato da Grande Comissão para serem suas *"testemunhas*

---

148 Mt 6.10.
149 Lc 10.18
150 Ap 12.10.
151 Jo 12.31; 16.11; 14.30; 2Co 4.4; Ef.2.2.
152 Lc 19.11-27.

em Jerusalém, em toda a Judeia e Samaria e até nos lugares mais distantes da terra".[153] Jesus encheu seus seguidores com uma visão e uma antecipação dos Movimentos de Plantação de Igrejas que viriam. Quais outras características dos Movimentos de Plantação de Igrejas nós podemos encontrar na igreja primitiva e nos ensinamentos de Jesus?

ORAÇÃO

Oração, a marca dos Movimentos de Plantação de Igrejas, tem raízes profundas na igreja do Novo Testamento que leva seus caminhos de volta ao estilo de vida que Jesus modelou para seus discípulos. *De manhã bem cedo, quando ainda estava escuro, Jesus se levantou, saiu da cidade, foi para um lugar deserto e ficou ali orando.*[154] *"Esse tipo de espírito só pode ser expulso com oração",* ele ensinou-lhes.[155] Sua refeição final com eles foi orquestrada em meio a orações que eles tinham que ensaiar até seu retorno.[156] *E então no jardim Jesus disse: "Orem pedindo que vocês não sejam tentados." Então se afastou a uma distância de mais ou menos trinta metros. Ajoelhou-se e começou a orar.*[157] E mantendo o padrão de sua vida, as palavras finais de Jesus na terra foram uma série de apelos feitos através de orações para seu pai.[158]

Seguindo seu Senhor, a igreja primitiva nasceu no cenáculo de oração.[159] Eles frequentavam o templo para as orações,[160] dedicaram seus líderes à oração e ao ministério da Palavra,[161] e se encontravam diariamente em suas casas para o partir do pão e orações.[162]

Por isso não é surpresa que os Movimentos de Plantação de Igrejas sejam impregnados de oração à medida que eles vivem o legado que Cristo incutiu nos alicerces da igreja mais de dois mil anos atrás.

---

153 At 1.8
154 Mc 1.35.
155 Mc 9.29.
156 1Co 11.23-26.
157 Lc 22.40s.
158 Mt 27.45-50.
159 At 1-2.
160 At 3.1.
161 At 6.4.
162 At 2.40.

EVANGELISMO ABUNDANTE

Jesus infundiu na igreja primitiva uma paixão pelo evangelismo que fluiu naturalmente daquele que começou seu ministério *e ali anunciava a boa notícia que vem de Deus.*[163] No ponto central do ministério de Cristo ele enviou 72 dos seus seguidores *de dois em dois a fim de que fossem adiante dele para cada cidade e lugar aonde ele tinha de ir,* instruindo-os para que *"curem os doentes daquela cidade e digam ao povo dali: 'O Reino de Deus chegou até vocês".*[164]

Antes de pronunciar sua Grande Comissão final para pregar o Evangelho para todo o mundo, Jesus inclusive vinculou seu retorno ao cumprimento do seu mandato evangelístico. *"E a boa notícia sobre o Reino será anunciada no mundo inteiro como testemunho para toda a humanidade. Então virá o fim."*[165]

A igreja primitiva obedeceu a essas palavras com paixão. Do Pentecostes ao Apocalipse, a igreja está levando o Evangelho de Jerusalém aos confins da terra em antecipação ao retorno de Cristo. Paulo tipificou o *etos* da atitude da igreja primitiva para um evangelismo abundante em sua Carta aos Coríntios quando lembrou-lhes: *quem planta pouco colhe pouco, quem planta muito colhe muito.*[166]

O novo convertido, Paulo, aventurou-se pelo sul da Arábia, ao norte de Damasco, na Síria[167], e então para as fronteiras da Ásia cita. O que é surpreendente é a frequência com que ele achou que o Evangelho já o tinha precedido. O Cristianismo foi bem estabelecido em Roma antes mesmo de Paulo se aventurar lá. O grande centro cristão de Alexandria produziu os iguais a Apolo mesmo que não há registro de como ou quando o Evangelho chegou lá. Paulo comissionou Tito para nomear presbíteros em todas as cidades de Creta – uma ilha relativamente remota em frente à costa da Líbia. Só Deus sabe como o Evangelho veio penetrar nesse distante fronteira.[168]

---

163 Mc 1.14.
164 Lc 10.1-9.
165 Mt 28.19s.
166 2Co 9.6
167 Gl 1.17
168 Tt 1.5.

196   *Movimentos de Plantação de Igrejas*

Durante a metade do século na qual o Novo Testamento foi escrito, o Evangelho alcançou do Gólgota ao Gibraltar. O milagre do pentecoste pulverizou a mensagem e seus mensageiros em direção ao leste para o império persa, do ocidente à África do Norte libanesa, ao norte através do mundo greco-romano, e ao sul através do Egito e Etiópia. As tradições da igreja primitiva da costa do Malabar do sul da Índia confirma o zelo missionário do primeiro século que levou o Evangelho ao final do mundo conhecido.

Esse mesmo zelo que tão abundantemente semeou o Evangelho flui através das veias da vida dos Movimentos de Plantação de Igrejas modernos. Os missionários de hoje desenvolvem maneiras criativas de entrar em países restritos, de trabalhar através da mídia de massa, e através de plantadores de igrejas itinerantes. Como Paulo, esses apóstolos da fé do século 21 podem dizer: *Assim eu me torno tudo para todos a fim de poder, de qualquer maneira possível, salvar alguns.*[169]

Autoridade das Escrituras

Os Movimentos de Plantação de Igrejas são construídos segundo a autoridade da Palavra de Deus. Essa é uma veia que corre através da vida de Jesus e da igreja primitiva. Todos os escritores dos Evangelhos descrevem a vida de Jesus como um cumprimento das Escrituras, e o próprio Jesus lembra seus seguidores que *"Enquanto o céu e a terra durarem, nada será tirado da Lei – nem a menor letra, nem qualquer acento. E assim será até o fim de todas as coisas"*.[170] Ele então adverte seus discípulos: *"Portanto qualquer um que desobedecer ao menor mandamento e ensinar os outros a fazerem o mesmo será considerado o menor no Reino do Céu. Por outro lado, quem obedecer à Lei e ensinar os outros a fazerem o mesmo será considerado grande no Reino do Céu"*.[171]

Jesus modelou a fidelidade das Escrituras mesmo em seus momentos de provação mais profundos. Ele respondeu às tentações de

---

169 1Co 9.22.
170 Mt 5.18.
171 Mt 5.19.

O que a Bíblia diz?

Satanás com versículos da Bíblia[172] e proferiu um clamor do Salmo 22 enquanto se contorcia de agonia na cruz.[173] Mas mesmo depois de sua morte, funeral e ressurreição, Jesus levou seus seguidores de volta às Escrituras para explicar o que tinha acontecido e o que estava para acontecer: *"Enquanto ainda estava com vocês, eu disse que tinha de acontecer tudo o que estava escrito a meu respeito na Lei de Moisés, nos livros dos Profetas e nos Salmos."* Então, a Bíblia diz, Jesus *abriu a mente deles para que eles entendessem as Escrituras Sagradas.*[174]

Seguindo esse modelo de compromisso íntimo com as Escrituras, os discípulos de Jesus impelidos a começarem sua própria pregação com a exposição das Escrituras[175] e a encararem um eventual martírio – como no caso de Estêvão – com eco nas palavras de Jesus: *Senhor, não condenes esta gente por causa deste pecado.*[176]

Eles lembraram a igreja da fonte divina de toda autoridade das Escrituras insistindo que *toda a Escritura Sagrada é inspirada por Deus e é útil para ensinar a verdade, condenar o erro, corrigir as faltas e ensinar a maneira certa de viver. E isso para que o servo de Deus esteja completamente preparado e pronto para fazer todo tipo de boas ações".*[177] E para não deixar dúvida, explicaram que *ninguém pode explicar, por si mesmo, uma profecia das Escrituras Sagradas. Pois nenhuma mensagem profética veio da vontade humana, mas as pessoas eram guiadas pelo espírito Santo quando anunciavam a mensagem que vinha de Deus.*[178]

Quando os profissionais dos Movimentos de Plantação de Igrejas dos tempos modernos recusam-se a aconselhar os novos cristãos com palavras de sabedoria ou doutrinas consagradas pelo tempo, mas, em vez disso, direcionam-nos para a Palavra de Deus, estão vivendo o modelo do Novo Testamento iniciado por Jesus e transmitido através dos apóstolos.

---

172 Mt 4.6-10.
173 Mt 27.46 (citando Sl 22.1).
174 Lc 24.44s.
175 At 2.17-21; 25-28; 34s.
176 At 7.60.
177 2Tm 3.16s.
178 2Pe 1.20s.

MODELOS PARA A MULTIPLICAÇÃO

Jesus e a igreja primitiva praticaram um aumento da multiplicação. Em Lc 5 Jesus escolheu 12 discípulos. Em Lc 9, ele os enviou e, apesar de não dizer isso nessa passagem, ficamos sabendo depois que seu modelo era enviá-los de dois em dois. No capítulo seguinte, Lc 10, Jesus enviou 72 discípulos. De onde esses 72 vieram? Se entendemos o princípio da multiplicação, é fácil imaginar que os 6 pares de discípulos originais fizeram apenas o que seu mestre tinha modelado: discipularam 12 outros, resultando em 72 discípulos (6 x 12 = 72).

Se a multiplicação estava verdadeiramente no centro do modelo de discipulado de Jesus, então devemos esperar que esses 72 discípulos tivessem se multiplicado também. Se eles seguiram o exemplo de Jesus de perto, então os 72 (compreendendo 36 pares de discípulos) teriam produzido 444 discípulos (36 x 12 = 444). Adicionando esses 444 aos seus 72 mentores produziria uma igreja primitiva de mais de 500 discípulos de Jesus.

Foi esse o padrão que a igreja primitiva seguiu? Em sua primeira Carta aos Coríntios, Paulo descreve a comunidade que saudou Jesus depois de sua ressurreição: *apareceu, de uma só vez, a mais de quinhentos seguidores.* [179]

O padrão de multiplicação continuou depois da ascensão de Jesus? Vamos ver. Se aqueles mesmos 500 irmãos formaram as equipes de 2 em 2 e iniciaram o modelo de discipulado de Jesus de 12 convertidos cada, eles produziriam 3 mil discípulos (250 pares x 12 = 3.000). Na mensagem de Pentecostes de Pedro em Atos 2.41, lemos que 3 mil receberam a mensagem e foram batizados em um único dia. Alguns podem levantar a questão sobre se Jesus tinha uma fórmula precisa para multiplicar em grupos de 12, mas não ficam dúvidas que Jesus pretendia que seus discípulos se multiplicassem, e eles se multiplicaram!

---

179 1Co 15.6.

PREPARAÇÃO PARA PERSEGUIÇÃO

Missionários engajados nos Movimentos de Plantação de Igrejas entendem que a perseguição será o destino dos que renunciam a este mundo e seguem Jesus Cristo, por isso eles preparam os novos cristãos para esse teste. A preparação moderna para perseguição se estende a uma grande sombra que volta à cruz de Cristo.

Jesus advertiu seus discípulos: "Nenhum aluno é mais importante do que o seu professor, e nenhum empregado é mais importante do que o seu patrão".[180] Ele podia ver que a probabilidade de que *todos odiarão vocês por serem meus seguidores*[181] serviria como um poderoso impedimento para uma fé falsa ou mesmo tímida.

Paulo exibiu o mesmo tipo de coragem na perseguição que marca os que têm conduzido e suportado o custo de um Movimento de Plantação de Igrejas. Ele diz aos Coríntios: *tenho sido chicoteado muito mais do que eles e muitas vezes estive em perigo de morte.*[182]

Sofrimento e perseguição estavam associados tão de perto à expansão do Evangelho que a palavra grega para testemunha (*martyria*) tornou-se sinônimo de morte. Jesus sabia que isso poderia acontecer por isso corajosamente desafiou: "*Se alguém quer ser meu seguidor, que esqueça os seus próprios interesses, esteja pronto para morrer como eu vou morrer e me acompanhe*".[183]

Para Paulo, assim como para a igreja primitiva, o sofrimento era uma parte tão integrante de sua vida em Cristo que ele poderia dizer: *Agora eu me sinto feliz pelo que tenho sofrido por vocês. Pois o que eu sofro no meu corpo pela Igreja, que é o corpo de Cristo, está ajudando a completar os sofrimentos de Cristo em favor dela.*[184] Igualmente Tiago, o irmão do nosso Senhor, exclamou: *Meus irmãos, sintam-se felizes quando passarem por todo tipo de aflições.*[185] E o autor dos Hebreus desafiou a igreja a imitar [...] *Jesus, pois é por meio dele que a nossa fé*

---

180 Mt 10.24.
181 Mt 10.22.
182 2Co 11.23-25.
183 Mc 8.34.
184 Cl 1.24.
185 Tg 1.2.

começa, e é ele quem a aperfeiçoa. Ele não deixou que a cruz fizesse com que ele desistisse.[186]

A resposta da igreja primitiva à perseguição poderia ser resumida em uma única palavra: *coragem*. A palavra aparece oito vezes no livro de Atos. Todas as vezes associada à perseguição ou à oposição ao Evangelho.

Pedro estabeleceu o sentido quando orou: *Agora, Senhor, olha para a ameaça deles. Dá aos teus servos confiança para anunciarem corajosamente a tua palavra. Estende a mão para curar, a fim de que, por meio do poder do nome do teu dedicado Servo Jesus, milagres e maravilhas sejam feitos.*[187]

E Paulo revelou as raízes profundas da coragem da igreja quando escreveu: *E porque temos essa esperança, agimos com toda a confiança.*[188]

Ao final da história da igreja primitiva de Lucas, o modelo do testemunho corajoso diante da certeza da morte tornou-se um tema recorrente para o livro inteiro, por isso ele pode concluir o livro de Atos com a declaração: *Ele anunciava o Reino de Deus e ensinava a respeito do Senhor Jesus Cristo, falando com toda a coragem e liberdade.*[189]

Nos Movimentos de Plantação de Igrejas de hoje, os membros das igrejas são aprimorados pela perseguição e definidos por sua coragem. O preço tremendo que eles pagam para seguir Cristo assegura a pureza do movimento contra motivos falsos e conversões nominais e os liga pessoalmente à vida e ao caminho de Cristo e da igreja primitiva.

TUDO EM FAMÍLIA

Ao contrário dos padrões ocidentais atuais de conversões individuais, os Movimentos de Plantação de Igrejas normalmente aconteciam por meio de um grupo de pessoas através de relacionamentos

---

186 Hb 12.2.
187 At 4.29s.
188 2Co 3.12.
189 At 28.31.

O que a Bíblia diz? **201**

familiares. E o Novo Testamento? Quais eram seus modelos de propagação?

Embora seja verdade que o Novo Testamento registra muitas conversões individuais dramáticas, as pessoas daquela época tinham um senso mais comunitário ao tomar decisões. Isso fez com que fosse natural para o Evangelho espalhar-se através da linhagem familiar. Você pode ver isso no intercâmbio entre a mãe de Jesus, Maria, e sua prima Isabel, que daria à luz João Batista.[190] Depois Jesus valeu-se desse relacionamento à medida que construía seu ministério sobre o trabalho prévio de seu primo que batizava.[191] Ao longo do caminho, os próprios irmãos de Jesus aparecem em seu ministério e mesmo sua mãe, Maria, é encontrada em companhia de seus seguidores.[192]

Quando Jesus chamou seus discípulos havia conexões familiares, já que André chamou seu irmão Pedro[193] e os filhos de Zebedeu, Tiago e João, juntos seguiram Jesus.[194] No círculo mais amplo de seguidores vemos outras conexões familiares, tais como os irmãos em Betânia, Maria, Marta e Lázaro.[195]

Depois da ressurreição e ascensão de Cristo, a expansão do Evangelho continuou a se mover através de uma rede natural de relações familiares. Pedro pregou para Cornélio e o batizou, a ele e a seus familiares.[196] Paulo fez o mesmo com o carcereiro filipense,[197] e quando encontrou Lídia, a vendedora de tecido de púrpura de Tiatira, *ela e as pessoas da sua casa foram batizadas.[198]*

De Jesus à igreja primitiva e aos Movimentos de Plantação de Igrejas contemporâneos, o Evangelho continua a fluir através de canais de relações familiares.

---

190 Lc 1.36.
191 Lc 7.20-29.
192 Mt 13.55; Lc 8.20.
193 Mt 4.18.
194 Mt 4.21s.
195 Jo 12.1-10.
196 At 10.24,48.
197 At 16.31.
198 At 16.15.

PODER DIVINO NO EVANGELISMO E NO MINISTÉRIO

Assim como nos Movimentos de Plantação de Igrejas de hoje, a proclamação do Evangelho no Novo Testamento andou de mãos dadas com as demonstrações divinas do poder de Deus através da cura, exorcismo e sinais miraculosos. Jesus comandou os 72 para que *"Vão e anunciem isto: 'O Reino do Céu está perto'. Curem os leprosos e outros doentes, ressuscitem os mortos e expulsem os demônios"*[199] *Os setenta e dois voltaram muito alegres e disseram a Jesus: 'Até os demônios nos obedeciam quando, pelo poder do nome do senhor, nós mandávamos que saíssem das pessoas.*[200]

Como era seu costume, Jesus primeiro praticou todas essas coisas antes de ordenar que os discípulos as colocassem em prática. Os Evangelhos usam a palavra "curado" 39 vezes, e cada ocorrência é associada ao trabalho de Jesus. A igreja pós-ressurreição seguiu a mesma prática. Eles curaram os doentes, expulsaram os demônios, e até mesmo ressuscitaram os mortos enquanto proclamavam as Boas Novas da salvação de Deus.

Essas práticas que se tornaram estranhas para muitas das nossas igrejas cristãs contemporâneas, eram a parte principal do ministério de Jesus e a expansão da igreja do Novo Testamento. E elas são bem representadas nos Movimentos de Plantação de Igrejas de hoje.

PESSOA DE PAZ

Vários dos Movimentos de Plantação de Igrejas que examinamos atestam o método missionário de enviar plantadores de igrejas às aldeias para procurar a "pessoa de paz" de Deus, aquele indivíduo já escolhido por Deus para receber a mensagem do Evangelho. A motivação dos movimentos é de aderir ao modelo estabelecido por Jesus. Quando primeiro enviou seus discípulos como missionários, ele os enviou de dois em dois e ordenou que entrassem em cada

---

199 Mt 10.7s.
200 Lc 10.17.

O que a Bíblia diz?

povoado à procura do "homem de paz" que receberia a eles e à sua mensagem.[201]

Jesus prefigurou essa abordagem em seu diálogo redentor com a mulher samaritana, um diálogo que o induziu a ficar na cidade por dois dias e juntar uma colheita de muitos cristãos mais.[202]

Mais tarde, Jesus parecia ter tomado o mesmo caminho em relação a Maria, Marta e Lázaro. *Jesus e os seus discípulos continuaram a sua viagem e chegaram a um povoado. Ali uma mulher chamada Marta o recebeu na casa dela.*[203] O convite levou a um relacionamento de mudança de vida para Marta e sua família.

Essa foi uma metodologia isolada que Jesus empregou ou ele pretendia que fosse um método para a igreja primitiva imitar? O modelo dois a dois da disposição missionária parece ter inspirado Paulo a sempre viajar com uma companhia, seja com Barnabé ou Silas, Lucas ou Tito, onde quer que ele fosse para uma jornada missionária. Apesar de não podermos saber sobre todas as práticas dos missionários, podemos afirmar que é uma característica do modelo de Paulo.

Mas Paulo também seguiu as instruções de Cristo de procurar um "homem de paz?" Em Atos 16, Paulo conta de uma visão na qual um homem macedônio o chama para compartilhar o Evangelho. Quando Paulo chega à Macedônia, descobre que o homem de paz de Deus é, na verdade, uma mulher chamada Lídia.[204]

Pedro evidenciou a mesma mentalidade quando seguiu a condução de Deus até Cornélio, um gentil homem de paz, que morava na cidade costeira de Cesareia. Assim como Lídia, Cornélio já tinha sido escolhido por Deus para receber as Boas Novas que o apóstolo estava trazendo.[205]

Encontrar a pessoa de paz receptiva a Deus era mais do que uma forma pragmática de evitar a perseguição; era uma demonstração de obediência aos ensinamentos e aos padrões modelados por Jesus.

---

201 Mt 10.1-16; Lc 10.1-7.
202 Jo 4.1-42.
203 Lc 10.38.
204 At 16.9-14.
205 At 10.1-31.

204 *Movimentos de Plantação de Igrejas*

Essa mesma motivação de obediência reintroduziu a busca pelo homem de paz nos Movimentos de Plantação de Igrejas de hoje.

Movimento de Igrejas nos Lares

Os Movimentos de Plantação de Igrejas de hoje crescem ao se concentrarem nas reuniões de pequenos grupos que acontecem nos lares. O primeiro modelo é o círculo íntimo de Jesus e seus doze discípulos. Apesar de Jesus ter ensinado e feito milagres em cenários maiores, ele parecia reservar seus ensinamentos mais preciosos para o tempo tranquilo só com seu círculo mais íntimo. Parecia que Jesus não tinha sua própria casa, mas sentia-se confortável ensinando, evangelizando, curando e discipulando nas casas dos outros sempre que era convidado. Seja em um banquete de casamento em Caná,[206] seja em uma casa em Cafarnaum onde ele curou um paralítico,[207] seja na casa de Zaqueu, ou de Maria, Marta e Lázaro,[208] Jesus levou o cristianismo para dentro dos lares.

A perseguição da igreja primitiva impediu os cristãos de criarem grandes santuários ou catedrais. Reunir-se nas casas infundiu a intimidade e reforçou a responsabilidade dos pequenos grupos dentro da igreja. O Novo Testamento está repleto de referências às reuniões feitas em casas: Atos 5.42 (*... de casa em casa...*); Atos 8.3 (*Porém, Saulo se esforçava para acabar com a igreja. Ele ia de casa em casa...*); Atos 12.12 (*... foi para a casa de Maria, a mãe de João Marcos. Muitas pessoas estavam reunidas ali, orando*); Romanos 16.5 (*Saudações também à igreja que se reúne na casa deles*); 1 Coríntios 16.19 (*... a igreja que se reúne na casa deles*); Colossenses 4.15 (*... igreja que se reúne na casa dela*); Filemom 2 (*... à igreja que se reúne na sua casa*).

Quando a igreja cresceu o suficiente para construir suas próprias catedrais e basílicas, talvez já no terceiro ou quarto século, também estava empregando clérigos profissionais. Quando a igreja deixou de se reunir nos lares, deixou algo vital para trás: o contato íntimo

---

206 Jo 2.
207 Mc 2.
208 Lc 10.38-42.

com cada faceta da vida diária. Os Movimentos de Plantação de Igrejas de hoje estão reintroduzindo essa dimensão perdida ao trazer de volta as reuniões nas casas.

Conversão rápida

Respostas rápidas e conversões em larga escala caracterizaram cada um dos Movimentos de Plantação de Igrejas que observamos. Isso é bíblico? Uma vez mais a trilha conduz a Jesus que convocou os discípulos que *Então eles largaram logo as redes e foram com Jesus.*[209]

Seja um homem cego que foi curado ou um culpado coletor de impostos, Jesus chamou os pecadores ao arrependimento e esperava uma resposta imediata. Isso encorajou os apóstolos a desenvolverem a mesma abordagem. Eles chamaram ao arrependimento e milhares responderam.

Donald McGravran enfatizou a rápida resposta que caracterizou os movimentos de grupos de pessoas da igreja do Novo Testamento:

> Começou com um grande grupo – cerca de cento e vinte adultos, sem contar crianças e dependentes. O Pentecostes trouxe cerca de três mil ou mais. Dentro de um curto período o número de homens cristãos tinha aumentado para cinco mil. Depois disso, foi registrado que *uma multidão de homens e mulheres também creu no Senhor e veio aumentar ainda mais o grupo.* (At 5.14). Um capítulo à frente lemos que o número de discípulos multiplicaram grandemente em Jerusalém e um grande número de sacerdotes (Levitas) eram obedientes à fé.[210]

Os cristãos ocidentais de hoje que têm visto apenas compromissos individuais com Cristo podem ter problemas para entender essa resposta espontânea e abrangente ao Evangelho, mas isso era comum no mundo do Novo Testamento. E é comum nos Movimentos de Plantação de Igrejas de hoje.

---

209 Mt 4.20s.
210 Donald McGavran. *The Bridges of God* (Nova Iorque: Friendship Press, 1955), pp. 18-19.

MÚLTIPLOS LÍDERES LEIGOS

Os Movimentos de Plantação de Igrejas são conduzidos por pessoas leigas. Jesus foi o pioneiro desse movimento leigo quando evitou os fariseus e os saduceus para chamar homens comuns, pescadores, coletores de impostos e rebeldes políticos. Dessas pessoas comuns ele forjou uma comunidade de discípulos que mudou o mundo.

Esse padrão de liderança leiga continuou nos anos que se seguiram à ressurreição de Cristo. Essa eficácia das pessoas leigas surpreendeu os judeus do Sinédrio. *Os membros do Conselho Superior ficaram admirados com a coragem de Pedro e de João, pois sabiam que eram homens simples e sem instrução. E reconheceram que eles tinham sido companheiros de Jesus.*[211]

Na igreja primitiva, *estar com Jesus* era sempre mais importante do que as credenciais acadêmicas. Ao escolher um substituto para Judas Iscariotes, o único requisito estabelecido era que o candidato deveria ter estado com Jesus do seu batismo à sua ascensão.[212] Paulo, que poderia ter tido razão de vangloriar-se de seu treinamento e credenciais, as tratou como inúteis em contraste com o fato de simplesmente conhecer Cristo.[213] Em sua primeira Carta aos Coríntios, ele pediu aos seus leitores que tivessem a mesma atitude: *Agora, meus irmãos, lembrem do que vocês eram quando Deus os chamou. Do ponto de vista humano poucos de vocês eram sábios ou poderosos ou de famílias importantes.*[214]

Em vez de ver a "falta de nobreza" como um impedimento para servir ao Senhor, Paulo viu isso como uma oportunidade de Deus revelar seu poder. *Para envergonhar os sábios, Deus escolheu aquilo que o mundo acha que é loucura; e, para envergonhar os poderosos, ele escolheu o que o mundo acha fraco.*[215]

Nos Movimentos de Plantação de Igrejas, os leigos não simplesmente lideram as igrejas, mas dividem responsabilidade de forma ampla com os outros membros leigos. No Novo Testamento, Paulo

---

211 At 4.13.
212 At 1.21-22.
213 Fp 3.8-11.
214 1Co 1.26.
215 1Co 1.27,29.

descreve esse mesmo fenômeno em sua linguagem sobre o "corpo de Cristo". Em sua Carta aos Efésios, Paulo cataloga essa ampla liderança leiga: *Ele escolheu alguns para serem apóstolos, outros para profetas, outros para evangelistas e ainda outros para pastores e mestres da Igreja. Ele fez isso para preparar o povo de Deus para o serviço cristão, a fim de construir o corpo de Cristo.*[216]

A Primeira Carta de Paulo aos Coríntios descreve uma igreja animada com uma membresia heterogênea e motivada.

> *Para uma pessoa o Espírito dá a mensagem de sabedoria e para outra o mesmo Espírito dá a mensagem de conhecimento. Para uma pessoa o mesmo Espírito dá fé e para outra dá o poder de curar. Uma pessoa recebe do Espírito poder para fazer milagres, e outra recebe o dom de anunciar a mensagem de Deus. Ainda outra pessoa recebe a capacidade para saber a diferença entre os dons que vêm do Espírito e os que não vêm dele. Para uma pessoa o Espírito dá a capacidade de falar em línguas estranhas e para outra ele dá a capacidade de interpretar o que essas línguas querem dizer.*[217]

O Novo Testamento tem lugar para os papéis administrativos da igreja, tais como diáconos, bispos, presbíteros e pastores, mas também inclui funções dinâmicas como apóstolos, evangelistas e profetas. Na igreja do Novo Testamento havia um lugar para todos os tipos de envolvimento. Paulo tinha que exortar as igrejas a fornecerem fundos para seus líderes com a admoestação do Antigo Testamento: *"Não amarre a boca do boi quando ele estiver pisando o trigo"* e *"o trabalhador merece o seu salário".*[218] Mas ele mesmo preferiu trabalhar como um fazedor de tendas para sustentar seu ministério e seguiu o Senhor que desconfiava do "assalariado"[219] e que não tinha "onde repousar a cabeça".[220]

Prematuramente a igreja abandonou seu motor movido a pessoas leigas e se voltou ao clérigo profissional para guiá-la. A história julgou que esses profissionais guiaram a igreja para a idade das trevas. Nos Movimentos de Plantação de Igrejas modernos o poder desencadeador dos leigos é redescoberto, e com isso a vida da igreja do Novo Testamento é reanimada.

---

216 Ef 4.11s.
217 1Co 12.8-10.
218 1Co 9.9; 1Tm 5.18
219 Jo 10.12.
220 Mt 8.20.

MAS ELES ERAM MOVIMENTOS DE PLANTAÇÃO DE IGREJAS?

O mundo do primeiro século tinha muito em comum com o século 21. A *Pax Romana* do primeiro século anda em paralelo com a *Pax Americana* do século 21, até as famosas estradas romanas refletem nossas próprias vias de comunicação pela internet – ambas perfeitamente adaptadas para transmitir o comércio, ideias e o Evangelho.

O primeiro século estava profundamente consciente dos grupos de pessoas e da ampla variedade de culturas e religiões competitivas. Seria difícil encontrar uma heresia moderna ou uma persuasão filosófica que já não estivesse em circulação no primeiro século. Cada uma dessas crenças competitivas perseguiam os cristãos da posição de quem se unia ao recém-formado corpo de Cristo.

A Guerra Fria, que tanto moldou a civilização moderna, tinha seu paralelo no empate entre os impérios romanos e persas do primeiro século. Ao mesmo tempo em que o cristianismo se espalhou por toda a União Soviética e pelos mundos ocidentais, assim também invadiu aqueles gigantes do primeiro século.

Por isso não é surpresa que os profissionais contemporâneos dos Movimentos de Plantação de Igrejas encontrem tudo de que precisam para sua orientação no Novo Testamento. Para aqueles que estão propagando o Evangelho e multiplicando as comunidades de fé no meio da perseguição, o Novo Testamento é como um indispensável mapa rodoviário.

Mas o Novo Testamento era um registro do andamento de um Movimento de Plantação de Igrejas do primeiro século? Muito provavelmente, as páginas do Novo Testamento revelam múltiplos Movimentos de Plantação de Igrejas se espalhando pelo mundo conhecido. Em uma carta anterior aos Tessalonicenses, Paulo se alegra, *pois a mensagem a respeito do Senhor partiu de vocês e se espalhou pela Macedônia e pela Acaia, e as notícias sobre a fé que vocês têm em Deus chegaram a todos os lugares.* [221]

---

221 1Ts 1.8.

O que a Bíblia diz?

Nos anos finais de seu ministério Paulo pôde dizer:

Assim, viajando desde Jerusalém até a província da Ilíria, tenho anunciado de modo completo o evangelho a respeito de Cristo. Para não construir sobre alicerces colocados por outros, tenho me esforçado sempre para anunciar o evangelho nos lugares onde ainda não se falou de Cristo. Como dizem as Escrituras Sagradas: "Aqueles que nunca ouviram falar a respeito dele o verão, e os que não tinham ouvido falar sobre ele o entenderão". Por essa razão muitas vezes eu quis visitá-los, mas isso não me foi possível. Porém, já que terminei o meu trabalho nessas regiões e como há muitos anos tenho pensado em ver vocês, espero fazer isso agora. Gostaria de vê-los quando fizer minha viagem para a Espanha. [222]

Por que Paulo foi para a Espanha? Porque os Movimentos de Plantação de Igrejas do primeiro século já tinham estabelecido o Evangelho por toda a metade oriental do mundo mediterrâneo com centenas de igrejas locais se reproduzindo como consequência.

Sim, é verdade que o termo *Movimento de Plantação de Igrejas* não aparece na Bíblia. Mas revisando as evidências bíblicas, fica claro que os rios dos Movimentos de Plantação de Igrejas fluem através do Novo Testamento e que esses rios emanam da mesma vida e ministério de Cristo. Uma vez que você reconheça isso fica difícil continuar vendo a vida da sua própria igreja da mesma maneira novamente.

Os evangélicos de hoje querem acreditar que sua igreja seja padronizada de acordo com o modelo do Novo Testamento. Certamente há alguma verdade nessa aspiração. Entretanto, há muitas discrepâncias entre o mundo do evangelicalismo ocidental moderno e aquele do Novo testamento.

Hoje, a igreja do mundo do Novo Testamento nos é apenas vagamente familiar. Olhamos para ela como se estivéssemos fitando uma fotografia que foi tirada de nós na infância. A semelhança está lá, mas muita coisa mudou. Quando visitamos os Movimentos de Plantação de Igrejas, no entanto, somos lembrados de como a igreja se parecia em sua juventude – vulnerável, apaixonada, fiel e explosiva. Para centenas de milhares de pessoas que estão experimentando os Movimentos de Plantação de Igrejas ao redor do mundo, hoje é o primeiro século novamente.

---

222 Rm 15.19-24.

13

Na *maioria* dos Movimentos de Plantação de Igrejas

Agora que conseguimos examinar minuciosamente os registros bíblicos referentes aos Movimentos de Plantação de Igrejas, vamos retornar às características que os descrevem e seu ambiente. Já identificamos 10 elementos que parecem ser universais a todo Movimento de Plantação de Igrejas. Quais outros fatores contribuem para esses movimentos?

Essa pergunta veio à tona a partir do nosso painel de profissionais quando encontramos os quadros brancos escritos com vários fatores que estavam presentes na *maioria*, apesar de não em todos, os Movimentos de Plantação de Igrejas. Não poderíamos honestamente chamar esse elementos de universais, mas deixá-los de fora de nosso perfil descritivo diminuiria grandemente nosso entendimento de como Deus está trabalhando nesses movimentos.

O missionário plantador de igrejas tem influência sobre alguns desses fatores, mas outros estão além de seu controle. Vamos olhar para esses 10 fatores frequentemente envolvidos nos Movimentos de Plantação de Igrejas.

NA *MAIORIA* DOS MOVIMENTOS DE PLANTAÇÃO DE IGREJAS

1. Um clima de incerteza na sociedade
2. Isolamento dos estrangeiros
3. Um alto custo para seguir Cristo
4. Fé destemida
5. Modelos de conversão baseados na família
6. Rápida inclusão dos novos cristãos
7. Louvor no idioma do coração
8. Sinais e maravilhas divinos
9. Treinamento de liderança no trabalho
10. Sofrimento dos missionários

Vamos examinar cada um desses fatores mais de perto.

1. CLIMA DE INCERTEZA NA SOCIEDADE

Quer sejam os dias de declínio do comunismo, as consequências da morte de um ditador ou o caos perturbador de uma tradição antiga se modernizando, os Movimentos de Plantação de Igrejas parecem florescer em um estado de transição da sociedade, tumulto ou incerteza. Os MPI do Camboja vieram depois do reinado de

Na maioria dos Movimentos de Plantação de Igrejas

terror do Khmer Vermelho. Na Ásia Central foi o colapso do comunismo soviético. Na América Latina foi a compreensão de que a velha ideologia socialista não estava mais resistindo às forças do mercado global.

Às vezes o clima de agitação social é uma condição antiga. Tal é o caso da pobreza opressiva do estado de Bihar na Índia, onde o caos social tem sido a regra por décadas. Por séculos, os ciganos da Europa viveram à margem da sociedade até que Deus os acolheu à sua própria família através de um Movimento de Plantação de Igrejas.

Para povos como os masai do leste da África, a ameaça da própria modernidade cria inquietação e uma busca por algo permanente e verdadeiro. A modernidade tem invadido ainda muitos povos no interior da África, Ásia e América Latina, mas ela derrubará sistemas de valores antigos e criará abertura para uma solução mais significativa.

Há mais de 14 milhões de refugiados no mundo hoje e um número ainda maior de desalojados internamente fugindo da opressão e da dificuldade econômica. Como já vimos nos campos de assentamento de refugiados da Holanda, essas pessoas desalojadas estão procurando um novo ponto de referência para suas vidas. Em Cristo elas podem encontrar o que estão buscando.

Infelizmente, o contrário também é verdade. Uma grande estabilidade social tende a acalmar a pessoa com uma falsa sensação de segurança. Elas se esquecem de que a vida é curta e que têm que se preparar para a eternidade. Isso cria um obstáculo aos países ricos como a Europa Ocidental, Japão e os Estados Unidos, onde a riqueza econômica incomparável tem promovido uma incomparável indisposição espiritual.

Entretanto, se a inquietação social é um precursor para um Movimento de Plantação de Igrejas, o mundo do século 21 oferece muitos candidatos – África, Ásia, Europa Oriental, América Latina e o Oriente Médio – todos estremecidos com a incerteza, vacilantes com as mudanças e maduros para os Movimentos de Plantação de Igrejas.

2. Isolamento dos estrangeiros

Cada um dos palestrantes queria evitar isso. Afinal de contas, eles eram todos estrangeiros. Mas continuamos a esbarrar nesse fator repetidamente. Revisando a lista dos Movimentos de Plantação de Igrejas se desdobrando ao redor do mundo, a grande evidência é que a maioria deles estava isolada do contato com o mundo de fora.

Finalmente alguém perguntou: "É verdade que os Movimentos de Plantação de Igrejas acontecem apenas em lugares difíceis para os americanos chegarem?"

Camboja, Mongólia, China, Terra Masai, Ásia Central, Bihar e o Estado de Orissa na Índia – todos esses são lugares isolados dos estrangeiros.

Esse isolamento é uma coincidência ou contribui para o desdobramento dos Movimentos de Plantação de Igrejas? Talvez seja um pouco dos dois. Por definição os Movimentos de Plantação de Igrejas vão acontecer em lugares onde as pessoas perdidas estão chegando a Cristo. Uma vez que as maiores concentrações do mundo de perdidos estão, quase que por definição, isolados das maiores concentrações de cristãos do mundo, não deveríamos ficar surpresos que a maioria dos Movimentos de Plantação de Igrejas do mundo está acontecendo em locais isolados.

Uma exceção parece ser os ciganos da Europa ocidental, cujos MPI floresceram em vários países da Europa, sem restrição. Entretanto, mesmo entre os ciganos, os estrangeiros não prestaram muita atenção ao movimento. Ao contrário, a maioria dos missionários que trabalhava na Europa ocidental evitava o ministério com os ciganos, preferindo trabalhar entre a população geral do país.

A maioria dos Movimentos de Plantação de Igrejas ocorre em localidades isoladas e parece ser uma relação causal. O fácil acesso aos recursos evangélicos pode, rapidamente, levar a uma dependência dos estrangeiros que os oferecem. Quando isso acontece, a atenção dos líderes da igreja local não se volta para o perdido do seu próprio país e para os recursos dentro da colheita, mas para a quantidade de recursos oferecido pelos estrangeiros.

Isso não é para ridicularizar o papel vital que os estrangeiros podem e devem ter na vida de um Movimento de Plantação de Igrejas. Afinal de contas, o Evangelho tem que vir de algum lugar. Cada MPI tem sua origem em algum estrangeiro que penetrou com dificuldade as barreiras que cercam os grupos de pessoas não alcançados para apresentar-lhes o Evangelho.

3. Um alto custo para seguir Cristo

Na maioria dos Movimentos de Plantação de Igrejas existe um enorme preço a se pagar para ser cristão. Esse rastro de sangue une os mártires de hoje com aqueles da igreja primitiva que, como seu salvador sofredor, foram obedientes mesmo para a morte.

A perseguição aperfeiçoa a igreja, garantindo a legitimidade de sua vida e testemunho. A perseguição também filtra cristãos ocasionais. Nos Movimentos de Plantação de Igrejas isso acontece todo dia.

Em uma cafeteria no norte da África, dois homens algerianos estavam envolvidos em uma conversa. Um deles, chamado Mohammed, tinha feito sua escolha. Ele usa uma cruz e tem um Novo Testamento em seu bolso. Seu amigo, Ismail, ainda está indeciso. Ele tem lido o Novo Testamento, acredita em Jesus, mas está relutante em romper com suas crenças muçulmanas.

De repente três policiais à paisana abrem a porta com força, agarram os dois homens e os colocam no banco de trás de um carro policial sem identificação. Pelos próximos três dias, Ismail e Mohammed ficarão detidos pelo Ministério da Segurança Interna.

Quatro dias depois, Ismail apareceu novamente e relatou o que aconteceu. "Eu e Mohammed fomos separados. Eu estava sozinho em uma sala com dois homens do Ministério do Interior.

'Então você é um cristão?', eles perguntaram.

Disse a eles que era um muçulmano como eles.

'Então por que você carrega um Novo Testamento?'

Permaneci em silêncio.

'Nos diga, quem está certo? Maomé ou Jesus?'

Hesitei e depois disse: *'Ambos estão certos...'*

Então um deles me bateu no rosto, jogando-me ao chão. *'Não',* ele disse, *'os dois não podem estar certos. Um deles está certo e o outro errado. Em qual você acredita?'*

Olhei para ele e sabia a resposta.

'Jesus', eu disse. *'Jesus está certo.'"*

Alguns dias depois Ismail foi libertado, mas seu amigo Mohammed nunca mais foi visto novamente.

O que aconteceu com Ismail em 1996 acontece nos Movimentos de Plantação de Igrejas todos os dias. Cristãos perderam seus empregos e suas famílias, foram presos e até mortos. Mas eles continuam fiéis ao seu compromisso mesmo até à morte. Enquanto para alguns seguidores a perseguição vem para ajudá-los a saírem da incerteza para a fé, para outros, como Mohammed, amigo de Ismail, a perseguição exige suas próprias vidas.

4. Fé destemida

Muitos cristãos ocidentais nunca saberão o terror que cerca os cristãos que vivem em ambientes de perseguição. Sob a lei islâmica, um muçulmano que se converte e deixa o islamismo merece pena de morte. A maioria dos países muçulmanos assinou a *Declaração das Nações Unidas dos Direitos Humanos* garantindo liberdade de consciência e liberdade para se converter, mas isso significa pouco em uma aldeia muçulmana.

Um amigo egípcio que tinha se convertido do islamismo explicou dessa forma: "Sob a lei islâmica", ele disse, "meu sangue não é proibido".

Ele pôde ver minha expressão confusa de quem não havia entendido, então continuou: "O islamismo proíbe o derramamento de sangue, mas não o sangue de um apóstata".

Para os cristãos secretos que vivem em ambientes hostis, o medo pode apresentar uma qualidade quase tangível. Ele cresce além da razão e reprime a capacidade do cristão de compartilhar sua fé e até mesmo de proclamar publicamente sua aliança com Cristo. Se o medo tem êxito, um Movimento de Plantação de Igrejas fracassa. Entretanto, quando novos cristãos escolhem testemunhar com coragem diante da perseguição, criam uma atmosfera que sustenta um Movimento de Plantação de Igrejas.

Ao visitar um Movimento de Plantação de Igrejas masai em desenvolvimento em 1999, pediram-me para falar para um grupo de cristãos masai que tinha vindo para uma semana de treinamento para plantadores de igrejas na escola de treinamento no mato.

"O povo masai nunca tinha experimentado perseguição", o missionário disse. "Eles sempre foram os perseguidores em vez de ser aqueles que eram perseguidos. Mas se eles forem seguir Cristo, precisam estar prontos para a perseguição. Você poderia compartilhar algo que os cristãos enfrentam no mundo muçulmano?"

Estava feliz em ajudar, mas um pouco intimidado por aqueles musculosos guerreiros silenciosos que tinham encostado suas lanças na única porta quando entraram e agora estavam sentados em filas entre aquela porta e eu. Fingindo estar calmo, coloquei-me em pé diante deles e durante uma hora contei-lhes dos amigos muçulmanos que tinham dado suas vidas a Cristo e, consequentemente, tinham perdido seus trabalhos, famílias e até mesmo sua segurança pessoal. Contei a eles como cada um desses cristãos tinha saído de seu sofrimento mais comprometido que nunca com Cristo, pois tinha dado sua vida por eles e agora morava em seus corações.

Depois de ter terminado, sentei-me e esperei o próximo professor começar.

Antes que o novo palestrante pudesse começar, os masai começaram a sussurrar entre eles. Então um deles, visivelmente agitado se levantou, e depois outro. Eu nervosamente perguntei ao missionário o que estava acontecendo.

Ele me disse: "Eles estão fazendo um convite. Qualquer pessoa que esteja disposta a seguir Jesus e ser perseguida é convidada a vir à frente". Dentro de uns poucos minutos, quatro homens masai que ainda não tinham se decidido por Jesus foram à frente e disseram: "Se é isso o que significa ser um cristão, queremos estar com Jesus".

Com a reputação de ser um dos povos mais destemidos da terra, os masai estão no topo da cadeia alimentar. Mas a coragem deles os coloca diretamente na companhia dos novos cristãos dos Movimentos de Plantação de Igrejas de todo lugar.

5. MODELOS DE CONVERSÃO BASEADOS NA FAMÍLIA

A extensão com as quais as conversões seguem as linhas familiares pode variar de cultura para cultura, mas na maioria dos Movimentos de Plantação de Igrejas o Evangelho flui através das redes de relacionamentos familiares. Esse padrão é tão importante quanto difícil para os cristãos ocidentais compreenderem. No ocidente, temos uma forte tradição do individualismo. Decisões de mudanças de vida como casamento, escolhas educacionais e profissão estão todas relacionadas a decisões pessoais. De fato, se um pai ou mãe ou outros membros da família tenta firmemente influenciar na decisão, o membro da família é visto com insensato e autoritário.

O resto do mundo não funciona dessa forma. Aqueles que estão dispostos a tomar decisões sem considerar o conselho da comunidade são geralmente indivíduos que já estão à margem da sociedade e buscando escapar. Geralmente missionários ocidentais individualistas são atraídos para esses indivíduos marginais e têm êxito em conduzi-los a Cristo apenas para descobrir que o Evangelho nunca vai se mover além desses indivíduos, para uma comunidade mais ampla.

Historicamente, essa tendência levou ao êxodo de vários cristãos convertidos marginalizados que fugiam de sua sociedade para uma nova vida no ocidente. Os missionários hoje têm se tornando mais

Na maioria dos Movimentos de Plantação de Igrejas   219

cuidadosos ao tentar evitar esse tipo de retirada de cristãos, mas continuam buscando maneiras de penetrar o centro cultural do grupo de pessoas em vez de plantar uma igreja de pessoas marginalizadas que estão à margem da sociedade.

Nos Movimentos de Plantação de Igrejas, os novos cristãos tomam a iniciativa, levando o Evangelho primeiro para suas famílias, mesmo diante de severa perseguição. Isso pode ser visto entre os cristãos com histórico muçulmano na África ocidental, entre os ciganos evangélicos da Espanha e por toda a América Latina, Ásia e África. Reunir-se nas casas tem acelerado grandemente esse modelo de conversão baseado na família, levando a conversão pela fé de um clã inteiro.

No Paquistão, um missionário chamado Mark contou a história de uma grande família do Afeganistão que tinha chegado à fé em Cristo toda no mesmo dia. Vários cristãos tinham feito amizade com o clã, cada um fielmente testemunhava para cada membro da família. Os cristãos faziam questão de sempre compartilhar algo que Deus lhes tinha ensinado através da Bíblia naquele dia. Com o tempo, tornou-se um acontecimento natural dar uma cópia da Bíblia para cada membro da família.

Uma manhã, Ali, o pai da família afegã, foi ao missionário com grande alegria. "Sr. Mark, sr. Mark, na noite passada tive um sonho."

Mark respondeu: "Conte-me sobre seu sonho, Ali".

Ali disse: "Na noite passada, antes de ir dormir, coloquei a Bíblia que você me deu debaixo do meu travesseiro. Durante a noite um 'ser de luz' veio ao meu quarto. Ele pegou a Bíblia que estava debaixo do meu travesseiro e a colocou em cima do travesseiro".

Ali mal podia conter sua emoção. "Você não percebe o que isso significa?", ele perguntou.

Mark sabiamente respondeu: "Ali, por que você não me conta o que isso significa?"

Ali respondeu: "É muito claro. Deus está dizendo que não devo crer apenas em uma parte da Bíblia, devo crer nela toda".

Deus certamente falou com Ali, mas ele ainda não estava preparado para se converter ao cristianismo. Mark poderia ter forçado a questão e pressionado Ali para tomar uma decisão, mas, em vez disso, ele confirmou a visão de Ali e o encorajou a compartilhar a notícia com seu pai.

Ambos sabiam que o pai de Ali, o patriarca do clã, ainda morava na casa e era uma força a levar em conta na tomada de decisão da família. Ali foi para casa e contou ao seu pai a história do seu sonho. Naquela noite o pai de Ali pegou sua própria Bíblia e a colocou debaixo de seu travesseiro. Na manhã seguinte, o velho patriarca relatou a mesma revelação.

Dentro de uma semana o clã inteiro, 13 pessoas ao todo, tinha entregado sua vida a Cristo.

Os missionários dos Movimentos de Plantação de Igrejas transformam encontros evangelísticos em tempos de colheita familiar, resistindo à tentação de extrair os convertidos um a um. Eles aprendem a deixar que o amor e o respeito natural que os membros da família têm uns com os outros atraiam o clã inteiro à fé em Jesus Cristo.

6. Rápida inclusão dos novos cristãos

Na maioria dos Movimentos de Plantação de Igrejas, os novos cristãos são rapidamente inseridos na vida e trabalho da igreja. Além de serem acolhidos, já são colocados para trabalhar.

Na China, por exemplo, os plantadores de igrejas deliberadamente canalizam os novos cristãos para as *novas* igrejas, em vez de inseri-los nas comunidades mais antigas. Essa integração força-os a terem um papel ativo na vida da igreja, e eles geralmente estão preparados para o desafio.

Na Índia, um homem idoso bhojpuri plantou 42 igrejas em seu primeiro ano como cristão; ninguém lhe disse que primeiro precisava amadurecer sua fé.

Na maioria dos Movimentos de Plantação de Igrejas   221

Em situações mais tradicionais, as igrejas são cautelosas sobre a inserção de novos cristãos até que eles sejam provados.

Os novos cristãos são colocados nos bancos enquanto demonstram sua conversão através de anos de fiel assiduidade à igreja. Se o novo cristão se desinteressa com o tempo, o fiel conclui que sua conversão não foi genuína, quando, de fato, ele pode simplesmente ter ficado entediado. Esse padrão tem levado a uma chocante taxa de rotatividade nas igrejas evangélicas ao redor do mundo. A paixão e o zelo do novo cristão são, aos poucos, absorvidos para os bancos da igreja até que um cristão, nominal e apático finalmente se distancia. As pessoas perdidas acham a mensagem do Evangelho poderosa em seu apelo e na sua capacidade de mudar suas vidas, mas acham a vida nos bancos bem menos satisfatória.

Nos anos recentes, as igrejas evangélicas têm aprimorado o treinamento em discipulado em um esforço de preservar os novos cristãos. Alguns desses esforços têm provado ser eficazes, mas geralmente concentram-se em doutrinação que resulta em cristãos mais educados, mas não necessariamente em cristãos melhores assimilados.

Nos Movimentos de Plantação de Igrejas os cristãos aguardados geralmente começam a servir a Cristo mesmo antes de se tornarem seus seguidores. Um missionário do sudeste da Ásia começou a se encontrar regularmente com um grupo de médicos vietnamitas. Apesar de os vietnamitas ainda não serem cristãos, eles se encontravam semanalmente para oração, estudo bíblico e para compartilhar a visão de como eles percebiam ser o desejo de Deus para eles e para seu povo.

Depois de alguns meses, um dos médicos disse: "Ainda não sou um cristão. Mas quando eu me tornar um, penso que quero ser o tipo de cristão que traz um Movimento de Plantação de Igrejas para o meu povo neste país e do outro lado da fronteira".

A visão desse médico pré-cristão foi surpreendente para todos, exceto para o missionário.

"É assim que funciona com os Movimentos de Plantação de Igrejas", ele explicou. "Você começa a praticar o fim desde o começo".

Na maioria dos Movimentos de Plantação de Igrejas, o batismo não demora e nem é seguido de longos períodos probatórios. Em vez disso, os novos cristãos imediatamente começam a evangelizar outros compartilhando o ensinamento de discipulado que eles mesmos estão recebendo, e participando em uma nova formação de igreja no lar.

O movimento se concentra para fora com objetivo de começar novos trabalhos e atrair novos cristãos, em vez de olhar para trás, para o passado. Essa tendência em direção a começar uma nova igreja, em vez de aumentar os trabalhos mais antigos, está em um nítido contraste com a prática convencional onde geralmente se assume que a igreja não deveria se arriscar muito com os novos cristãos.

7. ADORANDO NO IDIOMA DO CORAÇÃO

Louvar no idioma do coração permite que o Evangelho flua livremente através de um grupo de pessoas. Há Movimentos de Plantação de Igrejas que aconteceram entre grupos de pessoas que ainda não tinham a Bíblia traduzida para seu idioma do coração, mas mesmo assim sua adoração, canções e orações são expressas em seu idioma.

Em um culto de uma igreja perto do Mar Cáspio, ouvi inesquecíveis corais de louvores do povo azeri elevando-se a Deus. Ao entrar em uma sala escura e lotada em Adis Abeba, juntei-me a uma multidão de cristãos etíopes enquanto eles fechavam seus olhos, levantavam mãos santas e cantavam canções de louvor em amárico. Em um centro de treinamento lotado em Uttar Pradesh, na Índia, eu estava ligado a centenas de cristãos dalits que derramavam seus corações a Deus. Juntei-me aos cristãos masai rindo alegremente enquanto eles cantavam e dançavam as grandes histórias da Bíblia. Em cada lugar, o ritmo e o fluir da adoração era local, natural e poderoso.

Um colega missionário retornou de uma visita a Myanmar onde encontrou um grupo de monges budistas que tinham acabado de chegar à fé em Cristo. Eles nunca tinham ouvido hinos cristãos, mas não conseguiam deixar de cantar os salmos e orações a Deus.

Na maioria dos Movimentos de Plantação de Igrejas **223**

"Se você pudesse chamar aquilo de canções", o missionário disse. "Pareciam canções budistas, mas as palavras eram todas de louvor a Deus".

Os missionários que gastam tempo em adaptar o Evangelho ao idioma do coração das pessoas estão concordando com a maneira pela qual Deus está operando. Entretanto, adquirir o idioma do coração dos grupos de pessoas não alcançados não é fácil.

A maioria dos grupos de pessoas menos alcançada do mundo continua inalcançável hoje porque seu idioma não pode ser aprendido em uma faculdade da comunidade local. Geralmente as línguas não são escritas e ficam escondidas atrás de outros difíceis idiomas comerciais. Em alguns casos, os idiomas do grupo de pessoas não alcançadas são condenados como subversivos, como o dos curdos turcos ou o dos kabyle berberes, da Algéria. Por muitos anos, ter a posse de literatura nesses idiomas poderia resultar em prisão ou deportação.

Apesar de conhecer as vantagens de aprender o idioma do coração, alguns missionários sucumbem à tentação de oferecer o Evangelho em um idioma comercial. Aprender um idioma é difícil e leva tempo. Por isso esses missionários param depois de aprender os idiomas comerciais como hindi, swahili, francês, russo, chinês ou árabe, em vez de penetrar em um nível mais profundo para oferecer o Evangelho em uma das centenas de idiomas do coração.

A dificuldade em aprender os idiomas do coração das pessoas menos alcançadas do mundo faz com que receber o Evangelho no seu idioma do coração seja algo ainda mais precioso. A mulher de uma aldeia no sudeste da Ásia assistiu ao filme *Jesus* em sua língua nativa. "Quem é aquele Jesus", perguntou ela, "que sabe falar o meu idioma?"

Entre os kabyle berberes da África do Norte, seu próprio idioma foi reprimido por décadas – primeiro pelos árabes e depois pelos franceses. Hoje, eles podem ouvir o Evangelho através do programa de rádio, ler a Bíblia e assistir ao filme *Jesus,* tudo isso no idioma kabyli. Não é de admirar que agora esse histórico povo muçulmano esteja se voltando para Cristo.

8. Sinais e maravilhas divinos

Os Movimentos de Plantação de Igrejas nascem e são cultivados em uma atmosfera dos atos poderosos de Deus. Para alguns, o poder vem através da cura. Um amigo recentemente voltou de Bihar, na Índia.

"Entrevistei cerca de 50 cristãos", ele disse. "Todos eles conheciam Jesus como alguém que cura, antes de conhecê-lo como salvador."

Para alguns, é a proteção divina de Deus. Um cristão em um país devastado pela guerra civil fez a seguinte observação: "Em meu país, os muçulmanos fundamentalistas e o governo estão se matando em uma guerra que já custou 100 mil vidas. Até hoje, Deus poupou sua igreja; nenhum cristão morreu na violência".

Os missionários que estão desacostumados com os sinais e maravilhas têm se transformado com a percepção da intervenção direta de Deus nos assuntos dos homens. Um missionário americano que se formou sendo um dos primeiros na sua sala da universidade na América entrou em um mundo novo quando foi para China. Depois de alguns anos lá ele confessou: "Todos os Movimentos de Plantação de Igrejas que vi na China são cheios de curas, milagres e até ressurreições".

Outro missionário batista, que estava servindo na Índia, quase se desculpando, contou de uma ressurreição de um morto que ocorreu entre seu grupo de pessoas.

Em Bihar, Índia, a morte de uma menina na aldeia coincidiu com a visita de um evangelista. Como era o costume, a criança foi colocada em um saco de sarcófago em preparação para a pira. Os ativistas do RSS (uma organização nacional de voluntários) aproveitaram a oportunidade para culpar o pregador itinerante. Os habitantes da aldeia, abatidos pela tristeza, estavam divididos entre o apelo da mensagem do Evangelho e a escravidão aos velhos caminhos. Quando uma gangue de criminosos cercou o evangelista e começou a maltratá-lo, a pequena garota no saco do sarcófago, de repente, sentou-se. Sua família rapidamente a tirou do saco. E o evangelista foi solto.

Outro plantador de igrejas aprendeu a esperar por milagres. "Quando entramos na aldeia", ele explicou, "procuramos pelo homem de paz de Deus que irá ser o líder da nova igreja. Então fazemos como Jesus ordenou em Lc 10. Proclamamos a ele as Boas Novas do Reino, oramos pela cura de sua família e de quem mais precisar. Nem sempre Deus os cura, mas ele se revela a eles. Nosso trabalho é simplesmente obedecer à sua ordem de proclamar e orar".

9. Treinamento de lideranças no trabalho

O treinamento de liderança é vital para os Movimentos de Plantação de Igrejas. Com novas igrejas sendo produzidas tão rapidamente, existe uma demanda interminável em relação ao treinamento de novos líderes. Somente por essa razão não é surpresa que os Movimentos de Plantação de Igrejas tenham apresentado vários tipos de treinamento contínuo e prático feito no trabalho.

No Camboja, o treinamento foi conduzido em módulos de duas semanas nas Escolas de Treinamento da Liderança Rural. As próprias escolas eram móveis, podiam ser instaladas perto da maior área de necessidade e depois desmontadas novamente, até que uma nova sessão de duas semanas fosse organizada. No Movimento de Plantação de Igrejas da América Latina vimos que Escolas Missionárias Leigas abasteciam o Movimento de Plantação de Igrejas.

No Movimento de Plantação de Igrejas cigano, os líderes se desenvolviam dentro da igreja enquanto pastores experientes mentoreavam os aprendizes que sentiam o chamado de Deus para serem pregadores. Em partes da China, o desenvolvimento da liderança seguiu vários programas descentralizadores que complementavam e, às vezes, tomavam o lugar do treinamento oferecido pelos poucos seminários no país. Em um Movimento de Plantação de Igrejas chinês, os pastores de igrejas nos lares escalonaram o tempo dos cultos de adoração para atender outras igrejas nos lares para poderem observar diferentes métodos da liderança da igreja.

Um dos mais engenhosos e eficazes métodos de treinamento de liderança é o modelo cascata. Amplamente usado na Índia, esse modelo permite que o treinamento se multiplique fora, sem a dependência das instituições formais, usando fileiras de mentores em cascata que transmitem treinamento de nível a nível.

Um colega indiano explicou da seguinte forma: "Relaciono-me diretamente com apenas 24 homens, a quem chamo de "Treinadores Mestres". Cada um desses treinadores mestres mentoreia de 10 a 12 treinadores. Cada treinador mentoreia 10 pastores e cada pastor tem, pelo menos, 10 membros de igrejas adultos. O que ensino aos treinadores mestres tem um efeito cascata dentro de duas semanas para cada membro da igreja".

Rapidamente fiz as contas e vi que ele estava regularmente treinando 36 mil pessoas.

"Qual a eficácia disso?", perguntei.

"Saberemos na próxima semana", ele respondeu.

"Por que isso?"

"Porque na semana que vem estarei trazendo a segunda fileira de treinadores para ver quão eficientemente a mensagem os está alcançando."

Para ele, a inspeção da qualidade era tão importante quanto o modelo de treinamento em cascata.

O modelo em cascata tem muitos benefícios.

a. Permite a multiplicação exponencial de treinamento que é capaz de acompanhar o passo da multiplicação exponencial de igrejas.

b. Pode ser transmitido com ou sem materiais escritos, o que faz com que se torne acessível para as pessoas analfabetas, como também para os treinadores instruídos.

c. É interpessoal e relacional. Como ele pode acontecer em restaurantes, parques públicos ou cafeterias nas calçadas, fica fora do radar da oposição do governo.

Na maioria dos Movimentos de Plantação de Igrejas

d. Finalmente, a necessidade de imediatamente passar o ensinamento é reforçada na mente e vida de todos aqueles envolvidos no processo.

10. Sofrimento dos missionários

À medida que o painel do Movimento de Plantação de Igrejas discutia os vários Movimentos de Plantação de Igrejas que tínhamos testemunhado, um fator inevitável surgia repetidamente. Muitos dos colegas missionários que tínhamos conhecido, que eram de vital importância nesses Movimentos de Plantação de Igrejas, não estavam mais servindo como missionários. Outros continuavam no campo de missão, mas apenas depois de enfrentar calamidades chocantes.

Durante a década passada, os missionários ou suas famílias que tinham estado envolvidos nesses movimentos tinha sido atingidos por lúpus, mieloma múltiplo, leucemia, câncer de pulmão, linfoma, ataques de asma fatais, esclerodermia, doença do coração, diabetes, problemas crônicos na coluna, fibromialgia, síndrome de fatiga crônica, crianças com deficiência no nascimento e esgotamento nervoso.

Às vezes os ataques são tão traiçoeiros que apenas podem ser atribuídos ao inimigo. Uma família de missionário que servia em dos campos mais difíceis no mundo viu seu ministério chegar ao fim quando o pai acidentalmente bateu com o carro e matou seu bebê. O ministério de outro missionário acabou quando ele foi acusado de apropriação indevida dos fundos que seriam usados no combate à fome e para dar assistência. Nunca houve nenhuma questão de enriquecimento pessoal, mas o direcionamento errado dos fundos de uma causa para outra manchou a reputação do missionário e temporariamente o colocou de lado.

Em outras ocasiões os missionários envolvidos nos Movimentos de Plantação de Igrejas tinham que deixar o trabalho devido a doença dos pais ou a necessidades de seus filhos. Houve partidas relacionadas a questões de conflito interpessoal e incapacidade de lidar com mudanças de posto.

A natureza dos sofrimentos dos missionários é tão diversificada quanto podem ser os sofrimentos humanos. A única ligação comum nesse catálogo de sofrimento é que cada missionário estava identificado com um Movimento de Plantação de Igrejas. Para muitos, apesar de nem todos esses missionários, o sofrimento os removeu do papel vital no movimento.

Saber que o sofrimento é uma parte frequente do ambiente dos Movimentos de Plantação de Igrejas pode ajudar a nos preparar e a nos armar contra essa ameaça. Aqui estão algumas das coisas que os missionários estão aprendendo a fazer para mantê-los no serviço do Senhor:

1) Encontre um parceiro a quem você possa prestar contas e com quem possa compartilhar aberta e honestamente. Um bom parceiro a quem possa prestar contas dirá o que você precisa ouvir, e não apenas o que você gostaria de ouvir. Por causa da objetividade, esse parceiro não deve ser o seu cônjuge.

2) Comprometa-se com as disciplinas espirituais com tempos de quietude diariamente e envolvimento regular na igreja. É fácil para aqueles envolvidos no "negócio religioso" se tornarem sem novidade em sua caminhada pessoal com o Senhor.

3) Comprometa-se com as disciplinas de exercícios físicos regulares e uma dieta correta. Os missionários têm o hábito de não priorizar suas necessidades físicas até que seja muito tarde.

4) Estabeleça limites para o número de noites em cada mês ou ano que você ficará fora de casa. Comprometa-se a regularmente sair à noite com o seu cônjuge. Invista em seu casamento com o objetivo de torná-lo melhor esse ano do que foi no ano passado.

Na maioria dos Movimentos de Plantação de Igrejas

5) Planeje ter tempo com seus filhos. Coloque os feriados da escola e as férias da família na agenda antes de qualquer outra coisa. Traga-os para seu círculo interno de oração. Quando eles virem o ministério através de seus olhos, compreenderão a visão e se tornarão os melhores membros de sua equipe.

6) Desenvolva uma forte rede de oração de apoio. Assista, lute e ore!

7) Mantenha-se humilde e grato por Deus ter permitido que você tivesse o privilégio de servi-lo. Os missionários que mantêm uma postura de humildade e gratidão servem mais tempo e vivem mais!

8) Lembre-se que existe um inimigo. O adversário não é carne e sangue, mas principados e potestades – trevas espirituais nas regiões celestiais. Por isso evite ver indivíduos – cristãos ou não – como inimigos.

Esses princípios estão ajudando a proteger missionários do inimigo que busca destruí-los. Em última análise, não deveríamos ficar surpresos com a quantidade de sofrimento que acompanha a tarefa dos missionários ao redor do mundo. O sofrimento estava no DNA do nosso salvador e, por isso, naturalmente passa para nós, seus filhos. Essa ligação tão próxima a ele também nos amarra àqueles novos cristãos cujos sofrimentos geralmente excedem aos nossos.

Várias passagens das Escrituras têm um significado renovado à luz do grande trabalho salvador de Deus através dos Movimentos de Plantação de Igrejas e das lutas de tantos grandes irmãos e irmãs missionários que estão envolvidos nesses movimentos. Uma dessas é encontrada no livro de Apocalipse, que descreve claramente nosso próprio tempo.

Agora chegou a salvação de Deus!
Agora Deus mostrou o seu poder como rei!
Agora o Messias que ele escolheu mostrou a sua autoridade!
Pois o acusador dos nossos irmãos, que estava diante de Deus
para acusá-los dia e noite, foi jogado fora do céu.
Os nossos irmãos o derrotaram por meio do sangue do Cordeiro
e da mensagem que anunciaram.
Eles estavam prontos para dar a sua vida e morrer.
Portanto, ó céu e todos vocês que vivem nele, alegrem-se!
Mas ai da terra e do mar!
Pois o Diabo desceu até vocês e ele está muito furioso
porque sabe que tem somente um pouco mais de tempo para
agir.[223]

---

223 Ap 12.10-12.

14

Sete Pecados Mortais

A pergunta "Como se começa um Movimento de Plantação de Igrejas?" pode ser a pergunta errada. Uma melhor poderia ser: "O que está impedindo um Movimento de Plantação de Igrejas de acontecer aqui?"

Durante os últimos anos descobrimos mais maneiras de obstruir um Movimento de Plantação de Igrejas do que conseguimos nos lembrar. Mas, também descobrimos várias maneiras de superar essas barreiras. Quando Jesus se encontrou com um demônio, ele o expôs, chamando-o pelo nome antes de expulsá-lo. O primeiro passo para superar os obstáculos nos Movimentos de Plantação de Igrejas é nomeá-los, e então arrastá-los para a luz antes de expulsá-los.

Chamaremos esses obstáculos de *"Sete pecados mortais para os Movimentos de Plantação de Igrejas"*.

SETE PECADOS MORTAIS PARA OS MOVIMENTOS DE PLANTAÇÃO DE IGREJAS

O PRIMEIRO PECADO MORTAL: VISÃO EMBAÇADA *(você não pode atingir o que não pode ver.)*

O SEGUNDO PECADO MORTAL: MELHORANDO A BÍBLIA *(Pensa que não pode ser feito? Apenas assista.)*

O TERCEIRO PECADO MORTAL: SEQUENCIALISMO *(Centímetro por centímetro, passo a passo.)*

O QUARTO PECADO MORTAL: SAL INSÍPIDO *(Quando o sal perde seu sabor.)*

O QUINTO PECADO MORTAL: AS GULOSEIMAS DO DIABO *(Atalhos para a glória.)*

O SEXTO PECADO MORTAL: SEQUESTRO POR ESTRANGEIROS *(Quem manda aqui?)*

O SÉTIMO PECADO MORTAL: CULPAR DEUS *(Demissão divina ainda é uma demissão)*

O PRIMEIRO PECADO MORTAL: VISÃO EMBAÇADA

Um país sem a orientação de Deus é um país sem ordem, segue o provérbio frequentemente citado, mas outra versão da mesma passagem diz: *Onde não há revelação divina, o povo se desvia.*[224]

Os Movimentos de Plantação de Igrejas dependem dos esforços cooperativos de vários cristãos apaixonados com talentos e temperamentos diferentes, que colocam de lado suas diferenças para alcançar o perfeito plano de Deus para um grupo de pessoas não alcançadas. A única coisa que mantém essas equipes tão diferentes

---

224 Pv 29.18 na Nova Versão Internacional.

Sete Pecados Mortais

juntas e as compele a controlar suas diferenças é uma visão comum. Sem uma visão comum, elas perderão o controle e as pessoas que elas estão tentando alcançar perecerão.

Os líderes missionários estão aprendendo que devem estabelecer e restabelecer claramente a visão para um Movimento de Plantação de Igrejas. Eles devem revisitar a visão sempre que os membros da equipe se reúnem para discutir o trabalho e revisar o progresso passado ou planejar o futuro. A visão e sua realização tornam-se o critério para avaliar tudo que a equipe faz.

Afiar nossa visão é exercitar nossa **fé**. *A fé é a certeza de que vamos receber as coisas que esperamos e a prova de que existem coisas que não podemos ver.*[225] Visão modelada nos permite ver o que está vindo.

Se realmente não cremos que um Movimento de Plantação de Igrejas é possível, não tomaremos as atitudes necessárias para trazê-lo à existência. Os profissionais dos Movimentos de Plantação de Igrejas creem, veem, sentem e provam o movimento bem antes de ele despontar para a realidade.

John Basham, um coordenador estratégico treinador na Inglaterra, criou um exercício construído na fé que ajuda os aprendizes a anteverem um Movimento de Plantação de Igrejas entre seu próprio grupo de pessoas. Cada manhã os aprendizes estudam os 28 capítulos do livro de Atos para ver como os Movimentos de Plantação de Igrejas se desenvolviam no primeiro século. Então, ao final do treinamento, Basham orientava os novos coordenadores estratégicos a escreverem o capítulo 29º de Atos, que descreve como um Movimento de Plantação de Igrejas alcançará seu próprio grupo de pessoas.

Esse exercício conecta os coordenadores estratégicos e seus ministérios para as raízes do Novo Testamento, do qual cada verdadeiro Movimento de Plantação de Igrejas nasce. O aprendiz está continuando o trabalho redentor de Deus que tem sido desenvolvido por séculos. Quando um missionário pode antever claramente um Movimento de Plantação de Igrejas, ele pode alinhar sua equipe para sua realização.

---

225 Hb 11.1.

234   *Movimentos de Plantação de Igrejas*

Se você não tem visão para um Movimento de Plantação de Igrejas, provavelmente não irá alcançá-lo. A visão é essencialmente importante, porque *você não pode atingir o que não pode ver.*

O segundo pecado mortal: Melhorando a Bíblia

Aperfeiçoar a Bíblia? Pensa que não pode ser feito? Bem, você está absolutamente certo. Então por que continuamos tentando? Através dos séculos, o povo de Deus tem tentado usurpar sua autoridade ao expandir suas direções. Jesus condenou isso nos fariseus quando disse: *"... pois vocês atravessam os mares e viajam por todas as terras a fim de procurar converter uma pessoa para a sua religião. E, quando conseguem, tornam essa pessoa duas vezes mais merecedora do inferno do que vocês mesmos".*[226]

Sempre que tentamos superar os requisitos próprios da Bíblia para a vida cristã, imitamos os fariseus. Há muitas formas de unir os novos cristãos com as legalidades extrabíblicas, mas duas delas são particularmente mortais para os Movimentos de Plantação de Igrejas. Satanás sabe que, se ele pode distorcer os ensinamentos de Deus na **igreja** e na **liderança da igreja**, pode parar o fluir de novos cristãos para o Reino de Deus.

A Bíblia tem orientações claras para definir uma igreja e sua liderança. Quando tentamos melhorá-las não criamos uma igreja melhor, criamos uma igreja que é menos do que aquilo que Deus planejou. Os Movimentos de Plantação de Igrejas são geralmente descarrilados por definições bem-intencionadas, porém arrogantes, para a igreja ou requisitos irresistíveis para a liderança da igreja.

No Novo Testamento, Cristo identificou a igreja com ele. Prenunciou essa realidade quando disse aos seus discípulos *"Porque, onde dois ou três estão juntos em meu nome, eu estou ali com eles ".*[227] Ele confirmou isso com Paulo, o perseguidor da igreja quando

---

226 Mt 23.15.
227 Mt 18.20.

disse: *"Saulo, Saulo, por que você me persegue?"*[228] Paulo levou essa lição a sério, geralmente se referindo à igreja como o *corpo de Cristo* ao identificar os membros da igreja com os membros do seu corpo.[229]

Em muitos outros campos de missões mais antigos, os plantadores de igrejas atuam sob o peso de anos de definições da igreja e da liderança construídas em tradições. Isso acontece quando bem-intencionados cristãos acreditam que eles não são a igreja até que sejam constituídos por uma denominação nacional, tenham alcançado certo tamanho de congregação, tenham empregado um pastor que estudou em seminário, sejam proprietários de uma igreja estável ou tenham construído uma sede. Todas essas exigências excedem e sobrecarregam o ideal bíblico.

Em relação à liderança da igreja, Jesus deu o exemplo ao escolher discípulos de todas as posições sociais e profissionais. Ele passou três anos andando com eles, e isso se tornou a autorização para que eles pudessem liderar. Ao escolher uma substituição para Judas Iscariotes, a única exigência apresentada foi que os candidatos deveriam ter estado com Jesus desde o batismo à sua ascensão.[230] Paulo nos ajudou a ver que passar tempo com Cristo resulta em um caráter divino e que esse mesmo caráter é o maior pré-requisito para qualquer líder de igreja.[231]

Para escapar da cilada do pecado mortal, os missionários e plantadores de igrejas devem retornar à Bíblia e definir ambos os termos, igreja e liderança. Ironicamente, alguns cristãos alegam que a literalidade bíblica produz legalismo, mas nada poderia ser mais distante da verdade. Um verdadeiro retorno à Bíblia liberta a igreja e sua liderança ao mesmo tempo em que vence o segundo pecado mortal.

---

228 At 9.4.
229 1Co 12.13; Ef 4.
230 At 1.23-26.
231 1Tm 3.

O terceiro pecado mortal: Sequencialismo

Centímetro por centímetro, passo a passo... essa pode ser a maneira de fazer progresso em esforço humano normal, mas é mortal para um Movimento de Plantação de Igrejas. Sequencialismo se refere a pensamentos e práticas que aderem aos processos lineares do passo a passo.

Os missionários naturalmente pensam em passos sequenciais. Primeiro você aprende o idioma, então desenvolve relacionamentos com as pessoas, depois compartilha um testemunho, então vence e um discípulo se converte, depois você os atrai para uma congregação e então levanta líderes, e depois começa tudo de novo. A sequência é perfeitamente lógica, mas pode levar anos para se desenrolar. E como dominós caindo, todo o processo para de repente se uma peça não cair.

Em 1962, a escritora cristã de ficção científica Madeline L'Engle apresentou a milhões de leitores o conceito de uma dobra no tempo. O livro de seus filhos do mesmo nome faz a pergunta: "Qual a menor distância entre dois pontos?"

Aqueles atolados no sequencialismo naturalmente responderão: "Uma linha reta".

L'Engle tem uma perspectiva diferente. "A menor distância entre dois pontos não é uma linha reta. É uma dobra."[232]

Coordenadores estratégicos engajados em Movimentos de Plantação de Igrejas têm aprendido a dobrar o tempo – combinar múltiplos passos eu um modelo único. Eles não esperam a conclusão do passo 1, já estão entrando com os passos 2 ao 20. Eles aprendem a como dobrar esses passos juntos e encontrá-los todos se revelando em maneiras que mutuamente reforçam um ao outro.

Por exemplo, eles insistem em testemunhar a partir do primeiro dia, mesmo antes de dominarem o idioma (tente, é uma ótima maneira de aperfeiçoar suas habilidades linguísticas). Aprender o idioma com os falantes do idioma em vez de participar de escolas remotas

---

232 Madeline L' Engle. *Uma dobra no tempo* (Rio de Janeiro: Rocco, 2011).

Sete Pecados Mortais

237

também dá ao missionário uma audiência cativa para compartilhar suas convicções mais profundas sobre o Evangelho e a nova vida em Cristo.

Ao modelar as igrejas nas casas com os novos cristãos, com a pessoa interessada no Evangelho e outros, os missionários dobram o tempo normalmente exigido para a plantação de igrejas. Quando os participantes de uma igreja no lar se tornam cristãos, já entendem como as igrejas nos lares funcionam, e até já começaram a entender a visão para alcançar uma comunidade inteira.

Alguns missionários insistem em ter o tempo de "estabelecer um bom alicerce" com um grupo pequeno, em vez de disseminar o Evangelho amplamente e acelerar um Movimento de Plantação de Igrejas. O tempo não é uma pré-condição para um bom alicerce: as doutrinas e as práticas saudáveis são. De fato, uma plantação e colheita lentas comunicam ao ouvinte que a mensagem não é urgente, então para que se preocupar em respondê-la?

Quando os missionários estão atrelados ao sequencialismo, eles perdem o sentido de urgência. Nos 16 capítulos do Evangelho de Marcos a palavra "imediatamente" aparece 17 vezes, e é sempre usada em relação a Jesus – seja nos seus ensinamentos ou em suas ações. O Evangelho de Marcos revela a paixão e a urgência que Cristo sentia. Quando somos guiados profundamente pelo Espírito, compartilhamos essa paixão e urgência.

Paulo conhecia esse fervor também. Assim como Jesus disse aos seus discípulos: *Precisamos trabalhar enquanto é dia, para fazer as obras daquele que me enviou. Pois está chegando a noite, quando ninguém pode trabalhar,*[233] Paulo advertiu os romanos: *chegou a hora de vocês acordarem... A noite está terminando, e o dia vem chegando. Por isso paremos de fazer o que pertence à escuridão e peguemos as armas espirituais para lutar na luz.*[234]

Apesar de nunca terem se perdido na agitação frenética, ambos Jesus e Paulo reconheciam que a vida na terra é definida pelos limites do nascimento e morte e tudo que vem no meio disso deve ser intensamente motivado com um propósito.

233 Jo 9.4.
234 Rm 13.11s.

238 Movimentos de Plantação de Igrejas

Os missionários estão aprendendo a incluir esse senso de urgência em seus planos com as datas ambiciosas de três a cinco anos para conclusão. Eles estão perguntando: "Quanto tempo vai levar para vermos um Movimento de Plantação de Igrejas (este ano ou nos próximos três a cinco anos)?" Ao trabalhar com prazos estabelecidos e com objetivos de datas em seu planejamento eles mantêm o sentido de urgência que é sensível aos milhões que morrerão cada ano sem Cristo. À medida que eles aprendem a dobrar o tempo, o sequencialismo desaparece nas dobras.

O QUARTO PECADO MORTAL: SAL INSÍPIDO

O cristianismo que se compromete com o pecado é *sal insípido* – uma fé que *"abandonou o seu primeiro amor."*[235] Quando missionários tentam lançar um Movimento de Plantação de Igrejas entre um grupo de pessoas que já conhecem cristãos, e por causa desse conhecimento desprezam o cristianismo, o missionário enfrenta um sério desafio.

No registro de viagens de William Dalrymple, em sua viagem na Rota da Seda de Jerusalém à Mongólia, ele registrou uma conversa com um cristão cultural da Síria chamado Krikor. Krikor percebeu que Dalrymple era um companheiro cristão e o convidou para uma boate.

"Meu primo tem uma boate. Um ótimo lugar. Muita bebida, muitas garotas."

"Não sabia que tinha uma boate na Síria", disse Dalrymple. "Pensei que os muçulmanos não aprovassem esse tipo de coisa."

"Eles não aprovam. Essa boate é cristã. Sem muçulmanos. É muito divertido."

Krikor tirou uma fita cassete de sua bolsa e pediu ao motorista para colocá-la.

"Michael Jackson", ele disse. "Música para cristãos."

---

235 Ap 2.4 (NVI).

Ele nos mostrou a cruz dependurada em seu pescoço e piscou como se estivesse tramando algo.[236]

Há muitos pecados de omissão e de comissão que podem tornar o cristianismo impotente aos olhos do perdido. Qualquer que seja o pecado, quando o cristianismo perde seu sabor, o missionário estratégico enfrenta um obstáculo para um Movimento de Plantação de Igrejas. Felizmente, aprendemos algumas estratégias eficazes para superar esse obstáculo.

A sabedoria convencional espera que as pessoas devam trabalhar através da igreja local para alcançar um grupo de pessoas da vizinhança. Apesar de ser lógica e intuitivamente apropriada, essa abordagem geralmente não é produzida a partir da realidade. Em muitas ocasiões a igreja local é a principal pedra no caminho que impede a pessoa ainda não alcançada de vir a Cristo.

Apesar desse fato, alguns missionários têm passado toda sua carreira tentando mudar a igreja local em direção ao perdido. Outros se ligam à igreja local de forma tão próxima que acabam compartilhando as características insípidas da igreja.

Mesmo em sua própria existência, o apóstolo Paulo viu a emergência do cristianismo insípido. Ele deixou claro como os cristãos deveriam responder àqueles que *parecerão ser seguidores da nossa religião, mas com as suas ações negarão o verdadeiro poder dela*. Ele disse a Timóteo: *Fique longe dessa gente!*[237]

A melhor maneira de produzir mudança a essa decadente expressão do cristianismo é desencadear um cristianismo vibrante e vivo. Uma vez que o cristianismo autêntico demonstra as virtudes de Cristo e começa a atrair novos cristãos à igreja, verdadeiros cristãos nas igrejas nominais serão atraídos ao movimento como mariposas para o fogo.

Cristianismo *contencioso* – outra expressão do cristianismo insípido que é diferente do cristianismo em coma. Quando há várias denominações cristãs ou agências missionárias trabalhando entre

---

236 William Dalrymple, *In Xanadu: A Quest* (Londres: Lonely Planet Publications, 2000), pg. 54-55.
237 2Tm 3.5.

um grupo de pessoas, elas não devem desperdiçar o precioso tempo e energia brigando umas com as outras. Tais distrações invariavelmente guerreiam contra o Movimento de Plantação de Igrejas.

Sempre haverá pontos de desentendimentos entre os servos do Senhor. Mesmo os apóstolos Pedro e Paulo não estavam imunes a esse problema.[238] Entretanto, se persistir, isso pode se tornar uma distração ao Movimento de Plantação de Igrejas.

Jesus repetidamente confrontou a barreira do cristianismo contencioso entre seus próprios seguidores, lembrando-os de que *"Se tiverem amor uns pelos outros, todos saberão que vocês são meus discípulos"*.[239]

Em sua parábola do trigo e do joio ele tratou do problema diretamente. Reconhecendo que um inimigo tinha plantado joio entre a colheita de trigo, os discípulos perguntaram se eles poderiam arrancar as plantas não desejadas.

"Não", o mestre respondeu. *"porque, quando vocês forem tirar o joio, poderão arrancar também o trigo."*.[240]

Jesus reconheceu que não somos sempre capazes de distinguir todos aqueles que estão em seu serviço, por isso ele nos advertiu: *"deixem o trigo e o joio crescerem juntos até o tempo da colheita. Então eu direi aos trabalhadores que vão fazer a colheita: 'Arranquem primeiro o joio e amarrem em feixes para ser queimado. Depois colham o trigo e ponham no meu depósito'."*[241]

Um dos melhores antídotos para o cristianismo contencioso é um *etos* apaixonado e vitorioso. O dicionário *Webster* define *etos* como *"o guia de valores, padrões, ou ideais que caracterizam ou impregnam um grupo, uma comunidade, um povo... o espírito que motiva as ideias, os costumes, ou práticas de um povo"*.[242]

O *etos* de uma equipe é como o ar que esta respira – saudável ou prejudicial, um *etos* vencedor ou um *etos* de fracasso. Às vezes uma

---

238 Gl 2.11.
239 Jo 13.35.
240 Mt 13.29.
241 Mt 13.30.
242 P. B. Gove, ed., *Webster's Third International Dictionary, Unabridged* (Springfield, MA: Merriam-Webster, Inc., 1986), pg. 781.

equipe de cristãos não consegue identificar porque não são capazes de fazer progresso em direção à sua visão. Atitudes, métodos de operação e ideais parecem estar em conflito perpétuo. Há a necessidade de uma transfusão de *etos*.

O *etos* é inevitável. Pode ser o subproduto casual de personalidade e circunstâncias, ou pode ser um clima escolhido e condição de trabalho. Missionários que sabem como modelar o *etos* têm uma grande vantagem em manter o sabor do sal.

O QUINTO PECADO MORTAL: AS GULOSEIMAS DO DIABO

Para uma criança com fome o gosto doce de uma bala é irresistível, mas a explosão açucarada de energia não substitui o tipo de nutrição adequada necessária para o crescimento a longo prazo. Da mesma forma existem doces virtudes cristãs que Satanás pode usar para nos desviar do Movimento de Plantação de Igrejas.

As guloseimas do diabo são enganosas, porque são coisas boas que têm valor real, mas se essas coisas boas nos mantêm longe da visão de igrejas plantando igrejas, então elas são um desvio que devemos evitar. Aqui estão três exemplos de boas virtudes cristãs que Satanás tem usado para distrair os plantadores de igrejas dos Movimentos de Plantação de Igrejas:

1) Dinheiro – para pastores e construção de igrejas

2) Ministério – como um fim em si mesmo

3) Unidade – quando é um pré-requisito para a ação

O dinheiro não é inerentemente mau, mas também não é fundamental ao Movimento de Plantação de Igrejas. Quando plantadores de igrejas estrangeiros usam fundos para contratar pastores e construir igrejas, podem ver resultados rápidos, mas não verão um movimento sustentável. Construir um movimento com fundos estrangeiros é como funcionar uma máquina com um fio de extensão que se estica de um lado a outro do oceano. Quando o movimento alcança o final do comprimento do fio, ele irá parar abruptamente.

242 *Movimentos de Plantação de Igrejas*

Se um Movimento de Plantação de Igrejas quiser florescer, deve ter um motor e combustível interno.

Deixar um movimento crescer com sua própria liderança e recursos pode parecer mais lento e mais arriscado, mas o risco vale mais do que a recompensa. Em seu clássico missiológico, *The Spontaneous Expansion of the Church* [A Expansão Espontânea da Igreja], Roland Allen apresentou uma fábula instrutiva.

> É dito que quando Deus anunciou aos anjos seu objetivo de criar o homem à sua própria imagem, Lúcifer, que ainda não era caído do céu, gritou: *'Certamente ele não dará a eles poder para desobedecê-lo'*. E o filho lhe respondeu: *'Poder para cair e poder para levantar'*. Lúcifer não conhecia o poder para levantar, nem o poder para cair, mas a palavra 'poder para cair' bateu fundo em seu coração, e ele começou a desejar conhecer aquele poder... No fim, Satanás alcançou sua maior vitória sobre o homem, não para derrubá-lo, mas para induzir os servos de Cristo a *privarem os novos cristãos do poder de cair... para que ele pudesse privá-los do poder de se levantar.*[243]

Sempre que estrangeiros demoram muito tempo, recusando entregar o reinado da liderança da igreja, estão privando a nova igreja do poder de cair e do *poder de levantar.*

Outra coisa *boa* que seduz os plantadores de igrejas a ficarem longe dos Movimentos de Plantação de Igrejas é o chamado para o ministério cristão. Como Marta, que se ocupava com muitas coisas, os cristãos podem passar uma vida inteira buscando ministérios sem fazer nenhum progresso em direção a um Movimento de Plantação de Igrejas.

A palavra "ministério" literalmente significa "fazer pequenas coisas". O ministério acontece naturalmente sempre que existir cristão, mas o ministério não substitui a plantação de igrejas multiplicadoras. Um missionário não deve nunca se limitar ao seu próprio ministério pessoal, mas deve, em vez disso, olhar além daquele ministério para ver como ele pode contribuir para um Movimento de Plantação de Igrejas.

Em 1988, um brilhante jovem formado no seminário que tinha desenvolvido um grande amor pelos povos do Afeganistão ficou

---

243 Roland Allen, *The Spontaneous Expansion of the Church* (Grand Rapids, MI: Eerdmans, 1962), pp. 16-17.

exausto de anos liderando equipes missionárias de verão para os campos de refugiados junto à fronteira do Paquistão com o Afeganistão.

Em vez de continuar seu trabalho anual com os refugiados, o jovem homem decidiu tornar-se um coordenador estratégico. "Percebi que as necessidades dessas pessoas são infinitas", ele disse. "Quando vou para o trabalho nos campos de refugiados, eu me derramo em amor e cuidado pelas pessoas desde cedo pela manhã até tarde da noite, mas ao final do verão eu percebo que as necessidades continuam chegando. Quero me tornar um coordenador estratégico", ele explicou, "assim posso tratar das razões reais do sofrimento dos Afegãos. Essas pessoas precisam de Jesus".

Parte da vocação do missionário é trabalhar de tal forma que possa deixar de ser necessário no futuro. Se os missionários se satisfazem em passar um ano no campo e outro fora e com isso cumprir um ministério, em vez de mentorear, multiplicar e buscar sua substituição, eles não alcançam sua visão e o seu papel missionário.

Para resistir à tentação do definhamento do ministério, os missionários devem continuamente fazer a pergunta estratégica: "Quanto tempo levará para ver um Movimento de Plantação de Igrejas entre esse grupo de pessoas?"

Essa pergunta se coloca em nítido contraste com a pergunta pessoal: "O que posso fazer?" A pergunta pessoal pode conduzir a um ministério vital, mas a um ministério que não corresponde ao que é necessário para estimular um Movimento de Plantação de Igrejas. Basicamente, a pergunta pessoal é sobre *mim*, mas a pergunta estratégica é sobre *eles*.

A pergunta estratégica: "Quanto tempo levará?" invariavelmente atrai o missionário além dele mesmo para perceber que é necessário um fundo bem maior de recursos para promover um Movimento de Plantação de Igrejas.

Outra coisa boa, mas que é uma distração que nos desvia dos Movimentos de Plantação de Igrejas, é o anseio pela unidade cristã.

O impulso ecumênico pode parecer em parcerias missionárias as quais demandam uma unidade evangélica antes de aspirar por um Movimento de Plantação de Igrejas. Ou pode surgir quando parceiros missionários insistem em plantar apenas uma igreja nacional unificada que se levanta acima da ingovernável expressão denominacional.

Ambos impulsos ecumênicos têm aspectos atraentes. Afinal de contas, a partir da oração de Cristo em João 17 ao tratado de Paulo em Coríntios 15, a unidade é exaltada como uma virtude que não pode ser ignorada. A unidade também pode ser uma busca que consome toda a vida.

Com mais de 25.000 denominações cristãs no mundo hoje e mais sendo formadas a cada ano, é improvável que vejamos a emergência da igreja cristã unificada no futuro próximo. A não ser que Cristo retorne. Em vez disso, é melhor vermos nossas diversidades como força. Ao permitir essa grande liberdade de perspectiva e diferentes ênfases dentro do corpo, a igreja se torna impossível de ser parada. Trancar todas as diferenças na ponta de uma só lança pode realmente ficar mais fácil para a oposição pará-la.

Os missionários que buscam Movimentos de Plantação de Igrejas encontraram equilíbrio entre a diversidade e a unidade na imagem de um caleidoscópio. Um caleidoscópio leva pedaços de vidros quebrados, papéis coloridos, partículas de metal e os vê através de um prisma que os reconfiguram em bonitos desenhos que, de outra maneira, ficariam imperceptíveis. Os esforços dos missionários para alcançar um grupo de pessoas devem ser visto através do caleidoscópio. A partir do nosso ponto de vista limitado os vários ministérios podem parecer conflituosos e inúteis, mas do ponto de vista de Deus eles se unem em desenhos bonitos de unidade que podem estimular um Movimento de Plantação de Igrejas.

O SEXTO PECADO MORTAL: SEQUESTRO POR ESTRANGEIROS

As origens do Evangelho podem ser de outro mundo, mas os Movimentos de Plantação de Igrejas se sentem confortáveis em seu ambiente. Eles não têm o cheiro de estrangeirismo. Sua liderança é local; eles adoram no idioma do coração da comunidade; eles se reúnem em suas próprias casas.

Há pelo menos três maneiras pelas quais os Movimentos de Plantação de Igrejas podem sucumbir ao sequestro de estrangeiros: 1) ao forçar os novos cristãos a mudarem seus estilos culturais pelos estrangeiros, 2) ao criar um estado de assistência social de dependência estrangeira e 3) ao injetar elementos estrangeiros na vida da igreja que não podem ser localmente reproduzidos. Quaisquer desses invasores estrangeiros podem paralisar um Movimento de Plantação de Igrejas.

1) QUANDO O EVANGELHO É COMPREENDIDO COMO ESTRANGEIRO por uma cultura ou é visto como pertencente a outro grupo de pessoas ou cultura, os Movimentos de Plantação de Igrejas enfrentam uma batalha árdua.

Por séculos os muçulmanos turcos na Ásia Central conhecem o cristianismo como a religião de seus inimigos. Gerações de conflitos com os vizinhos russos e armênios, os quais afirmam alguma forma de cristianismo ortodoxo, os deixou com pouca vontade de conhecer mais sobre a fé cristã.

Na Ásia Central, qualquer turco que queria aceitar a religião cristã tinha que abraçar a cultura e o idioma de seus inimigos históricos. Desse modo, tornar-se um cristão era equivalente a alta traição contra seu próprio povo.

Hoje, milhares desses povos turcos da Ásia Central superaram essa barreira e aceitaram Jesus Cristo. Como isso aconteceu?

Os missionários estrategistas que estão vendo os Movimentos de Plantação de Igrejas emergirem entre a Ásia Central estão sendo muito cautelosos em seus esforços para separar a mensagem do

Evangelho das culturas russas e armênias. Eles têm consistentemente apresentado o Evangelho no idioma do coração das pessoas e ajudado a plantar igrejas turcas conduzidas por líderes turcos que cultuam em seu próprio idioma e estilo cultural.

2) QUANDO FUNDOS ESTRANGEIROS AMARRAM O MOVIMENTO A FONTES ESTRANGEIRAS, os missionários descrevem isso como a "ajuda que machuca". Quando bem-intencionados estrangeiros fornecem subsídios aos pastores e constroem igrejas locais, acabam com a iniciativa local. Quando o desastre chega, a ajuda assistencial é muito apropriada, mas se ela continua por muito tempo cria dependência e, por fim, um estado fantoche e de dependentes de assistência social. Os líderes da igreja olham para os doadores em busca de direção para o seu ministério, em vez de olhar para o Senhor e para o perdido.

Na Guatemala, Brasil, Honduras, Costa Rica, Romênia e Ucrânia os Movimentos de Plantação de Igrejas estavam emergindo, mas tropeçaram na "ajuda" dos estrangeiros. Um missionário na América Latina comentou: "É difícil criticar esses queridos irmãos, porque o coração deles está no lugar certo, mas seu dinheiro e construções estão matando os Movimentos de Plantação de Igrejas."

3) QUANDO INJETAMOS NA IGREJA ELEMENTOS ESTRANGEIROS QUE OS CRISTÃOS LOCAIS NÃO PODEM REPRODUZIR alienamos o Movimento de Plantação de Igrejas.

Em uma visita à América Latina com alguns líderes missionários cristãos, encontramos uma igreja com janelas coloridas e portas de madeiras bem grandes. O piso estava limpo, as paredes de bloco de concreto tinham sido recentemente pintadas de branco e o telhado estava em ótimo estado. Entramos e encontramos um pequeno órgão elétrico, um piano e bancos de madeiras iguais àqueles usados nas igrejas das pequenas cidades americanas.

A igreja tinha sido construída três décadas atrás por voluntários americanos. Os membros da igreja local admiravam o prédio e tomavam muito cuidado com sua manutenção. Mas eles nunca tentaram começar outras igrejas, porque não podiam conseguir mais esses materiais. Blocos de concreto, telhas de cerâmica, janelas com vidros coloridos, tudo era muito além do alcance deles. Eles não imaginavam como poderiam ter outro piano ou órgão elétrico. Mas mesmo assim, acreditavam que uma igreja *de verdade* tinha que ter essas coisas, e assim o movimento morreu antes de começar.

Movimentos de Plantação de Igrejas tomam a aparência de seu contexto. Se as casas de uma aldeia são construídas com bambu, então a igreja é construída com bambu. Se as pessoas vivem em apartamentos pequenos, o Movimento de Plantação de Igrejas vai acontecer em apartamentos pequenos. Os missionários que são bem-sucedidos em ver um Movimento de Plantação de Igrejas aprenderam a começar cada plantação de igreja com a pergunta: "Essa igreja pode ser reproduzida pelos cristãos?" Se a resposta for "Não", então os elementos estrangeiros são identificados e descartados, ou substituídos por elementos reproduzíveis.

O SÉTIMO PECADO MORTAL: CULPAR DEUS

Muitos profissionais dos Movimentos de Plantação de Igrejas concluíram que uma das maiores barreiras para que os Movimentos de Plantação de Igrejas aconteçam é culpar Deus pela a ausência dos mesmos.

Certamente Deus está no centro de cada Movimento de Plantação de Igrejas, mas também tem um lugar para a responsabilidade humana, um lugar que Deus reserva exclusivamente para nós. Quando os cristãos reclamam: "Penso que apenas não é o tempo de Deus para eles", estão abolindo esse elemento humano e culpando Deus. Essa é uma forma de demissão divina e é provavelmente a desculpa mais comum dada para não melhorar nossas contribuições para o Movimento de Plantação de Igrejas. Demissão divina ainda é uma demissão. Apenas soa mais santo.

A verdade é que os Movimentos de Plantação de Igrejas são muito parecidos com a salvação pessoal. Claro que Deus fez tudo, ao pagar o preço através da expiação de seu filho, mas ele nos dá liberdade de responder e requer que tomemos atitude para receber o presente da salvação. O mesmo é verdade em relação aos Movimentos de Plantação de Igrejas; eles são uma cooperativa divino-humana. Sim, Deus está no controle, mas ele reserva muitos papéis cruciais para nós. Nunca vimos Movimentos de Plantação de Igrejas sem a participação e cooperação humana.

Há duas maneiras de vermos o pecado de *culpar Deus* em sua obra. A primeira acontece no simples esforço humano de fazer tudo por nós mesmos, como se, ao seguir alguma fórmula prescrita, devêssemos produzir um Movimento de Plantação de Igrejas. Então, quando o movimento não continua, nos tornamos ressentidos, culpando Deus pela falta de resultados.

A outra expressão vem quando descartamos as maneiras pelas quais Deus escolhe implementar esses movimentos. Fazemos o que bem entendemos e piamente proclamamos: "Quando Deus quer criar um movimento, ele irá assim fazer. Não tem nada a ver comigo". Tal resposta traz lembranças de um jovem leigo batista do século 18 que propôs meios missionários de levar o Evangelho para a Índia. Os sérios líderes da igreja o repreenderam. "Sente-se, rapaz!", eles disseram. "Se Deus deseja salvar os pagãos, ele não precisa da sua ajuda."

Essas foram as vozes que se opuseram a William Carey na véspera de sua partida para Índia e ao lançamento do moderno movimento missionário. Sempre que ignoramos os meios e os métodos para estimular os Movimentos de Plantação de Igrejas, estamos na companhia daqueles que sentiram que os próprios missionários eram um acréscimo desnecessário às intenções soberanas de Deus.

Um sábio amigo disse: "Deveríamos olhar para ver onde Deus está trabalhando e nos juntarmos a ele".

Em Hong Kong, empreendedores capitalistas que fizeram fortuna investindo no início de novos negócios na China colocaram isso de uma forma um pouco mais grosseira: "Se tem fumaça," eles dizem, "jogue querosene!"

O princípio aplica-se aos Movimentos de Plantação de Igrejas também. Se Deus está atraindo pessoas à fé em Cristo entre um grupo de pessoas em particular, descubra o que ele está fazendo lá e, então, descubra como você pode se juntar a ele nessa atividade divina.

Talvez você reconheça alguns desses Sete Pecados Mortais em seu próprio ministério. Não fique desanimado! Para cada obstáculo que Satanás coloca em seu caminho, Deus proverá uma ponte para transpô-lo.

Dez Mandamentos para os Movimentos de Plantação de Igrejas.

Ao olharmos para trás, para tudo que aprendemos sobre questões universais, características e obstáculos, vamos ver se podemos resumir. Considere esse Dez Mandamentos para os Movimentos de Plantação de Igrejas. Mesmo que eles não incluam tudo o que já aprendemos até aqui, abrangem os pontos mais importantes. Você pode querer reproduzi-los como um presente para sua equipe ou colegas. Comprometa-se com eles a fundo. Viva por eles e deixe-os viver.

Dez Mandamentos
para os Movimentos de Plantação de Igrejas

❖1 Mergulhe sua comunidade em oração

❖2 Sature sua comunidade com o Evangelho

❖3 Agarre-se à Palavra de Deus

❖4 Lute contra a dependência estrangeira

❖5 Elimine todos os elementos não reproduzíveis

❖6 Viva a visão que você deseja cumprir

❖7 Construa a reprodução em cada cristão e igreja

❖8 Treine todos os cristãos para evangelizar, discipular e plantar igrejas

❖9 Modele, ajude, assista e vá embora

❖10 Descubra o que *Deus* está fazendo e junte-se a ele.

Agora você provavelmente terá algumas perguntas. Vamos voltar nossa atenção para algumas das perguntas mais frequentes sobre os Movimentos de Plantação de Igrejas.

15

Perguntas frequentes

Você tem sido paciente. Agora é hora de abrir a gaveta das perguntas. Aqui estão algumas das perguntas mais frequentes relacionadas aos Movimentos de Plantação de Igrejas.

1. O QUE VOCÊ TEM CHAMADO DE IGREJA?

Essa é uma boa pergunta. Se você está pensando em torres coroadas por cruzes, então não está pensando em Movimentos de Plantação de Igrejas. Mas se você está pensando em duas pessoas em uma sala estudando a Bíblia, também errou. Jesus deixou claro que a igreja é uma comunidade da nova aliança. Recordando as doze tribos de Israel, ele escolheu doze discípulos significando a criação de um 'novo Israel'. Então Jesus se colocou no centro daquela comunidade com as palavras: "Pois onde se reunirem dois ou três em meu nome, ali eu estou no meio deles". Paulo valeu-se dessa verdade quando ele se referiu à igreja como o corpo de Cristo. O corpo de Cristo está vivo e ativo nos Movimentos de Plantação de Igrejas de hoje.

Assim como todas as igrejas ao redor do mundo são únicas, assim é com os Movimentos de Plantação de Igrejas. Entretanto, há alguns elementos básicos que encontramos em todo Movimento de Plantação de Igrejas, e há outros elementos que são completamente diferentes.

Comuns a todas as igrejas dos MPI

- ❖ Todas observam o batismo e a ceia do Senhor (apesar da frequência variar de semanal, trimestral ou anualmente).

- ❖ Todas se reúnem regularmente (apesar de algumas se reunirem aos domingos, outras às sextas e outras em todas as noites da semana).

- ❖ Todas têm algum tipo de organização (apesar de isso variar, veja abaixo). Todas exibem os cinco propósitos de uma igreja (evangelismo, ministério, comunhão, discipulado e adoração).

- ❖ Todas mostraram os *Dez Elementos Universais* descritos no capítulo 11.

Diferenças em cada igreja dos MPI

- ❖ Os tipos de organização de liderança variam (por ex., o comitê central dos sete membros do Camboja; líderes múltiplos da China; os Imãs de Jedidistão; pastores da América Latina).

- ❖ A média do tamanho da igreja varia (85 membros em Bhojpuri; 30 membros em Jedidistão; 45 membros no Camboja; 10 adultos em Madhya Pradesh).

Enquanto os elementos centrais do batismo, a ceia do Senhor e os cinco propósitos são encontrados em cada uma das igrejas, outros elementos foram contextualizados, instruídos pelas Escrituras, depois adaptados para cada ambiente único. Isso foi o que vimos quando a igreja cambojana mesclou os sete diáconos de Atos 6.5 com a noção comunista de um "Comitê Central" para produzir uma equipe de liderança pastoral chamada de "Comitê Central dos Sete Membros". Da mesma forma, os cristãos com histórico muçulmano do Jedidistão se reuniam nas manhãs das sextas-feiras sentados em um círculo sob a liderança de um pastor a quem eles chamavam de seu imã. Ao se reunirem nas casas, o tamanho da igreja normalmente permanece pequeno e íntimo, mas varia grandemente de uma média de 85 membros no movimento de Bhojpuri para 30 em Jedidistão para 40 ou 50 no Camboja. Em Madhya Pradesh, o plantador de igrejas Victor Choudhrie descobriu o que ele chamou de o tamanho "ideal" da igreja.

Tamanho ideal da igreja

Em uma entrevista, o dr. Victor Choudhrie comentou que dez membros adultos eram o tamanho *ideal* para uma igreja dos MPI.

"Você quer dizer a média do tamanho da igreja?", perguntei.

"Não", ele disse, "o tamanho *ideal* da igreja".

"E por que isso?"

"Por causa do que a Bíblia diz".

Meu olhar vago instigava por uma explicação.

"Você se lembra de quando o pai Abraão encontrou com dois anjos na estrada? Eles estavam indo para Sodoma para destruí-la. Abraão negociou com eles dizendo: 'Ainda a destruirás e não pouparás o lugar por amor aos cinquenta justos que nele estão?' Quando eles cederam, ele disse: 'E se encontrares apenas quarenta? Por 30? Por 20? Por 10?' Por fim os anjos concordaram: 'Por amor aos dez não a destruirei'."

"E assim", dr. Chroudhrie continuou, "dizemos aos nossos novos cristãos, quando eles alcançaram dez membros adultos na igreja: 'Agora vocês têm o suficiente para alcançar essa aldeia para Cristo, mas e a próxima aldeia na estrada abaixo? Eles não têm cristãos. Certamente dois de vocês podem ir, visitar aquela aldeia e compartilhar o Evangelho com eles'."

Não importa se 10 ou 10.000 membros, a igreja é mais bem caracterizada – não por seu tamanho ou formas – mas por seu compromisso apaixonado ao senhorio de Jesus Cristo e ao cumprimento de sua Grande Comissão. Essas duas paixões gêmeas são evidentes nos Movimentos de Plantação de Igrejas.

2. Qual o papel dos voluntários nos Movimentos de Plantação de Igrejas?

O próprio nome voluntário significa alguém que não é profissional, e em nossa sociedade altamente profissional isso, às vezes, carrega uma imagem negativa. Mas na economia dos Movimentos de Plantação de Igrejas o amadorismo não significa de modo algum algo negativo. Devemos nos lembrar de que a palavra "amador" literalmente significa "alguém que faz por amor", em oposição àquele que faz algo por pagamento. Vamos ver algumas razões pelas quais os voluntários são valiosos para os Movimentos de Plantação de Igrejas:

A) Os voluntários são importantes porque modelam o amor autossacrificial em obediência à Grande Comissão. Eles não são apenas pessoas que não são pagas, eles realmente pagam pelo privilégio de servir a Deus. É essencialmente importante para os novos cristãos nos Movimentos de Plantação de Igrejas reconhecerem que nem todos que servem a Deus recebem salário. Isso transmite uma mensagem poderosa aos novos cristãos.

B) Os voluntários vêm do mundo real. Eles são secretárias, fazendeiros, professores, construtores, médicos, advogados e de várias outras profissões – profissões seculares

Perguntas frequentes 255

que existem nas sociedades dos grupos de pessoas perdidas em todo o mundo. Muitos voluntários estão agora usando a internet para localizar os clubes, uniões e organizações cívicas que correspondem às suas próprias profissões antes de irem para o exterior. Geralmente eles conseguem organizar encontros com seus correspondentes profissionais nas cidades que estão visitando. Que tremendo avanço para compartilhar o Evangelho e desenvolver um relacionamento contínuo com membros-chave de uma comunidade perdida.

C) Os voluntários são pessoas de Deus e, como pessoas de Deus, possuem o mesmo Espírito Santo vibrante que animava o apóstolo Paulo. Quando eles se conectam com os novos cristãos, transferem a percepção de que é o Espírito Santo quem os faz servos úteis de Cristo, e não a profissão ou o treinamento educacional que possuem.

Há muitas maneiras pelas quais os voluntários podem ativamente contribuir para os Movimentos de Plantação de Igrejas. Considere as seguintes formas pelas quais Deus está usando os voluntários hoje.

1- ORAÇÃO

Muito antes de os missionários arriscarem ter contato com grupos de pessoas não alcançadas, Deus está ouvindo as orações dos diligentes guerreiros em oração ressoando em favor do perdido. Com as novas possibilidades proporcionadas pelas viagens aéreas internacionais, muitos guerreiros de oração estão levando a batalha para o campo. Em 1997 havia duas igrejas com cerca de 40 cristãos em um país norte-africano de quase 9 milhões de pessoas. Em 1998 missionários convocaram o corpo de Cristo espalhado pelo mundo todo para orar pela nação perdida. Além das muitas igrejas aliadas para orar pela nação, várias equipes que oravam enquanto caminhavam chegaram ao país para orar "no local com discernimento".[244]

Um ano depois da ênfase na oração, o número de cristãos aumentou 500 por cento e 13 novas igrejas foram formadas. Quando perguntaram a um missionário local qual tinha sido o ponto decisivo, ele disse sem hesitação: "Oração".

Equipes de pessoas que oram enquanto caminham estão agora vasculhando o globo, no Himalaia, de um lado a outro do Saara, na Grande Muralha da China e nos vários seminários do Islamismo. Uma cristã com histórico muçulmano da Mauritânia expressou sua gratidão pelas orações dos cristãos que, ela acredita, levaram ela e sua família à fé em Cristo. "Por muitos anos", ela disse, "todos vocês oraram pelo meu país. E essas orações subiram ao céu onde se juntaram como grandes nuvens formando sobre o deserto. Hoje, essas orações estão chovendo milagres por todo o meu país. Mauritânia tornou-se a terra dos milagres".

2- EVANGELISMO

À medida que voluntários desenvolvem a visão do que é possível, estão fazendo contribuições importantes ao evangelismo entre os grupos de pessoas não alcançados. Cada ano, centenas de voluntários cristãos viajam para os portos mediterrâneos da Europa onde distribuem Novos Testamentos e folhetos evangélicos, e passam o filme *Jesus* em árabe para centenas de milhares de muçulmanos do Norte da África que estão atravessando de balsa para retornarem para sua pátria.

Nos países comunistas das Ásia, os turistas cristãos podem se aventurar em áreas restritas e distribuir Bíblias e fitas cassetes evangélicas para os moradores das aldeias. Esses destemidos viajantes de Jesus têm um papel vital nos Movimentos de Plantação

---

244 Veja o livro de Randy Sprinkle, *Follow Me: Lessons for Becoming a Prayerwalker*, (Birmingham: New Hope Publishers, 2001.)

Perguntas frequentes 257

de Igrejas que Deus tem desenvolvido em lugares onde os missionários têm pouca esperança de obter residência.

Os membros de igrejas do mundo de fala inglesa naturalmente questionam quão eficazes eles podem ser no evangelismo sem saber o idioma local. Deus parece ter ouvido a preocupação deles e por isso encheu o mundo com falantes ingleses! A expansão do inglês é tão prolífica que em muitos países asiáticos é possível encontrar uma "esquina do inglês" em cada cidade ou vila maior.

Uma esquina do inglês é um lugar onde alunos do idioma inglês descontraem com um copo de café e observam os ocidentais passarem. Quando veem alguém que acham ser provavelmente receptivo, chamam (em inglês) algo como "Alô, senhor!" A saudação amigável é um convite para vir e "praticar inglês comigo". Essa é também uma oportunidade extraordinária de compartilhar as Boas Novas de Jesus Cristo.

Outro idioma internacional em expansão é a internet. Ouça o que uma equipe de alunos do ensino médio fez em um país muçulmano do Oriente Médio. Ao viajar pela maior cidade do Oriente Médio, os alunos e o líder da equipe mapearam a localização de cada cybercafé da cidade. A maioria da população do Oriente Médio não tem seu próprio computador e não tem acesso às conexões da internet. Por isso, recebem com agrado a possibilidade anônima e relativamente barata de acessar o mundo cibernético através dos cybercafés públicos.

Os alunos passaram os dias seguintes visitando dúzias desses cafés, conectando os computadores e retirando todas as configurações das habituais pornografias e notícias, e trocam por sites nos quais o Evangelho, testemunhos e até o vídeo do filme de Jesus podia ser encontrado no idioma árabe.

Mais tarde, visitaram os vários quiosques de aluguel de vídeo da cidade. São pontos individuais de locação de vídeo. Eles mostram o filme *Jesus* ao dono e contam a ele que estão deixando a cidade no final da semana e prefeririam não levar o vídeo com eles. Se ele quisesse ficar com o filme e alugá-lo, eles ficariam felizes em dar a ele. Apenas alguns donos de locadoras se mostram com má vontade em receber e distribuir o vídeo sobre a vida do profeta Jesus. E assim o Evangelho segue adiante.

3- Discipulado

"Como é possível discipular outros se eu não sei o idioma deles?" Uma vez mais, a expansão global do inglês pode ajudar. Mas, ainda mais importante é uma definição mais aprimorada do discipulado. Entre os profissionais dos Movimentos de Plantação de Igrejas, o discipulado está cada vez mais sendo descrito como *ensinar outros amar a Jesus tanto quanto você ama.*

Seguindo o princípio 222 de andar com um novo cristão, não há razão porque uma pessoa não possa fazer esse tipo de discipulado. Andar com um novo cristão, ouvir seu testemunho, orar com ele e expandir sua visão de alcançar um mundo perdido – essas são algumas das muitas simples maneiras pelas quais você pode ajudar a discipular um novo cristão em direção aos Movimentos de Plantação de Igrejas. Hoje, com o advento das comunicações da internet, você pode continuar a prover e a discipular esses cristãos mesmo depois de retornar para casa.

4- Plantação de Igrejas

Os voluntários estão se tornando cada vez mais corajosos em sua aspiração de estar em missão com Deus. Enquanto isso acontece eles estão deixando grupos de igrejas nos lares em seu rastro.

No verão de 2000, um grupo de voluntários trabalhou com um coordenador estratégico para conduzir um instituto de ISL (inglês como segunda língua) em um campus da faculdade local.

Perguntas frequentes

Como cada voluntário cumpriu fiel e diligentemente todas as suas responsabilidades de ensino, eles foram capazes de fazer muito mais. O ambiente foi idealmente adaptado para eles conversarem sobre suas próprias vidas e – com Jesus no centro de suas vidas – a conversa naturalmente se voltou para ele. Com o encorajamento da universidade, os professores recebiam os alunos em seus apartamentos para tomar chá com biscoitos e conversar.

Esses encontros durante a tarde tornaram-se oportunidades naturais para que se pudesse mostrar o modelo de uma igreja no lar, complementando com evangelismo, discipulado, adoração e treinamento. E elas se tornaram tão populares entre os alunos que os voluntários logo viram a necessidade de conduzir esse modelo das reuniões de igrejas nos lares várias vezes por dia, apenas para acompanhar o ritmo dos alunos interessados.

Como o trabalho estava imerso em oração, os alunos estavam com fome de aprender sobre Jesus e saber mais sobre como eles mesmos poderiam se tornar uma nova igreja. No final do verão, esses *amadores* puderam ver mais de 90 novas igrejas nos lares que foram fruto daqueles encontros nos apartamentos.

Os resultados superaram em muito as expectativas do estrategista que requisitou os professores voluntários. "É coisa de Deus", ele disse.

Quando nós o pressionamos para contar os detalhes, ele continuou: "Sabemos que, das 90 igrejas nos lares que começaram nesse verão, cerca de 30 delas foram dissolvidas. Mas, também sabemos que várias dessas igrejas já tinham sido multiplicadas em mais igrejas nos lares".

Que Deus abençoe esses *amadores*.

3. Qual o papel dos fundos estrangeiros nos Movimentos de Plantação de Igrejas?

O dinheiro não é mau. O dinheiro estrangeiro não é mau. Mas se ele cria dependência em relação aos recursos estrangeiros, fazendo com que os líderes das igrejas locais voltem sua atenção para os países estrangeiros antes de começarem outra igreja, então o dinheiro se torna um empecilho para o movimento.

Dois anos atrás, viajando por um país da América do Sul com um trabalhador cristão, nós observamos que aquela área era bastante receptiva ao Evangelho. Mais tarde naquele dia, nos encontramos com o secretário executivo do trabalho da denominação na província. Perguntamos quantas novas igrejas ele esperava começar nos próximos doze meses. "Isso é fácil", ele disse. "O irmão fulano de tal (um voluntário americano construtor de igrejas) nos assegurou que suas equipes poderão construir 25 novas igrejas este ano. Então", ele concluiu orgulhosamente, "devemos ver 25 novas igrejas no próximo ano".

Os Movimentos de Plantação de Igrejas se desenvolvem quando são feitos por pessoas nativas. Eles devem ter um impulso interno se quiserem se multiplicar rapidamente através de um grupo de pessoas. Uma das formas mais certas de prejudicar seriamente um Movimento de Plantação de Igrejas é ligar a reprodução de igrejas aos recursos estrangeiros. Sempre que os pastores dão mais atenção a salários e construções, em vez de se preocuparem, em primeiro lugar, com seus membros e recursos locais, eles drenam a vida do movimento.

Então há lugar para os fundos estrangeiros? Sem dúvida alguma. Embora os Movimentos de Plantação de Igrejas devam se desenvolver com impulsos nativos internos, eles não podem começar dessa forma. Eles devem receber o Evangelho de fora. Por isso os fundos para a evangelização primária (ou inicial) são tão importantes – o perdido não pagará por sua própria evangelização!

Que tipos de coisas se encaixam na categoria da evangelização primária? Missionários para os grupos de pessoas não alcançados,

Perguntas frequentes **261**

tradução e distribuição da Bíblia, produção e distribuição de literatura evangélica, transmissão de rádio e outros ministérios evangelísticos que usam a mídia, materiais e centros de treinamento para plantadores de igrejas, e novos programas de desenvolvimento de liderança, tudo isso requer fundos externos para começar.

Fundos estrangeiros também são apropriados como demonstrações de compaixão cristã para com os pobres e necessitados. Quando acontece um desastre, explode uma guerra, ou a fome alcança um país, é muito apropriado que os cristãos estrangeiros demonstrem sua compaixão através de ofertas de donativos e assistência. Contanto que não criem medidas de dependência intermináveis, esses ministérios de misericórdia são poderosos testemunhos da compaixão de Cristo por aqueles em necessidade.

Para determinar quando os fundos estrangeiros são necessários, faça a seguinte pergunta: "Isso é algo que beneficiará o movimento? É algo que as pessoas locais não podem, elas mesmas, prover?"

Responder a essa pergunta corretamente pode marcar a diferença entre um Movimento de Plantação de Igrejas e um ato de assistência social.

4. Qual o papel dos missionários nos Movimentos de Plantação de Igrejas?

Dado o óbvio poder de Deus nesses Movimentos de Plantação de Igrejas, alguns têm questionado se o papel dos missionários tem diminuído nessa nova realidade. Isso não é verdade de maneira alguma!

O que se requer dos missionários nos Movimentos de Plantação de Igrejas não é um *novo* papel, mas sim um retorno ao *velho* papel. O clássico livro de Rolland Allen, *Missionary Methods: St. Paul´s or Ours*[245] [Métodos missionários: os de São Paulo ou os nossos] demonstra bem o caso que, em algum momento ao longo do caminho, os missionários pararam de seguir o modelo paulino e trocaram por um modelo colonial.

---

245 Roland Allen, *Missionary Methods: St. Paul´s or Ours?* (Grand Rapids: Eerdmans, 1962)

O papel missionário paulino levanta a liderança nativa local e então a move para lugares onde o Evangelho ainda não foi plantado.[246] O modelo colonial fica para governar o território conquistado, em vez de transferir a responsabilidade, visão e impulso para os novos cristãos, que não entendem porque o mesmo Espírito Santo que habita em seus corações não é capaz de equipá-los para liderança.

Os grandes missionários sempre entenderam a natureza transicional de seus papéis. João Batista iniciou esse espírito quando disse: *Ele (Jesus) tem de ficar cada vez mais importante, e eu, menos importante.*[247]

Todo profissional dos Movimentos de Plantação de Igrejas reconhece que o sucesso do movimento requer tudo o que ele tem para dar quando enfrenta um grupo de pessoas desprovido do testemunho do Evangelho. Entretanto, à medida que o Evangelho cria raízes entre as pessoas, pode exigir ainda mais esforço do missionário para resistir aos papéis de liderança e tomar um assento no banco de trás, dando espaço para os líderes que estão surgindo.

5. Qual o papel da educação teológica?

Imediatamente depois de ouvir estudos de casos de Movimentos de Plantação de Igrejas em uma conferência de presidentes de seminário, deãos acadêmicos e professores, um dos presidentes de seminário foi convidado a responder. "Um movimento herético", ele disse, "ainda assim é herético!" Seu argumento era muito claro; ele acreditava que os seminários deviam evitar que os Movimentos de Plantação de Igrejas se tornassem movimentos heréticos.

Os Movimentos de Plantação de Igrejas são capazes de transmitir heresia? Com certeza. Eles são inerentemente heréticos. De maneira alguma!

---

246 Rm 15.20.
247 Jo 3.30.

Os Movimentos de Plantação de Igrejas são movimentos rápidos de multiplicação de pessoas. As pessoas podem multiplicar verdade ou erro. O segredo para mantê-las no caminho não é desacelerá-las o suficiente para doutrinar todos os seus líderes antes de permitir que eles se reproduzam. O segredo é construir fidelidade para com as Escrituras com o DNA dos primeiros modelos de reprodução de igrejas.

A infidelidade com a Palavra de Deus – não importa se a pessoa tem instrução ou não – é o que leva à heresia. A história cristã nos ensina muito bem que muitos dos heréticos mais notórios da história tinham treinamento teológico impecável e credenciais dos seminários da mais alta qualidade.

Colocar a obediência à Palavra de Deus no DNA da igreja é indispensável para manter os Movimentos de Plantação de Igrejas no caminho, mas não é o fim da história. Qualquer pessoa que esteja no ministério mesmo que por algumas semanas sabe que há intermináveis questões que aparecem as quais exigem conselho, estudo e treinamento.

A necessidade de educação teológica e treinamento ministerial não estão em questão. Ambos são extremamente necessários. A questão é como melhor fazer isso? No passado, os missionários confiavam demasiadamente nas instituições dos seminários que eram localizadas em ambientes urbanos centralizados. Para que um pastor pudesse ter essa educação do seminário poderia significar anos morando longe de sua casa e aldeia.

Ao redor do mundo, seminários institucionais têm, há muito tempo, sido suplantados por educação teológica descentralizada através de centros de extensão e cursos por correspondência. Os Movimentos de Plantação de Igrejas estão impulsionando esse paradigma da aprendizagem a distância ainda para mais longe à medida que missionários lutam para encontrar formas inovadoras de fazer com que a educação teológica esteja disponível para todos os cristãos em todos os tempos.

Como um país que está mobilizado para a guerra, os profissionais dos MPI estão explorando todas as maneiras possíveis de treinamento teológico para acompanhar a rápida multiplicação das novas igrejas. Entre os meios usados estão as transmissões de rádio, vídeo e fitas de áudio, CDs de áudio e vídeo e a internet. Quando possível, os missionários organizam centros de treinamento móveis que oferecem duas ou três semanas de módulos de treinamento que podem ser desmembrados e relocados sempre que seja necessário. Em vários países restritos há um fluxo discreto e constante de estudos bíblicos de pastores fluindo nos centros de distribuição regionais, de onde eles podem ser reproduzidos e disseminados por todo o país.

O medo de heresia tem sido uma das razões pelas quais muitos ocidentais evangélicos optaram por criar redes de igrejas células em vez de igrejas nos lares independentes. Muitos desses movimentos de igrejas em células são altamente estruturados com lições completas da Bíblia que formam um efeito cascata e vão em direção a uma autoridade de ensino central. Entretanto, a mesma estrutura que evita heresia pode também transmiti-la. Ela simplesmente faz isso mais eficazmente. Resumindo, a busca pela ortodoxia teológica é um desafio interminável. Onde quer que pessoas estejam envolvidas o resultado se manterá incerto.

6. Qual a diferença entre igrejas em células e igrejas nos lares, e como cada uma se relaciona com os Movimentos de Plantação de Igrejas?

As igrejas nos lares e as igrejas em células compartilham muitas características em comum, mas são fundamentalmente diferentes em relação aos Movimentos de Plantação de Igrejas. As massas que chegam a Cristo nas megaigrejas baseadas em células, que estão

Perguntas frequentes

florescendo no mundo, são evidência da obra de Deus. Entretanto, elas não constituem igrejas nativas multiplicadoras. Podemos relacioná-las com a música clássica e o jazz. Ambos os tipos de músicas usam os mesmos instrumentos, mas enquanto a música clássica é firmemente estruturada (como as igrejas em células), o jazz aprecia a liberdade do fluir através das variedades das possibilidades musicais (como as igrejas nos lares). Enquanto as igrejas nos lares apreciam muitas das qualidades iniciais dos Movimentos de Plantação de Igrejas, elas tendem a alcançar a estabilidade devido aos controles internos associados com uma liderança centralizada.

As igrejas nos lares são igrejas autônomas que são pequenas o suficiente para se reunirem em casas. Depois de encher seu espaço limitado, elas crescem através da multiplicação, em vez de aumentar sua membresia. Cada igreja no lar tem sua própria liderança e deriva sua autoridade diretamente de Cristo, e não de uma hierarquia eclesiástica, e funciona em todos os aspectos como uma igreja.

As igrejas em células, por outro lado, são, na verdade, grandes igrejas que organizaram sua membresia em grupos pequenos que <u>não</u> são autoconscientes e que funcionam como igrejas independentes. Igrejas em células derivam sua autoridade de um pastor sênior cujos ensinamentos são passados para cada líder de célula. Como as igrejas nos lares, as igrejas em células podem crescer através da multiplicação, mas elas nunca quebram os laços com a liderança centralizada.

Igrejas em células compartilham muitas das qualidades que vemos nas igrejas nos lares multiplicadoras de outros Movimentos de Plantação de Igrejas ao redor do mundo. Elas são lideradas por pessoas leigas, mas exigem um líder visionário bem treinado nos bastidores pastoreando o movimento. Essa necessidade de se ter um líder forte e visionário é fator diferenciado das igrejas células e uma das razões pelas quais, ao contrário do movimento de igreja nos lares, as igrejas em células são autolimitadas – isto é, simplesmente não há suficientes líderes visionários bem treinados para criar igrejas em células em massa o bastante para alcançar todo o mundo.

Como no caso das igrejas nas casas, as igrejas células também tendem a ser homogêneas por natureza, mas raramente abraçam uma visão de alcançar um grupo inteiro de pessoas. Isso porque a visão que impulsiona uma igreja em célula é crescer cada vez mais, em vez de alcançar um grupo inteiro de pessoas ou cidade através da multiplicação de novas igrejas.

7. POR QUE NÃO ESTÁ ACONTECENDO AQUI?

As histórias extraordinárias dos Movimentos de Plantação de Igrejas deixaram alguns cristãos frustrados. Eles dizem: "é emocionante ler sobre o que Deus está fazendo nessas terras distantes, mas por que não está acontecendo aqui?"

Essa pergunta revela um anseio pelo melhor de Deus para um mundo perdido. Se a oração é um *protesto contra o status quo*, então deveríamos clamar: "Por que não aqui, ó Senhor?"

Às vezes descobrimos que Deus está bem disposto, mas o parceiro que não coopera somos nós. Quantos dos elementos universais dos Movimentos de Plantação de Igrejas estão atualmente em jogo em nosso próprio ambiente ministerial? Quantas das características comuns podem ser encontradas? Há algum dos sete pecados mortais que podemos identificar e remover?

No final das contas, os Movimentos de Plantação de Igrejas requerem a cooperação de três parceiros: Deus, nós e nossa comunidade. Apenas um desses participantes está sob nosso controle. Muitos grandes plantadores de igrejas trabalharam a vida toda sem ver um movimento. Eles não devem se sentir culpados ou frustrados.

Ao mesmo tempo, estamos ganhando uma nova compreensão desses movimentos com o passar dos anos. Este livro reflete um corpo em crescente discernimento de como Deus está operando nesses movimentos. Apenas porque não está acontecendo onde você está agora, não significa que não verá avanços nos dias que estão pela frente. Nunca pare de aprender. Nunca desista. Nunca pare de protestar contra a maneira como as coisas estão.

8. Se eu ligar todos os pontos, posso fazer isso acontecer?

Já conversamos sobre essa questão antes, mas vale a pena repetir. Seguir cada passo deste livro não é garantia que um movimento acontecerá. A obra de Deus não é mecânica nem mágica.

Deus dá as boas-vindas à nossa participação em seus atos poderosos, mas devemos participar sob suas condições. Nunca devemos nos enganar e pensar que podemos ignorar a maneira pela qual ele está operando e ainda assim esperar suas bênçãos.

A melhor analogia aos Movimentos de Plantação de Igrejas é, provavelmente, o desafio de ganhar um amigo perdido para Cristo. Como nos Movimentos de Plantação de Igrejas, Deus já fez a obra mais importante através de Jesus, mas nós temos um papel vital para desempenhar. A maneira pela qual nos relacionamos com nosso amigo e compartilhamos nossa fé pode ser decisiva na forma como ele vai responder. No fim, entretanto, é a resposta da pessoa ao Evangelho que fecha o círculo. O mesmo é verdade em relação aos Movimentos de Plantação de Igrejas.

9. Mas eles vão durar?

Essa pergunta nasce de uma preocupação para que não sejamos como o homem que rapidamente construiu sua casa sobre a areia, mas quando a tempestade veio se encontrou sem nada. A mesma linha de raciocínio leva os construtores de igrejas a construir prédios com pedras. Há um sentimento de que tijolos e argamassas reais irão, de alguma forma, garantir a permanência do trabalho.

O corpo de Cristo não depende da permanência das nossas estruturas físicas, mas de sua vitalidade espiritual. A maior evidência disso é a vitalidade e a resistência da igreja primitiva. Por três séculos ela floresceu e se espalhou por todo o mundo conhecido, sem ter sequer uma única catedral ou construção permanente.

Os cristãos que vivem em ambientes hostis reconhecem que o fluir natural das igrejas nos lares os ajuda a sobreviver às desolações da perseguição. Permanecer pequena, descentralizada e móvel permite que elas se mantenham um passo à frente de seus perseguidores. As igrejas nos lares estão constantemente se adaptando para lidar com as mudanças que a vida traz. Algumas igrejas nos lares mudam sua localização semana após semana para ficar à frente de seus oponentes. Outras se desmembram completamente com mudanças nos padrões dos trabalhos migratórios, apenas para reaparecer mais tarde em outra parte do país.

Parte 4

Plataforma de lançamento

16

Ferramentas práticas

Você tem visto os Movimentos de Plantação de Igrejas ao redor do mundo e testemunhou a singularidade de cada um e os elementos comuns que eles compartilham. A esperança é que você tenha renovado a confiança de saber que os Movimentos de Plantação de Igrejas têm suas raízes na vida e nos ensinamentos de Jesus e são, de fato, expressões do século 21 do mesmo movimento que se espalhou através do mundo do Novo Testamento.

Por isso você está se perguntando como pode também participar de um Movimento de Plantação de Igrejas em sua própria comunidade. Você tem sido paciente, pois suspendemos nosso juízo de valores e pesamos todas as evidências. Mas agora que temos as evidências é tempo de transformar nossos conhecimentos em ação.

Neste capítulo lhe daremos algumas ferramentas práticas para ajudar a estabelecer sua visão, avaliar onde sua comunidade está e levar você e sua equipe para a estrada em direção aos Movimentos de Plantação de Igrejas.

Abra espaço

Se você quer ver um Movimento de Plantação de Igrejas, terá que abrir espaço para que isso aconteça. Uma das coisas mais difíceis para as pessoas boas fazerem é desistir de muitas coisas boas que já estão fazendo para abraçar o melhor. Talvez isso o descreva. Você está entusiasmado sobre uma nova visão de possibilidades, mas odeia o pensamento de deixar para trás muitas coisas boas que já está fazendo.

Mas se o que você está fazendo agora não o tem levado a um Movimento de Plantação de Igrejas, então talvez seja tempo de mudar. Se você continuar fazendo o que tem feito, continuará recebendo o que está recebendo. Por isso, se você ainda não está vendo um Movimento de Plantação de Igrejas com o que está fazendo agora, deve parar, abrir espaço e tentar alguma coisa nova. Lembre-se, *uma boa definição de insanidade é continuar fazendo o que você tem feito, enquanto espera resultados diferentes.*[248]

Comece pelo fim

O melhor lugar para começar seus esforços é no final, com a visão que Deus lhe deu. Avalie tudo o que você faz à luz dessa visão. Não fique com medo de mudar seus planos sempre que necessário. Lembre-se: é melhor mudar seus planos para encaixar sua visão do que comprometer sua visão apenas para manter seus planos.

No dia 20 de julho de 1969, Neil Armstrong pousou na lua, o passo final em um esforço conjunto de milhares de homens e mulheres. Mas todo o empreendimento realmente começou oito anos antes, no dia 25 de maio de 1961, quando John F. Kennedy lançou o programa espacial Apollo com estas palavras: "Acredito que esta nação

---

248 A definição de insanidade é comumente usada nos *Workshops* de Treinamento de Coordenadores Estratégicos no sudeste da Ásia.

Ferramentas práticas

deve se comprometer em alcançar o objetivo, antes do fim dessa década, de levar um homem à lua e trazê-lo de volta à terra a salvo".[249]

Em sua essência, Kennedy estava desafiando a comunidade científica da América a responder à pergunta: "O que é necessário para que essa visão se cumpra?" Ele não lhes pediu para simplesmente melhorar o desempenho atual ou ver quanto eles poderiam realizar em uma década. Em vez disso, ele apontou para a visão final.

O que você espera alcançar não é menos significante do que pousar um homem na lua. E isso deve começar no mesmo lugar: *com a visão final*. Começar onde você está e se comprometer a trabalhar mais arduamente ou fazer mais apenas levará à frustração e à exaustão. Em vez disso, faça o que a NASA fez. Comece com uma imagem da visão completa (um Movimento de Plantação de Igrejas) e então faça seu caminho para trás, passo a passo. Isso o ajudará a ver o que precisa para realizar seu sonho.

Faça a pergunta: O que é necessário?

Os Watson usaram essa abordagem quando viram o enorme desafio de alcançar os 90 milhões de perdidos entre os povos falantes do idioma bhojpuri, na Índia. David chamou esse exercício de uma fórmula geracional. Começando com a pergunta: "O que é necessário para alcançar 90 milhões de bhojpuri <u>nesta</u> (20 anos) geração?"[250] A partir desse ponto inicial, ele criou o cálculo seguinte.

Entre o povo bhojpuri, 90 milhões de indivíduos moram em 172.000 aldeias. Cada aldeia precisa de, pelo menos, uma igreja. Alcançar todas as 172.000 aldeias em 20 anos exigiria a plantação de 8.600 igrejas nas aldeias a cada ano. Claro que nenhum plantador de igreja ou coordenador estratégico poderia alcançar tal feito, mas o trabalho não pertence a apenas um único coordenador estratégico ou plantador de igrejas. O corpo de Cristo está pronto

---

249 Presidente John F. Kennedy, *"Special Message to the Congress on Urgent National Needs."* [Mensagem especial ao Congresso sobre necessidades nacionais urgentes] Pronunciada antes da sessão conjunta do Congresso. 25 de maio de 1961.

250 *"O que é necessário fazer?"* Mais do que qualquer outra, esta pergunta provoca os missionários a confrontarem as limitações da pergunta *"O que posso fazer?"*

para o desafio. Com isso em mente, os Watson criaram um plano para estabelecer centros de treinamento para plantadores de igrejas que equipariam o corpo de Cristo para alcançar todos os 90 milhões dos povos bhojpuri. Cada centro de treinamento poderia treinar 40 plantadores de igrejas do povo bhojpuri por ano.

Agora a visão está ficando clara, indo do impossível para o possível. Plantar 8.600 igrejas por ano exigiria 215 centros de treinamento, anualmente equipando 40 plantadores de igrejas. Em 20 anos a visão de 172.000 igrejas seria alcançada. De fato, eles alcançariam o objetivo mais rápido, uma vez que estavam plantando igrejas que também plantavam igrejas. De repente o objetivo de 172.000 igrejas nas aldeias não parecia tão improvável.

Hoje há quase um milhão de cristãos bhojpuri buscando a mesma visão; o que um dia pareceu impossível, está se tornando uma realidade.

Tente você mesmo

Peça a Deus para dar a visão final completa para seu povo, cidade ou comunidade. Então comece a trabalhar para trás a partir desse ponto. Faça as seguintes perguntas a você mesmo:

1. Qual é a visão de Deus para esse povo, cidade ou comunidade?

2. Quantas igrejas serão necessárias?

3. Como serão essas igrejas?

4. De onde seus líderes vêm?

5. O que esses líderes precisam saber?

6. Como obterão o treinamento de que precisam?

7. Quanto tempo durará esse treinamento?

8. Quantos líderes e igrejas existem agora?

9. Com qual rapidez os novos líderes são treinados e as novas igrejas são plantadas agora?

Ferramentas práticas 275

10. No ritmo atual, quanto tempo levará para produzir o número de igrejas necessárias para cumprir a visão de Deus para seu povo, cidade ou comunidade?

Vivendo a visão

Uma vez que tenha estabelecido o que vai acontecer, você mesmo pode começar a viver e a modelar a visão final. Como você faz isso? Formando e participando no tipo de igreja multiplicadora nos lares que espera ver quando o movimento alcançar sua plenitude. O apêndice dois oferece algumas diretrizes para formar o tipo de igreja POUCH que vimos no capítulo 4.

Ao viver sua própria visão, você entenderá melhor a sutileza e as nuances do que está tentando comunicar aos outros. E descobrirá que sua própria igreja nos lares o move um passo a mais para concretizar a visão de multiplicar as igrejas nos lares que estão acontecendo em sua comunidade.

Praticar a igreja nos lares o coloca diretamente alinhado com a visão dada por Deus para um Movimento de Plantação de Igrejas, mas e a sua comunidade? Como você pode levá-la do lugar em que está agora para onde precisa estar em relação aos Movimentos de Plantação de Igrejas? Nas próximas páginas mostraremos como: 1) avaliar onde ela está agora, 2) identificar as lacunas entre onde ela está agora e onde ela precisa estar, e então 3) planejar estratégias para fechar essas lacunas.

Onde elas estão agora?

Se você não sabe a qual distância sua comunidade está de um Movimento de Plantação de Igrejas, como pode conduzi-la para lá? Vamos tirar um momento para situar a distância precisa entre onde sua comunidade está agora e onde ela precisa estar para produzir um Movimento de Plantação de Igrejas. Como fazemos isso? Retornando aos elementos e características essenciais que já identificamos.

10 Elementos universais	1	2	3	4	5	6	7	8	9	10
Oração extraordinária										
Evangelismo abundante										
Plantação de igrejas intencional										
Autoridade da Bíblia										
Liderança local										
Liderança leiga										
Igrejas nos lares										
Igrejas plantando igrejas										
Reprodução rápida										
Igrejas saudáveis										

Avalie sua comunidade à luz dos dez elementos universais, das dez características comuns e dos sete pecados mortais. Em uma escala de um a dez, com dez sendo a mais alta, como você classificaria o status de cada um desses elementos em sua comunidade? Depois de fazer esse exercício, peça à sua equipe ou aos seus parceiros locais para fazerem o mesmo. Então compare os resultados.

10 Elementos comuns	1	2	3	4	5	6	7	8	9	10
Clima de incerteza										
Isolamento dos estrangeiros										
Alto custo por seguir Cristo										
Fé destemida										
Conversão da família										

Assimilação rápida dos cristãos										
Adoração no idioma do coração										
Sinais e maravilhas divinos										
Treinamento no serviço										
Sofrimento dos missionários										

Nem todas as características comuns estão dentro do seu poder de influência. Por exemplo, você não deve promover um *clima de incerteza* ou tentar fabricar os *sinais e maravilhas divinos*. Mas pode afetar muitas dessas características, tais como *evangelismo, oração, plantação intencional de igrejas*. Ao fazer isso você irá alinhar melhor sua comunidade com a maneira pela qual Deus está operando nos Movimentos de Plantação de Igrejas.

Finalmente, olhe para os sete pecados mortais. Quem sabe você deseje revisitar os sete obstáculos no capítulo 14, e então avaliar o status de sua comunidade. Convide sua equipe para se juntar a você nesse exercício de identificar quais barreiras podem estar impedindo o cumprimento da sua visão.

7 PECADOS MORTAIS	1	2	3	4	5	6	7	8	9	10
Visão embaçada										
Melhorando a Bíblia										
Sequencialismo										
Sal insípido										
Guloseimas do diabo										
Sequestro por estrangeiros										
Culpar Deus										

Para permanecer consistente na maneira com que nosso gráfico aparece, vamos marcar esses sete pecados mortais ao contrário do modo como marcamos os primeiros vinte elementos. Por exemplo, marque um dos sete pecados mortais com uma nota baixa indicando que o obstáculo está tendo um impacto negativo significativo na sua comunidade, enquanto uma pontuação alta significa que não é um fator muito importante. Quanto mais alta a nota que você der, significa menos barreiras para que um Movimento de Plantação de Igrejas aconteça em sua comunidade.

O resultado desse exercício fornece a você, em uma única foto instantânea, um retrato de sua comunidade através das lentes dos Movimentos de Plantação de Igrejas. Vamos ver um exemplo.

IDENTIFICANDO AS LACUNAS	1	2	3	4	5	6	7	8	9	10
Oração extraordinária										
Evangelismo abundante										
Plantação de igrejas intencional										
Autoridade da Bíblia										
Liderança local				L	A	C	U	N	A	S
Liderança leiga										
Igrejas nos lares										
Igrejas plantando igrejas										
Reprodução rápida				L	A	C	U	N	A	S
Igrejas saudáveis										
Clima de incerteza										
Isolamento dos estrangeiros				L	A	C	U	N	A	S
Alto custo por seguir Cristo										
Fé destemida										
Conversão da família										

Assimilação rápida dos cristãos										
Adoração no idioma do coração										
Sinais e maravilhas divinos										
Treinamento no serviço			L	A	C	U	N	A	S	
Sofrimento dos missionários										
Visão embaçada										
Melhorando a Bíblia			L	A	C	U	N	A	S	
Sequencialismo										
Sal insípido										
Guloseimas do diabo										
Sequestro por estrangeiros										
Culpar Deus			L	A	C	U	N	A	S	

Neste exemplo, você pode ver como uma comunidade se parece em relação a um Movimento de Plantação de Igrejas. *Oração extraordinária* está bem no caminho de 40 por cento do ideal, mas *evangelismo abundante* e *plantação intencional de igrejas* mal começaram a pontuar, com apenas um ponto de dez, ou seja, 10 por cento do ideal.

FECHANDO AS LACUNAS

Depois que você e sua equipe avaliaram sua comunidade e identificaram as lacunas, estão prontos para agir. As lacunas revelam onde você precisa concentrar sua atenção. Isso é importante; sem a identificação das lacunas nos inclinamos em direção a qualquer ministério que nos agrade mais, ou então gravitamos em direção aos nossos talentos e dons. A identificação das lacunas deixa sua comunidade falar com você e dizer onde a mudança precisa acontecer para nos alinharmos com os princípios dos Movimentos de Plantação de Igrejas.

Uma vez que as lacunas tenham sido identificadas, criar alinhamento é uma simples questão de planejar ações para fechar as lacunas entre onde a comunidade está agora e a visão de Deus para ela.

Estratégias para transpor as lacunas

Quais estratégias fortaleceriam e estenderiam as pontes (oração, evangelismo, etc.) para realizar a visão? Quais estratégias venceriam os obstáculos (isto é, *sete pecados mortais*) que você enfrenta? Uma vez que cada comunidade é única, cada estrategista terá que responder a essas perguntas. As estratégias que fecham as lacunas tomam forma de um bom plano de equipe que fornecerá uma linha de ação mensurável e com data marcada em direção ao cumprimento da visão.

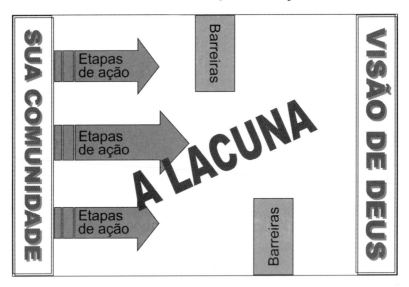

Vamos revisar o que fizemos até aqui. Esclarecemos nossa visão final, começamos a praticar essa visão final, avaliamos as lacunas para realizar a visão e começamos a desenvolver um plano piloto para fechar essas lacunas. Agora vamos olhar um exemplo real de como Deus usou um casal de servos para estimular um dos maiores Movimentos de Plantação de Igrejas da história.

A história dos Chen[251]

John Chen nasceu em Taiwan, filho de um pastor batista. Seu pai foi exemplo para ele em tentar começar uma nova igreja a cada ano em

---
[251] A história dos Chen é real. Os nomes das pessoas e dos lugares foram trocados para proteger o ministério.

Ferramentas práticas

seu ministério. Não foi uma lição perdida para o jovem John. Quando ele mesmo se tornou pastor, seguiu o mesmo padrão produtivo, começando uma nova capela a cada ano e pessoalmente conduzindo de 50 a 60 pessoas para Cristo.

Depois de duas décadas de pastoreio e plantação de igrejas que o levaram, e a sua família, de Taiwan a Hong Kong e finalmente aos Estados Unidos, em 1995, ele se tornou um missionário. Então, em 2000, John respondeu ao chamado de Deus de se tornar um coordenador estratégico no centro urbano da República da China.

A China era um desafio maior do que os Chen podiam imaginar. O centro urbano em que ele estava servindo, que chamaremos de Nandong, era povoado por cerca de 20 milhões de homens, mulheres e crianças. A cada dia, milhares de novos trabalhadores imigrantes chegavam a Nandong procurando emprego e uma chance de uma vida melhor.

No verão de 2000, os Chen fizeram sua primeira viagem para Nandong. Eles encontraram a cidade cheia de fábricas e lotada com milhares de trabalhadores. John recorda: "Havia tanta gente. Não havia tempo de fazer o trabalho devagar. Mas não sabíamos fazer de forma diferente".

Então, em outubro de 2000, John e sua esposa, Hope, entraram para o treinamento de coordenadores estratégicos e começaram a aprender como Deus estava operando nos Movimentos de Plantação de Igrejas. John percebeu, então, que ele não podia fazer tudo sozinho e não podia simplesmente depender de um grupo de plantadores de igrejas. John pegou os princípios dos Movimentos de Plantação de Igrejas e se fez as seguintes perguntas:

"O que é melhor do que plantar uma igreja?"

Resposta: Treinar outros para plantarem igrejas.

"E o que é melhor do que treinar outros para plantarem igrejas?"

Resposta: Treinar treinadores para treinar plantadores de igrejas para plantar ainda mais igrejas!

Com essa fórmula exponencial, John, o pastor; John, o plantador de igrejas; tornou-se John, o treinador e instrumento de um Movimento de Plantação de Igrejas.

John sabia que nem todos serviam para ser um plantador de igrejas, mas, ao mesmo tempo, sabia que Deus *podia* usar qualquer pessoa. Então como você pode determinar quem será e quem não será um eficiente plantador de igrejas? Em vez de tentar resolver isso com antecedência, John decidiu treinar *todos* para serem plantadores de igrejas e treinadores de plantadores de igrejas. Aqueles que completassem o treinamento se tornariam seus colaboradores nos Movimentos de Plantação de Igrejas, aqueles que não terminassem simplesmente ficariam para trás.

John continuou a história a partir daqui:

"Eu sabia que eu e minha esposa poderíamos trazer, cada um, cerca de 30 pessoas para Cristo em um ano, mas apenas se cada cristão trouxesse alguém para Cristo nós poderíamos esperar alcançar os milhões de Nandong". Em novembro de 2000 John começou seu trabalho.

TREINANDO TREINADORES

Inicialmente, John descobriu apenas três cidades no distrito de Nandong com algumas igrejas, e elas tinham um total de 250 membros. John adotou o que pensava ser um objetivo ambicioso de ver uma igreja plantada em cada cidade do distrito. Aquilo significaria começar mais de 200 novas igrejas! Quando ele compartilhou seu objetivo com um dos pastores locais, o pastor balançou a cabeça e disse: "Você deveria voltar para Hong Kong!" Depois de alguma persuasão, o pastor concordou em deixar John dar uma aula sobre plantação de igrejas para qualquer membro que estivesse interessado. A maioria dos membros das igrejas era de fazendeiros que trabalhavam nos campos durante todo o dia, por isso as aulas aconteciam à noite. Na primeira sessão, 30 membros compareceram.

Os Chen começaram sua aula compartilhando o desafio da visão, mas a maioria das pessoas que recebia o treinamento estava cética. John descobriu que havia dois obstáculos impedindo cada um deles de serem evangelistas eficazes. Primeiro, eles não sabiam o que dizer e, segundo, eles não sabiam para quem dizer o que tinham que dizer. John

Ferramentas práticas

atacou o segundo obstáculo fazendo com eles listassem todas as pessoas perdidas que eles conheciam e, então, identificassem as cinco com as quais Deus queria que eles compartilhassem o Evangelho primeiro.

Então voltou sua atenção para o primeiro obstáculo. John ensinou às pessoas em treinamento que cada uma delas tinha uma história única para contar. A história de uma pessoa é simples, constituindo de três partes: 1) Como você era antes de conhecer Jesus, 2) Como você conheceu Jesus e 3) Como tem sido sua vida desde que conheceu Jesus. Então John os instruiu a removerem o vocabulário religioso da história.

"Nós nem chamamos de testemunho", John explicou. "Um testemunho é para cristãos. Os não cristãos não sabem o que é um testemunho, por isso chamamos de 'nossa história'". John pediu para cada pessoa em treinamento escrever seu testemunho em uma única folha de papel.

No início, todos estavam um pouco nervosos em contar sua história, por isso John fez com que eles a lessem em voz alta por cinco vezes e depois a contassem um ao outro em grupos de três. Ao final da primeira aula, os fazendeiros em treinamento estavam entusiasmados e confiantes.

Nas semanas que se seguiram, John ensinou ao pequeno grupo de pessoas em treinamento seis lições adicionais projetadas para alicerçar os novos cristãos no fundamento da fé.[252] Ao despedi-los, ele disse: "Vão essa semana e compartilhem sua história com cinco pessoas de sua lista. Se vocês não conseguirem compartilhar com essas cinco pessoas, vão para as próximas de sua lista! Quando vocês retornarem na próxima semana, veremos o que Deus fez".

Depois da primeira aula John descobriu que apenas 17 das 30 pessoas tinham compartilhado com alguém, mas um fazendeiro tinha compartilhado com 11 pessoas. Para fortalecer a fé, John pediu que as pessoas contassem ao grupo sobre suas experiências. Dessa forma, elas suscitaram novas ideias e encorajamento umas às outras. Depois da segunda lição John introduziu uma dose de responsabilidade ao dizer às

---

252 Veja apêndice 1.

pessoas em treinamento: "Se vocês escolherem não compartilhar com ninguém essa semana, não devem vir à aula na próxima semana". Isso fez com que as pessoas se concentrassem em fazer e não apenas em ouvir a palavra. Os resultados surpreenderam até mesmo os Chen.

Em janeiro de 2001 (dois meses depois do início), eles já tinham começado 20 pequenos grupos que estavam se tornando igrejas. Em maio havia 327 pequenos grupos e 4.000 recém-batizados, e as igrejas estavam espalhadas por 17 vilas. Ao final de 2001, havia 908 igrejas nos lares com mais de 12.000 novos cristãos.

Elas retornaram com alegria

Assim como os discípulos de Jesus em Lucas 10, as pessoas em treinamento descobriram que, em cada aldeia que visitaram, Deus já tinha preparado uma pessoa de paz que estava esperando para ouvir a história do Evangelho. Um fazendeiro idoso que nunca antes havia plantado igrejas começou 12 igrejas nos lares em dois meses, e 110 em um ano.

Seu estilo de vida era o alicerce para sua eficácia. Ele começava todos os dias às 5 horas da manhã lendo sua Bíblia até as 7 horas, e então trabalhava nos campos até às 17 horas, quando ia para casa para jantar e ficar com sua família. Às 19 horas saía novamente para "trabalhar nos campos de Deus até meia-noite.

A história do fazendeiro idoso não é incomum no que se tornou o maior Movimento de Plantação de Igrejas da história. Em outra vila uma senhora de 67 anos se tornou cristã e em um ano tinha levado mais de 60 famílias a Cristo.

"Pedi a ela para me levar junto e me mostrar com faz isso", disse John. "Ela conta às pessoas como ela era fraca e como Jesus a salvou. Depois, convida as pessoas para um estudo bíblico em sua casa. Claramente ela tem a unção do Espírito Santo sobre ela".

"Ensinamos aos novos cristãos como ter um estudo bíblico e um tempo diário de devocional. Assim eles podem fazer isso para sempre. Então nós os ensinamos o que é uma igreja e como se organizar dentro dela para que, assim, eles possam crescer juntos em Cristo".

Ferramentas práticas

"Uma vez", John disse, "perdemos o contato com um trabalhador cristão de uma fábrica que havíamos treinado. Depois de seis meses, o encontramos novamente; ele tinha sido transferido para outra fábrica muito grande com 10.000 trabalhadores. Durante aqueles 6 meses, ele tinha começado 70 pequenos grupos e tinha visto 10 gerações de reprodução (igrejas plantando igrejas)".

Se você perguntar a John o segredo desse poderoso movimento, ele vai puxar suas calças e mostrar seus joelhos calejados. "Você deve passar pelo menos duas horas todos os dias em oração", ele diz.

John ensina seus alunos a orarem pela unção do Espírito Santo, a colocarem toda a armadura de Deus, a orarem pelo perdido ao redor deles, a orarem em cada situação que vão testemunhar e a orarem para que o sangue de Jesus os proteja de tudo que Satanás jogará contra eles.

Depois de duas horas de oração matinal, John sai para os campos de colheita. Ele testemunha fielmente todos os dias com sua simples história, todo tempo buscando por aqueles a quem Deus chamou. John continua a treinar outros para fazerem o mesmo.

Em 2003, John estava regularmente treinando de 300 a 400 plantadores de igrejas por mês. "Você nunca sabe quem Deus usará", ele riu, "por isso continuamos treinando todo mundo!" O ardente compromisso de John de treinar todos é uma das razões do movimento ter explodido além de sua visão original de 200 igrejas. Hoje, o movimento está se espalhando por vários distritos e mostra bem poucos sinais de que está diminuindo.

De fato, por todas as indicações, o movimento de Nandong ainda está tomando impulso. Em 2001, 908 igrejas foram iniciadas com 12.000 cristãos batizados. No ano seguinte, os Chen viram 3.535 novas igrejas plantadas com mais de 53.430 batismos. Então, nos primeiros 6 meses de 2003, o movimento tinha produzido 9.320 novas igrejas e 104.542 batismos.[253] Hoje John lidera 15 treinadores representantes em 30 centros de treinamento que se reúnem nos lares e nas igrejas à medida que o movimento continua crescendo.

---

253 Esses números oficialmente relatados e confirmados estão incompletos em relação ao que ainda está acontecendo no movimento de Nandong. O treinamento dos Chen foi adotado com muita efetividade por outras denominações na área de Nandong, e os Chen preferiram não relatar esses outros números aqui. Essas estatísticas adicionais teriam aumentado os números totais de igrejas e batismos para aproximadamente 40%.

Liderando sua equipe

A história de John e Hope Chen revela o que é possível quando colocamos nossa visão e nos movemos muito além da nossa zona de conforto. Há muito mais que podemos aprender a partir da experiência dos Chen,[254] mas o combustível e o motor para o Movimento de Plantação de Igrejas de Nandong não pode ser encontrado em currículos ou técnicas. Ao contrário, eles estão escondidos na oração, na visão e em uma ardente obediência do líder e sua equipe.

Todos os que esperam ver o tipo de movimento que os Chen experimentaram enfrentarão os desafios de desenvolver e liderar uma equipe de colaboradores com a mesma opinião. Como desenvolvemos uma equipe assim? Se você quer alinhar sua equipe para o sucesso, então deve se perguntar se forneceu a eles os ingredientes necessários: 1) visão, 2) treinamento, 3) paixão, 4) colaboradores, e 5) prestação de contas. Se algum desses ingredientes estiver faltando, você não terá os resultados que deseja. Vamos examinar como cada um desses ingredientes contribui para os Movimentos de Plantação de Igrejas.

Ingredientes-chave

1) **Visão** – Uma clara visão final de um Movimento de Plantação de Igrejas entre o grupo de pessoas ou comunidade.

2) **Treinamento** – Competência no evangelismo, discipulado, plantação de igrejas, treinamento e multiplicação são necessários para realizar a estratégia que levará ao cumprimento da visão.

3) **Paixão** – Mutuamente reforçar a visão de um Movimento de Plantação de Igrejas. Relembrar um ao outro que, longe da salvação em Cristo, sua comunidade está eternamente perdida.

---

254 Você pode encontrar um resumo completo do treinamento dos Chen no apêndice 1.

Ferramentas práticas

4) **Colaboradores** – A menos que você possa treinar vários colaboradores, seus sonhos nunca se tornarão uma realidade. Lembre-se que "os recursos estão na colheita". Cada pessoa perdida é um cristão em potencial e cada novo cristão é um potencial colaborador que precisa ser treinado.

5) **Prestação de contas** – Construa em sua equipe um sistema de prestação de contas que garantirá que todos continuem a multiplicar através do evangelismo, discipulado, plantação de igrejas e treinamento.[255]

O que acontece quando um desses ingredientes está faltando? Se sua equipe tem treinamento, paixão, colaboradores e prestação de contas, mas a visão para um Movimento de Plantação de Igrejas não está clara, sua equipe experimentará **confusão**!

Se sua equipe tem uma visão clara, compartilha paixão, tem um corpo crescente de colaboradores e prestação de contas, mas faltam habilidades necessárias para alcançar a visão, sua equipe será **ansiosa e indecisa.**

Se sua equipe possui visão e habilidades, juntamente com colaboradores e prestação de contas, mas falta paixão, pode ocorrer mudança, mas será **bem lenta, na melhor das hipóteses.**

Se sua equipe tem a visão correta, paixão e prestação de contas, mas não consegue treinar um grande número de colaboradores da colheita, experimentará uma grande **frustração.**

Finalmente, se você fornecer à sua equipe uma liderança visionária, habilidades, paixão e colaboradores, mas não reforçar a prestação de contas, sua equipe experimentará **resultados mistos,** alguns bons e outros ruins.

Vamos ver todos esses componentes dispostos em um único gráfico:

---

255 Variações desse modelo têm sido usadas ao redor do mundo. O autor descobriu que uma das pensadoras influentes nessa área é a dra. Mary B. Lippitt, do Enterprise Management Ltd. e autora de *Leadership Spectrum* [Espectro da Liderança]. Visite seu website: www.enterprisemgt.com ou www.leadershipspectrum.com. (Sites em inglês. Acesso em 29/06/2015.)

CHECK LIST PARA A LIDERANÇA DA EQUIPE:

(veja como elementos que faltam trazem resultados insatisfatórios)

Visão +	Treinamento +	Paixão +	Colaboradores +	Prestação de contas=	Progresso do MPI
	Treinamento +	Paixão +	Colaboradores +	Prestação de contas=	Confusão
Visão +		Paixão +	Colaboradores +	Prestação de contas=	Ansiedade
Visão +	Treinamento +		Colaboradores +	Prestação de contas=	Progresso lento
Visão +	Treinamento +	Paixão +		Prestação de contas=	Frustração
Visão +	Treinamento +	Paixão +	Colaboradores +	=	Resultados mistos

Ferramentas práticas

Use esse gráfico como lembrete do que é necessário para liderar uma equipe. Quando você começar a ver confusão, ansiedade, ação lenta, frustração ou começos falsos, busque os sintomas na raiz de suas causas. Faça as mudanças necessárias na equipe da liderança e você verá os resultados que deseja.

Agora você tem as peças-chave no lugar: uma compreensão sólida de sua visão, um entendimento de como você pode participar nessa visão, uma avaliação de sua comunidade em relação à visão e como liderar sua equipe para alcançar a visão. O que tem impedido você?

17

Um chamado para a ação

Você chegou ao final do livro, e o que aprendeu? Que diferença ele fará em você, em sua comunidade, na eternidade?

Vimos uma variedade de Movimentos de Plantação e *os que pretendem ser* que estão surgindo ao redor do mundo. Investigamos suas características através da igreja do Novo Testamento e da própria vida e ensinamentos de Jesus. Identificamos elementos que são essenciais para todo Movimento de Plantação de Igrejas e exploramos o contexto dos Movimentos de Plantação de Igrejas, respirando o mesmo ar que os cercava.

Expusemos juntos os sete pecados mortais que podem definhar um Movimento de Plantação de Igrejas antes mesmo de ele ter a chance de florescer. Exploramos algumas das perguntas mais frequentes sobre os Movimentos de Plantação de Igrejas e esperamos ter chegado a algumas respostas satisfatórias. Finalmente, convertemos o que aprendemos em passos práticos que nos guiarão fielmente a um Movimento de Plantação de Igrejas.

Para onde você irá a partir daqui?

A resposta depende de onde você está agora, porque todos nós começamos em lugares diferentes. Você pode ser uma pessoa leiga com uma mente direcionada para missões, um pastor, um missionário ou simplesmente um cristão que está convencido de que o ideal de Deus ainda anseia ser realizado. Quem quer que você seja ou onde quer que você esteja, pode se unir a Deus na tarefa de espalhar os Movimentos de Plantação de Igrejas para sua comunidade e ao redor do mundo.

Durante a última década temos visto que muitos cristãos que compartilham interesse nos Movimentos de Plantação de Igrejas estão em algum lugar em um espectro que varia entre a *retórica* e a *realidade*. Há cinco estágios ou pontos de discussão que marcam o progresso ao longo do caminho. À medida que examinamos esses cinco estágios dos Movimentos de Plantação de Igrejas a seguir, tente identificar onde você e sua equipe estão. Então dê os passos necessários para andar para frente.

Estágio 1: Uma aceitação retórica

O estágio um é "falar do que está sendo falado, mas sem caminhar a caminhada". As pessoas são rápidas para aceitar os Movimentos de Plantação de Igrejas. Opor-se aos Movimentos de Plantação de Igrejas é como criticar sua mãe ou a melhor sobremesa que ela faz – não seria justo. Mas há uma grande diferença entre aqueles que

Um chamado para a ação

simplesmente acrescentam "Movimentos de Plantação de Igrejas" à sua retórica e aqueles que levam a sério a necessidade de remodelar suas vidas para contribuir com esses movimentos.

As pessoas que falam muito seguem a maioria dos últimos acontecimentos, mas têm pouco domínio sobre o que está acontecendo e certamente não têm intenção de mudar a direção do já estão acostumadas a fazer para dar lugar a um Movimento de Plantação de Igrejas.

Estágio 2: A lentidão da visão

E então termina a conversa. Em algum lugar ao longo do caminho, você compreende a visão para um Movimento de Plantação de Igrejas. Talvez isso tenha acontecido à medida que estava lendo este livro. Ou tenha percebido o entusiasmo na voz de alguém que está imerso em um movimento. Ou talvez você tenha visitado um lugar onde um Movimento de Plantação de Igrejas aconteceu. Qualquer que seja a causa, há alguma coisa nesse novo paradigma de possibilidades que chama sua atenção. E logo a visão se torna uma obsessão, a percepção maravilhosa que isso poderia ser possível para sua própria comunidade.

A visão para um Movimento de Plantação de Igrejas é absolutamente necessária para vê-lo se materializar, mas somente a visão não é suficiente. As pessoas que ficam presas no estágio da visão ainda não têm o entendimento do que elas precisam fazer para ajudar a tornar a visão uma realidade. Podem se lançar cegamente em busca de um Movimento de Plantação de Igrejas, sem informação alguma da direção que devem tomar. Ou podem cair na condição de uma demissão divina – ver o movimento como inteira e exclusivamente um ato de Deus, e por isso não entender que Deus quer usá-las para tornar a visão uma realidade. Qualquer que seja a razão para o enfraquecimento do estágio 2, a solução para uma visão lenta é *ter mais entendimento*.

Estágio 3: Fé que busca entendimento

Quando a visão dá lugar ao entendimento, um senso maravilhoso de objetivo e capacitação começa a acontecer. Quando sua obsessão se traduz em entendimento dos princípios que levam aos Movimentos de Plantação de Igrejas e dos obstáculos que os bloqueiam, você começa a ver que isso não é apenas um sonho, mas algo que Deus realmente quer fazer em sua comunidade hoje.

O entendimento vem através da observação diligente do que Deus está fazendo e como ele está fazendo. É construído sobre a convicção de que Deus quer nos usar para cumprir sua visão para um mundo perdido. Entender os Movimentos de Plantação de Igrejas não garante que você verá um Movimento de Plantação de Igrejas, mas é um passo importante ao longo do caminho.

Estágio 4: Busca apaixonada

O tímido pode se satisfazer com o entendimento de que é possível alcançar um Movimento de Plantação de Igrejas sem nunca arriscar tudo para buscá-lo apaixonadamente. Mas aqueles que correm o risco e aplicam o que aprenderam têm a chance de alcançar a maior das recompensas – *mesmo que nem sempre seja imediatamente.*

Alguém que busca um Movimento de Plantação de Igrejas apaixonadamente é como o homem que descobriu um tesouro no campo. Suas paixões o compeliram a vender tudo que tinha para obter aquele campo (Mt 13.44). Da mesma forma, aquele que para de buscar por falta de paixão é como o jovem rico, que foi embora triste porque tinha muitas posses (Mt 19.16-22). Qual dessas situações o descreve?

Haverá muitos fracassos no caminho rumo a um Movimento de Plantação de Igrejas. Mas uma coisa é certa: sem um compromisso apaixonado para realizar a visão, ele nunca irá acontecer.

Estágio 5: Pegando a onda

Então acontece. Um dia as igrejas que você lutou para plantar e pacientemente encheu com visão, paixão e habilidades começaram a perceber o potencial dado por Deus. Elas começam a se multiplicar – não devagar, mas rapidamente e com entusiasmo que não vai parar até que toda a comunidade esteja cheia da glória do Senhor.

Aqueles que com sucesso fazem parte de um Movimento de Plantação de Igrejas exibem um senso de satisfação de autorrealização. Fazer parte de um Movimento de Plantação de Igrejas não é como andar a cavalo. Você nunca doma o desejo do movimento. É mais como pegar uma onda.

Aqueles que pegam a onda de um Movimento de Plantação de Igrejas estão cheios de uma maravilhosa percepção do poder de Deus fluindo através do movimento quando Cristo transforma milhares de vidas e dá à luz centenas de novas vibrantes igrejas. Eles são tocados pela compreensão que suas próprias vidas foram ofuscadas pelo próprio movimento – como uma semente plantada na terra que morre para transferir o DNA de sua paixão, visão e habilidades em um campo de colheita sempre em expansão.

Aqueles que fazem parte dos Movimentos de Plantação de Igrejas têm uma exaustão feliz. Eles aprenderam que há ainda muito a ser feito no curso do desenvolvimento do movimento, mesmo quando celebram e louvam a Deus sobre quem o movimento descansa.

Você *pode* chegar lá a partir daqui!

Um Movimento de Plantação de Igrejas pode parecer ser um horizonte distante de onde você está agora, mas você *pode* chegar lá. Se você compartilha a mesma visão, a visão de igrejas plantando igrejas que se multiplicam rapidamente entre um grupo de pessoas, cidade ou comunidade, então você pode fechar a lacuna e ver a visão tornando-se uma realidade. Retórica, visão, entendimento, busca apaixonada ou pegando a onda – onde você se encontra?

Isso não pode acontecer aqui. Isso foi o que eles disseram no Vietnã até que vissem acontecer no Camboja. Isso foi o que eles disseram no Camboja antes de verem na China. Isso foi o que eles disseram na América Central antes de verem em Bogotá. Isso foi o que disseram no Sudão antes verem na Etiópia. Talvez isso seja o que estão dizendo de onde você mora.

Satanás quer nos manter em silêncio e céticos. Mas Cristo quer que gritemos das alturas: *"Não sejam incrédulos, mas creiam!"*

A dúvida é contagiosa. Mas a fé também é. Deus nos oferece a chance de crer e de nos unirmos a ele em algo tão maravilhoso que *você* não acreditaria, *mesmo que alguém lhe contasse.* Bem, e você? Você crê?

> *Olhem as nações em volta de vocês e fiquem admirados e assustados. Pois o que eu vou fazer agora é uma coisa em que vocês não acreditariam, mesmo que alguém contasse!* (Hc 1.5)

Epílogo

Os Movimentos de Plantação de Igrejas revelam um novo entendimento de como Deus está operando no mundo. Apesar de suas raízes profundas no Novo Testamento, os Movimentos de Plantação de Igrejas propõem um desafio para muitas práticas das igrejas convencionais de hoje. Contudo, os Movimentos de Plantação de Igrejas estão aqui para ficar. Cada ano seus números crescem, conduzindo milhares de almas perdidas a mais para o Reino.

Este livro abordou a questão de *como* Deus está operando nos Movimentos de Plantação de Igrejas e descobriu passos claros que podemos tomar para nos alinharmos com ele. Assim como muita coisa no mundo, porém, Deus também nos dá a liberdade de rejeitar seus caminhos. A escolha é nossa, mas sua obra continua.

298 *Movimentos de Plantação de Igrejas*

A história é cheia de oportunidades-chave, momentos quando uma única decisão determina se seremos os jogadores ou os observadores na magnífica história que está se desvendando. Entre os muitos exemplos está a rejeição japonesa pelas armas de fogo.[256] As primeiras armas foram introduzidas no Japão em 1543 pelos viajantes portugueses. Os japoneses ficaram tão impressionados que fizeram uma engenharia reversa nelas, desmontando as armas e analisando sua construção antes de continuar com o procedimento de copiá-las. Nos anos que se seguiram, os japoneses não apenas aprenderam a fabricar suas próprias armas, mas aperfeiçoaram grandemente a tecnologia de fabricação de armas, sendo que em 1600 criaram as mais sofisticadas armas do mundo.

Entretanto, as armas logo ficaram com má reputação no Japão. A casta de guerreiros do Japão, os Samurais, eram numerosos e bem estabelecidos na sociedade. Eles viviam e lutavam no tempo dos códigos de honra de conduta, que foram diminuídos devido às armas. Com as armas uma simples lavadeira poderia instantaneamente derrubar um poderoso Samurai – *e onde estava a honra nisso?* Dessa forma, gradualmente, as armas foram eliminadas do Japão. Em 1650, não havia praticamente mais arma alguma no país, condição esta que continuou até 1853, quando a Frota do Pacífico do Comodoro Perry forçou, sob ameaça de armas, a abertura da nação isolada.

Na história da salvação, muito mais está em jogo do que a aceitação ou rejeição de armas de fogo. O ponto-chave da história diante de nós afeta o destino eterno de milhões. A questão que enfrentamos não é se os Movimentos de Plantação de Igrejas são certos ou errados, mas se seremos participantes ou observadores – permitindo que os movimentos de Deus sejam ignorados por nós. A obra de Deus nesses movimentos é tão irrefutável quanto esses movimentos são inevitáveis. Nós é que somos o ponto de interrogação.

David Garrison

Índia, 2003

---

256 Jared Diamond. *Guns, Germs and Steel, a short history of everybody for the last 13.000 years* (London: Vintage, 1998), pp. 257-258

Recursos adicionais

Apêndice 1

Treinamento para treinadores

Nenhuma descrição escrita pode fazer justiça à eficácia extraordinária do "Treinamento para treinadores", de John e Hope Chen.[257] John pegou ideais elevados dos Movimentos de Plantação de Igrejas e os reduziu a ações simples que qualquer pessoa pode realizar. Contudo, nenhuma abordagem rendeu tantos novos cristãos e igrejas quanto essa.

Se você tiver problema com algum material ou deseja ter mais explicações, não espere pelas respostas a todas as suas perguntas. Em vez disso, siga o conselho de John: "Apenas faça!".

CRIANDO O *ETOS* DE UM MOVIMENTO DE PLANTAÇÃO DE IGREJAS

1. **ORAÇÃO** – John gasta duas horas por dia em oração e ensina seus alunos a fazerem o mesmo. Fazer da oração um modelo em sua própria vida o capacita a efetivamente treinar outros a fazerem o mesmo.

---

257 Adaptado e resumido do "Treinamento para Treinadores - TPT", de John Chen (pseudônimo).

2. **Batalha espiritual** – John adverte seus alunos que Satanás tentará o tudo o que puder para derrotá-los. A resposta aos ataques de Satanás é vigiar, lutar e orar.

3. **Gratidão em todas as coisas** – De acordo com Romanos 8.28, John ensina seus alunos a serem gratos por todas as coisas, *pois sabemos que todas as coisas trabalham juntas para o bem daqueles que amam a Deus, daqueles a quem ele chamou de acordo com o seu plano.*

   A gratidão prepara o aluno para os ataques e as calamidades inevitáveis que acompanharão o ministério. Sem um espírito de gratidão por todas as coisas Satanás encontrará aquilo que levará o aluno a parar de servir ao Senhor e retornar ao seu estilo de vida passivo.

4. **Provérbios dos Movimentos de Plantação de Igrejas** – John encheu suas sessões de treinamento com provérbios, joias da sabedoria, que comunicam importantes verdades geralmente negligenciadas.

   a. Plantação de igrejas <u>não</u> é algo que só gênios podem fazer (por isso não deixe para os especialistas ou profissionais; todos devem plantar igrejas).

   b. Apenas faça (Deus honra os executores da Palavra e não apenas os ouvintes)!

   c. É uma grande alegria ganhar alguém para Jesus; é uma alegria maior ainda começar uma igreja; a maior de todas as alegrias é treinar alguém para começar uma igreja!

5. **Treinar é diferente de ensinar.** O ensinamento transfere conhecimento, o treinamento muda comportamento. As oficinas do John enfatizam o treinamento.

6. **Você tem que praticar o que pregou e pregar o que pratica.** John nunca se satisfez em simplesmente instruir outros. Um treinador eficiente também deve ser um executor.

7. **Todos os que você encontra necessitam de evangelização ou treinamento.** Evangelize o perdido e treine os cristãos.

Treinamento para treinadores

8. **Você começa treinando qualquer cristão que esteja disposto a ser treinado.** Entretanto, treinamento implica ação. As pessoas em treinamento que não fazem suas tarefas de compartilhar sua história ficarão envergonhadas quando não tiverem nada para compartilhar durante o tempo da prestação de contas. Em breve elas devem abandonar o treinamento, deixando os "executores da Palavra" continuarem a tarefa.

9. **O treinamento do John não substitui outras abordagens eficazes de evangelismo, mas as complementa.** John e seus alunos continuam usando uma variedade de instrumentos de evangelização que incluem o filme *Jesus, As Quatro Leis Espirituais, Cubo Evangelístico, Evangelismo Explosivo* e outros.

Treinando treinadores

1. John começa sua sessão de treinamento em qualquer igreja que o permitirá treinar seus membros leigos. Ele começa com uma base bíblica sobre a ordem de Deus para que todo cristão esteja envolvido em compartilhar o Evangelho.

   a. O chamado que vem de cima – Mc 16.15; Is 6.8.

   b. O chamado que vem de baixo – Lc 16.27s.

   c. O chamado que vem de dentro – 1Co 9.16s.

   d. O chamado que vem de fora – At 16.9.

2. Em seguida John explica que, de acordo com a Bíblia, é a vontade de Deus que você estenda sua salvação para sua família.

   a. Noé – Gn 7.1.

   b. Abraão – Gn 19.12-23.

   c. Raabe – Js 2.17-20.

   d. O endemoninhado geraseno – Mc 5.19.

   e. Cornélio – At 10.23-27.

   f. Lídia – At 16.14s.

   g. O carcereiro de Filipos – At 16.30-33.

304   *Movimentos de Plantação de Igrejas*

   h. Deus também se importa com <u>sua</u> família e quer alcançá-la através de você.

3. John, então, ensina aos seus alunos o caráter de um homem ou mulher que Deus quer usar.

   a. Eles devem apresentar qualidades de fidelidade e autossacrifício, ser guerreiros espirituais, cheios de louvor e ação de graças.

   b. Eles devem confiar no sangue de Jesus todos os dias para sua proteção.

4. Depois John os ensina sobre a natureza da igreja e os tipos de igreja comuns atualmente.

   a. Igreja tradicional (com um prédio e clero profissional)

   b. Igrejas em células (veja capítulo 8)

   c. Igreja G-12 (veja capítulo 8)

   d. Igreja de Movimentos de Plantação de Igrejas (apenas esse modelo tem potencial ilimitado para reprodução)

5. Depois John fala sobre as quatro perguntas enfrentadas por todo cristão que se torna um implementador de Movimentos de Plantação de Igrejas.

AS QUATRO PERGUNTAS

PERGUNTA 1: O QUE EU DIGO?

   a. Você conta sua história. Sua história é única. Ela não está sujeita a argumentação ou refutação. Ela consiste em três partes: antes de conhecer Jesus, como você o conheceu e desde que ele entrou em sua vida.

   b. Sua história precisa se reduzir a 3 ou 4 minutos de apresentação usando o mínimo possível de chavões religiosos. As pessoas perdidas não conhecem palavras religiosas.

Treinamento para treinadores

c. Depois de escrever sua história, você irá treinar em voz alta 5 a 10 vezes antes de deixar a sessão de treinamento. Primeiro você a conta para o teto e piso, depois separe em grupos de três e pratique, contando-a uns para os outros. Dê sugestões uns aos outros de como contá-la mais tranquilamente.

PERGUNTA 2: PARA QUEM EU DIGO?

a. Se você não sabe exatamente para quem contará sua história, provavelmente não a contará a ninguém.

b. Faça uma lista de todas as pessoas perdidas de sua família e de sua comunidade próxima.

c. Peça a Deus para lhe revelar as cinco pessoas com quem irá compartilhar sua história <u>esta</u> semana.

d. Saia da sessão de treinamento com um espírito de oração, pedindo a Deus para criar oportunidades para que você possa contar sua história a essas cinco pessoas esta semana.

PERGUNTA 3: O QUE FAZ VOCÊ PENSAR QUE EU FAREI ISSO?

a. Prestação de contas é uma parte do plano de Deus. Jesus sabe que somos inclinados a evitar fazer coisas desconfortáveis; por isso ele enviou seus discípulos em duplas e formou grupos de cristãos.

b. Na próxima sessão de treinamento todos nós contamos nossas experiências sobre como foi compartilhar nossa história com as cinco pessoas que escolhemos.

c. Na semana seguinte, aqueles que não compartilharam suas histórias ficarão desconfortáveis. Um processo de autosseleção agora está em andamento. Com o tempo, aqueles que são executores da Palavra serão modelos e inspirarão outros a seguirem seus exemplos, enquanto aqueles que não agiram, se distanciarão.

PERGUNTA 4: O QUE FAÇO SE ELES DISSEREM "SIM"?

a. Se eles disserem "Sim" para sua oferta de receber Jesus em sua vida, você deve se alegrar! Então pode começar com uma simples série de seis lições que irá alicerçar a nova vida deles e colocá-los em uma rota de parceria com você na busca por Movimentos de Plantação de Igrejas.

b. As Seis Lições – não há nada de mágico nessas seis lições. Não há um currículo especial. O máximo possível, John tenta depender apenas das Escrituras. Essas lições podem ser ensinadas diariamente, semanalmente ou algo entre um e outro. É importante notar que no final da lição seis, o novo cristão/pessoa em treinamento agora está preparado para se juntar ao movimento de multiplicação.

c. Depois de terminar as seis lições, a nova pessoa em treinamento participará de uma igreja POUCH em andamento (Veja apêndice 2 e capítulo 4), que garantirá seu crescimento contínuo em Cristo e o crescimento da comunidade de fé.

AS SEIS LIÇÕES

LIÇÃO 1: CERTEZA DA SALVAÇÃO

a. O relacionamento do novo cristão com Deus em Cristo está reconfirmado através das Escrituras.

b. Versículos-chave para rever e memorizar: Is 59.2; Ef 2.8s; 1Pe 3.18; Jo 10.28; 2Co 5.17; 1Jo 1.9; 5.13.

c. O treinador ajuda o novo cristão a criar uma "Certidão de Novo Nascimento" para que ele possa guardar em sua Bíblia. Ela declara a data em que "eu recebi Jesus em meu coração como meu salvador. Ele perdoou meu pecado, se tornou meu Senhor e tomou o controle da minha vida. Agora eu me tornei um filho de Deus e uma nova criatura".
Assinado:_____

Lição 2: Uma vida de oração

a. O treinador explica porque precisamos orar, o conteúdo da oração, três tipos de respostas de oração e novas atitudes que resultam da oração.

b. Por que precisamos orar: Lc 18.1. Ef 6.18; 1Pe 5.7; Jr 33.3; Hb 4.16; Fp 4.6s.

c. O conteúdo da oração: 1Jo 1.9; Fp 4.6s; Sl 135.3; 1Ts 5.18; 1Tm 2.1.

d. Três respostas de oração – Sim, Não, Espere.

e. Novas atitudes resultantes da oração – Tg 1.6; 4.2s; Sl 66.18; Jo 5.14; Lc 18.1.

Lição 3: Ter uma vida devocional diária

a. O treinador explica: "Se você realmente quer conhecer Deus, precisa ter um contato próximo e regular com ele". Estabeleça um horário regular para um tempo de devocional com Deus.

b. O que podemos aprender sobre tempo devocional com Deus destes exemplos bíblicos? Gn 19.27; Sl 5.3; Dn 6.10; Mc 1.35; Sl 42.1s; 119.147s.

c. Instrumentos sugeridos para o tempo devocional: Bíblia, caneta, caderno, tempo de quietude, estabelecer um horário e um plano de leitura.

d. Preparação para o momento de devocional: Sl 119.18.

Lição 4: Entendendo e sendo Igreja

a. Igreja não é uma construção, mas "é a igreja do Deus vivo" (1Tm 3.15). A Igreja consiste no povo de Deus que pode se reunir em sua própria casa.

308   *Movimentos de Plantação de Igrejas*

b. O que estes versículos nos ensinam sobre Igreja? Rm 12.5; Ef 1.23; 5.23.

c. A Igreja tem cinco propósitos: Adoração – Sl 149.1; Comunidade – Hb 10.25; Ensino – Mt 28.20; Evangelismo – At 1.8; e Ministério – Mt 22.38s; Rm 12.9-13.

d. A igreja tem direitos e obrigações. Batismo – Mt 3.15; Rm. 6.3s; A Ceia do Senhor – Mt 26.26-30; 1Co 11.23-29; Dízimos e Ofertas – Lv 27.30s.

LIÇÃO 5: CONHECER DEUS

a. Deus, como revelado em Jesus Cristo, pode ser radicalmente diferente dos conceitos de Deus que o novo cristão tinha em sua vida anterior. Entender Deus é uma busca de uma vida toda, mas é um bom alicerce que começa aqui.

b. O que podemos aprender sobre a natureza de Deus a partir destas passagens? Jr 31.3; Ef 2.4s; 1Jo 3.1; Lc 15.11-24; 2Ts 3.3; 2Rs 6.15-18; Dn 3; 1Co 10.13; Fp 4.19; Mt 6.31s; Rm 8.31-39; Hb 12.6s; 2Tm 3.16; 1Jo 4.4.

LIÇÃO 6: A VONTADE DE DEUS PARA VOCÊ

a. Neste ponto o treinamento completa o círculo. Enquanto o novo cristão é inserido em uma igreja POUCH que se reúne nos lares (veja apêndice 2), ele também está pronto para unir forças com você e espalhar as Boas Novas de Jesus Cristo.

b. Retorne ao começo desse treinamento e examine-o com o novo cristão. Certifique-se de responder as quatro perguntas que ele fará.

c. Lembre-se, novos cristãos são os melhores evangelizadores. Todos os seus amigos ainda estão perdidos, e sua paixão por Cristo é algo bem recente.

Apêndice 2

Igrejas POUCH

Há uma variedade de igrejas nativas que podem ser reproduzidas. Uma das mais fáceis de implementar é uma que encontramos na China (veja capítulo 4) chamada de igreja POUCH. Você deve se lembrar de que POUCH é a sigla em inglês para: estudo bíblico e adoração Participativos, Obediência como a marca de sucesso para todo cristão e igreja, muitos e não remunerados (*Unpaid*) líderes em cada igreja, igrejas em Células de 10 a 20 cristãos se reunindo nos lares (*Homes*) ou em lojas. Uma igreja POUCH pode ser implementada em qualquer lugar.

As igrejas POUCH normalmente se reúnem na intimidade da casa de alguém. Elas podem começar compartilhando uma refeição durante a qual os membros confraternizam e compartilham o que Deus tem feito em suas comunidades. A refeição pode terminar com a ceia ou com um tempo de oração seguido de adoração e estudo bíblico participativo.

Durante o tempo de adoração, um líder de oração pode facilitar o compartilhar dos motivos de oração e depois conduzir o grupo em oração. Se tiver outros tipos de líderes, eles devem compartilhar seus vários ministérios objetivando a edificação do corpo da igreja: palavras de profecia, ofertas de louvor e canções, relatos sobre evangelismo e ministério. Depois o grupo está pronto para se unir em um estudo bíblico participativo.

Como é um Estudo Bíblico Participativo?

Uma ou várias pessoas juntas podem levar a um estudo bíblico participativo. A chave para seu sucesso é envolver o máximo de participantes possível. Por isso você precisará de algumas perguntas direcionadas que possam atrair muitos comentários. Tanto quanto possível, divida o papel de liderança com outros para desenvolver futuros líderes de estudos bíblicos para as futuras igrejas.

Aqui estão algumas perguntas que guiarão você a um minucioso estudo, aplicação pessoal e mudança de vida. Você pode escolher qualquer uma delas ou todas para estimular um animado estudo.

1. Observação (O que a passagem diz?)

Quem?

O quê?

Onde?

Quando?

Como?

Por quê?

2. Interpretação (O que a passagem significa?)

- ❖ O que a passagem significou para a audiência original?
- ❖ O que ela significa agora?
- ❖ Qual é a ideia principal?
- ❖ Como essa passagem se relaciona com o restante do capítulo/livro?
- ❖ Quais outras passagens das Escrituras podem esclarecer esta passagem?

3. Aplicação (O que devo fazer?)

- ❖ Ensino: *O que devemos saber?*
- ❖ Repreensão: *O que devemos deixar de fazer ou parar de fazer?*
- ❖ Correção: *O que devemos fazer de forma diferente?*
- ❖ Treinamento em justiça: *O que devemos começar ou continuar fazendo?*

4. Discussão (encorajar todos a se comprometerem com as Escrituras)

- ❖ O que você gostou sobre a passagem?
- ❖ O que você não gostou sobre a passagem?
- ❖ O que você não entendeu sobre a passagem?
- ❖ O que você leva ou se lembra da passagem?
- ❖ Qual era a ideia principal da passagem?
- ❖ O que você deve fazer como resultado de conhecer essa passagem?

5. Desenvolvendo um plano de aplicação (incutir a obediência)

❖ Decida o que será aplicado a partir do estudo bíblico.

❖ Chegue a um acordo sobre quando os membros obedecerão.

❖ Descubra quando será difícil obedecer.

❖ Discuta onde eles estarão quando obedecerem.

❖ Discuta para quem ensinarão o que aprenderam.

❖ Discuta quando e para quem eles relatarão seu progresso – e então ore sobre isso.

Apêndice 3

A ponte com o Alcorão

Antes de começar, gaste um tempo orando pelos muçulmanos e entenda que Deus já está operando nessa comunidade. Já existem "pessoas de paz" entre eles que estão abertas para as Boas Novas do Evangelho.

É melhor você não começar uma conversa com uma cópia do Alcorão; você provavelmente apenas ofenderá os muçulmanos. Em vez disso, peça a eles para abrirem o Alcorão deles e lerem as passagens em questão. Isso os atrairá para uma conversa e evitará ofendê-los.

Em seu encontro com muçulmanos, é melhor fazer perguntas e extrair a verdade deles do que pregar a verdade para eles. Não há luz suficiente no Alcorão para trazê-los à salvação, mas tem suficientes centelhas da verdade para fazer sair do meio deles o "homem de paz".

Lembre-se, desde que você fique dentro do Alcorão e faça perguntas, eles não podem culpá-lo ou atacá-lo por ensinar o cristianismo. Entretanto, uma vez que você tenha descoberto o homem de paz, poderá deixar o Alcorão de lado e pregar sobre a Bíblia.

314   *Movimentos de Plantação de Igrejas*

Há uma passagem no Alcorão em Surata 5.82, chamada "A Mesa Servida" que faz uma ponte entre os muçulmanos e cristãos. *Constatarás que aqueles que estão mais próximos do afeto dos fiéis são os que dizem: Somos cristãos! porque possuem sacerdotes e não ensoberbecem de coisa alguma.* [258]

É bom saber que Mohammad não começou com preconceito contra os cristãos. Com esforço, talvez possamos construir sobre essa fundação.

Faça uma tradução do vocabulário

Se você quer se comunicar com os muçulmanos, terá que adotar o idioma que eles entenderão. Aqui estão alguns dos termos básicos que são comuns aos muçulmanos e sua equivalência em português.

Jesus = *'Isa*

Deus= *Allah*

Igreja = *Jamaat*

Bíblia = (veja abaixo)

    Novo Testamento = *Injil*

    Antigo Testamento = *Torah*

    Salmos = *Jobur*

        Capítulo = *Sura* (Cada capítulo do Alcorão tem seu próprio nome: capítulo três, por exemplo, é chamado *Imran*.)

Quando você menciona o Alcorão, deve estar ciente de que os muçulmanos acreditam que o único verdadeiro Alcorão é o que está em árabe. Qualquer tradução do Alcorão eles acreditam ser uma paráfrase ou uma divergência do original. Algumas pessoas podem usar isso para desconsiderar sua afirmação de ter lido o Alcorão. Se isso acontecer você dever tentar o seguinte:

"Quero agradecer em especial ao Rei Fahd da Arábia Saudita e à Fundação Islâmica por ordenar que o Alcorão fosse traduzido para os idiomas locais de todo o mundo para um entendimento claro".

---

258 As citações do Alcorão foram extraídas de *Os significados dos versículos do Alcorão Sagrado* (trad. Prof. Samir El Hayek). São Paulo: 1989.

A *ponte com o Alcorão*

Então conte a seguinte história:

Um americano dono de uma fábrica de roupas escreveu uma carta em inglês para os operários da fábrica dizendo-lhes que eles deviam parar de fazer camisas vermelhas e começar a fazer camisas amarelas. Além disso, pelo trabalho árduo, eles receberiam uma bonificação no final do mês. O gerente do escritório leu a carta em inglês para os operários (que não falavam inglês) e depois colocou a carta sobre a mesa de frente para os empregados. Os empregados estavam felizes em receber a carta, mas não pararam de fabricar as camisas vermelhas para fazerem as amarelas. Quando o dono da fábrica descobriu que a fábrica ainda estava fazendo as camisas vermelhas, ele ficou muito irritado com o gerente e os trabalhadores da fábrica. Ele decidiu contratar um novo gerente e novos operários.

"Quão sortudos nós somos pelo Rei Fahad ter financiado para que o Alcorão fosse traduzido em todos os idiomas do mundo". (Eles certamente concordarão)

Agora o caminho está preparado para você fazer referência ao Alcorão traduzido para o português ou para um idioma local.

PASSO 1: ALGUMAS AFIRMAÇÕES ABERTAS

Depois de uma introdução amigável, há várias maneiras de começar uma discussão frutífera. Você pode dizer: "Tenho lido o Alcorão e descobri uma verdade surpreendente que me deu esperança da vida eterna no céu. Você poderia ler para mim *Ál 'Imran, Surata* 3.42-55?"

Ou você pode dizer: "Eu falo a cristãos e muçulmanos sobre paz e salvação. Posso lhe mostrar o que descobri sobre paz e salvação em *Imran* 3.42-55?

Durante o feriado muçulmano de Qurbani Eid (Festa do Sacrifício), que ocorre 40 dias depois do Ramadã, você pode dizer:

"Você sabe qual a oração certa para fazer antes do sacrifício?"

Se eles não souberem, você pode responder: "Estenda suas mãos sobre o animal e diga a Allah: 'sei que sou um pecador e que mereço a punição completa pelos meus pecados. É o meu sangue que é exigido para o sacrifício. Porém, em vez de pegar o meu sangue para a minha punição, ele é substituído pelo sangue desse animal'".

Isso abre a porta para a importância do sacrifício do sangue na expiação de Jesus.

Passo 2: O que o camelo sabe

Os cristãos estão acostumados a conduzir um futuro novo cristão para a *Estrada Romana* dos versículos do livro de Romanos que leva a pessoa para a salvação (Rm 3.23; 6.23; 10.9s). Quando você conversa com um muçulmano, vai querer levá-lo para a *Trilha do Camelo*.

Os muçulmanos árabes têm um provérbio que diz que Allah tem 100 nomes; o homem conhece 99 desses nomes, mas apenas o camelo sabe do 100º nome de Allah.

Para o nosso propósito, *CAMEL (na sigla em inglês)* é o acrônimo de:

Chosen – escolhido
Announcement – anúncio
Miracles – milagres
Eternal – eterno
Life – vida

Escolhido

3.42-43 Em um momento sombrio da história do mundo, Allah fez algo muito incomum. Allah falou através de um anjo com uma mulher virgem chamada, Marium (Maria). Ele disse a ela que a havia escolhido para um papel incomum.

3.44 O Alcorão diz que os anjos tiraram a sorte para ver a quem seria dado o privilégio de cuidar de Marium durante o tempo do anúncio que Allah tinha dado.

Anúncio

3.45 Então Allah enviou os anjos para contar a Marium suas palavras. Allah disse que ele colocaria sua Palavra dentro de Marium. "Palavra de Allah" (Ruhollah, em árabe) se tornaria carne em forma de um bebê. Allah disse a Marium para chamar o bebê de "Isa Masih". Isa é Jesus, e Masih significa "O Ungido ou o Prometido".

Isa seria honrado por todos os povos do mundo e eternamente nos céus. Finalmente, Allah disse que "Isa seria um dos mais próximos a ele".

3.46 Ademais, Allah disse que o nascimento de 'Isa seria mensagem para o mundo inteiro e que 'Isa seria um dos bons ou justos.

3.47 Marium ficou chocada com a notícia que Allah tinha lhe dado. Ela disse a Allah: "Como posso ter um filho se homem algum jamais me tocou?" Allah foi muito paciente com Marium. Ele lhe respondeu: "Eu sou Deus, é fácil para mim fazer qualquer coisa que desejo".

O Alcorão
Livro de Ál 'Imran 3.42-55

3.42 *Recorda-te de quando os anjos disseram: Ó Maria, Allah te elegeu e te purificou, e te preferiu a todas as mulheres da humanidade!*

3.43 Ó Maria, consagra-te ao Senhor. Prostra-te e ajoelha-te com os que se ajoelham!

3.44 *Estes são alguns relatos do desconhecido, que te revelamos (ó Mensageiro). Tu não estavas presente com eles (os judeus) quando, com setas, tiravam a sorte para decidir quem se encarregaria de Maria; tampouco estavas presente quando estavam a discutir entre si.*

3.45 *E quando os anjos disseram: Ó Maria, Allah te anuncia o Seu Verbo, cujo nome será o Messias, Jesus, filho de Maria, nobre neste mundo e no outro, e que se contará entre os próximos de Allah.*

3.46 *Falará aos homens, ainda no berço, bem como na maturidade, e se contará entre os virtuosos.*

Por que Allah faria com que 'Isa nascesse sem um pai? Já houve algum outro profeta antes que tenha nascido sem um pai? O que isso significa para todos os muçulmanos?

Imran 3.59 diz que 'Isa é como Adão, e isso é verdade, porque ambos os profetas nasceram sem pai.

Qual o significado de ter nascido sem um pai aqui na terra?

A resposta é óbvia quando você percebe que Adão, antes de cometer seu pecado no jardim e ter se tornado mau, andou com Deus porque não tinha pecado algum. Adão, no início, era justo e santo, porque herdou a natureza justa de seu pai. Uma vez que Adão desobedeceu a Allah, ele e toda a sua descendência tornou-se pecaminoso e não poderia mais viver junto com o Deus santo.

No Alcorão, Surata 20.121, lemos: *E ambos (o casal) comeram (os frutos) da árvore, e suas vergonhas foram-lhes manifestadas, e puseram-se a cobrir os seus corpos com folhas das plantas do Paraíso. Adão desobedeceu ao seu Senhor, e deixou-se seduzir.* Agora, se Adão foi expulso do jardim por causa de apenas um pecado, como iremos chegar ao céu com todos os nossos pecados?

E eis a questão: com toda certeza todos nós somos filhos de Adão, exceto um, seu nome é 'Isa Masih. Nem todos os muçulmanos concordarão com o conceito de pecaminosidade desde o nascimento, mas todos admitirão que todos pecaram. O Alcorão nos dá uma palavra de esperança! Allah deu a Palavra a Marium na forma de 'Isa. Ele é uma Palavra de Esperança para o mundo inteiro. No Alcorão, Surata 21.91, lemos: *E (recorda-te) também daquela que conservou a sua castidade (Maria) e a quem alentamos com o Nosso Espírito, fazendo dela e de seu filho sinais para a humanidade.*

De acordo com o Alcorão, ambos Marium e seu filho receberam a bênção de Allah. Allah respirou seu Espírito nela. Agora o Espírito não é nada menos do que a essência de uma pessoa.

Você entende por que gosto de ler o Alcorão? Essa descoberta nos iluminou. Mas espere, há mais...

A ponte com o Alcorão

3.48 Allah ensinou a 'Isa todos os livros santos (o que os muçulmanos chamam de *Kitabs*). Li muito sobre 'Isa na Torah e no Injil. Esses livros (*Kitabs*) foram traduzidos diretamente dos idiomas originais e são dignos de confiança. Um amigo me disse que ler todos os livros santos fez dele um completo muçulmano. E você? Já leu todos os livros santos?

MILAGRES

3.49 Allah demonstrou seu poder através de 'Isa. O Alcorão diz que os leprosos foram curados, o cego recebeu a visão, o aleijado andou novamente e o morto voltou à vida.

Mais uma vez, o Alcorão nos enche de esperança. 'Isa tinha poder de trazer o morto de volta à vida. PODER SOBRE A MORTE, isso é maravilhoso! Antes eu achava que a morte era o inimigo mais forte do mundo. Mas agora entendo, a partir do Alcorão, que a 'Isa foi dado poder sobre a morte. O mundo tem esperado por um profeta que pudesse derrotar a morte, nosso maior e último inimigo.

3.50 'Isa disse que sua vida verificou e confirmou o que os profetas tinham falado sobre ele nos "Kitabs (livros) anteriores". Os profetas antigos falaram muito sobre 'Isa Masih. Quando li os

3.47 Perguntou: Ó Senhor meu, como poderei ter um filho, se mortal algum jamais me tocou? Disse-lhe o anjo: Assim será. Allah cria o que deseja, posto que quando decreta algo, basta dizer: Seja! e é.

3.48 Ele lhe ensinará o Livro, a sabedoria, a Tora e o Evangelho.

3.49 E será um mensageiro para os israelitas, (e lhes dirá): Apresento-vos um sinal do vosso Senhor: eis que plasmarei de barro a figura de um pássaro, a qual alentarei, e a figura se transformará em pássaro, com o beneplácito de Allah; curarei o cego de nascença e o leproso; ressuscitarei os mortos, pela vontade de Allah, e vos revelarei o que consumis e o que entesourais em vossas casas. Nisso há um sinal para vós, se sois crentes.

3.50 (Eu vim) para confirmar-vos a Tora, que vos chegou antes de mim, e para liberar-vos algo que vos estava vedado. Eu vim com um sinal do vosso Senhor. Temei a Allah, pois, e obedecei-me.

320 — Movimentos de Plantação de Igrejas

"Kitabs anteriores", descobri mais de trezentas profecias sobre 'Isa proferidas pelos profetas. Por exemplo, essa foi escrita 758 anos antes do nascimento de 'Isa; e diz: *Pois o Senhor mesmo lhes dará um sinal: a jovem que está grávida dará à luz um filho e porá nele o nome de Emanuel (Is 7.14).* No idioma original, o nome "Emanuel" significa "Deus conosco".

> **3.51** *Sabei que Allah é meu Senhor e o vosso. Adorai-O, pois. Essa é a senda reta.*
>
> 3.52 *E quando Jesus lhes sentiu a incredulidade, disse: Quem serão os meus colaboradores na causa de Allah? Os discípulos disseram: Nós seremos os colaboradores, porque cremos em Allah; e testemunhamos que somos muçulmanos.*
>
> **3.53** *Ó Senhor nosso, cremos no que tens revelado e seguimos o Mensageiro; inscreve-nos, pois, entre os testemunhadores.*
>
> **3.54** *Porém, (os judeus) conspiraram (contra Jesus); e Allah, por Sua vez, também conspirou, porque é o melhor dos conspiradores.*
>
> **3.55** *E quando Allah disse: Ó Jesus, por certo que porei termo à tua estada na terra; ascender-te-ei até Mim e salvar-te-ei dos incrédulos, fazendo prevalecer sobre eles os teus prosélitos, até ao Dia da Ressurreição. Então, a Mim será o vosso retorno e julgarei as questões pelas quais divergis.*

3.51 'Isa disse que o Caminho Estreito é para adorar Allah e a ele somente.

3.52-53 Para que todas as pessoas do mundo adorem somente Allah, 'Isa pediu alguns ajudantes. Um pequeno grupo de homens veio à frente e disse que são muçulmanos e que ajudarão 'Isa. Eles disseram que acreditam na mensagem de Allah e no Mensageiro que ele enviou. De onde? Obviamente do céu.

Vida eterna

3.55 É emocionante ler que os muçulmanos que seguem 'Isa e fazem sua obra serão colocados acima de todos os incrédulos do mundo.

Agora que estamos chegando perto do fim da nossa Trilha do Camelo, você achará útil essa história/aplicação da verdade. "Se eu quisesse ir daqui à capital da cidade, quem eu escolheria para me ajudar? Alguém que nunca esteve lá ou alguém que conhece o caminho e mora lá?" De acordo com o Alcorão, 'Isa veio do céu e está no céu hoje.

Concluindo, tenho duas perguntas para você:

"Esse profeta, 'Isa, pode ajudar você e eu a chegarmos a Allah?"

"Esse profeta pode mostrar a você e a mim o caminho para a vida eterna no céu com Allah?"

Vamos revisar o que o Alcorão diz sobre 'Isa

1) 'Isa nasceu sem um pai e, dessa maneira, não herdou a natureza pecadora de Adão.

2) Allah deu o nome de 'Isa Mashih' ao filho de Marium.

3) Desde a infância, 'Isa viveu uma vida santa e justa.

4) Allah deu a 'Isa um poder tremendo para curar os doentes e trazer os mortos à vida.

5) 'Isa tem poder sobre nosso maior inimigo, que é a morte.

6) O próprio Allah ensinou a 'Isa os Kitabs Santos (Livros).

7) Se qualquer pessoa quer saber mais sobre 'Isa, deve ler os Kitabs Santos.

8) Os homens que ajudaram 'Isa em seu ministério de falar aos incrédulos para adorarem o único Deus verdadeiro foram chamados de "muçulmanos".

9) Allan levou 'Isa a ele. Ele veio de Allah e foi levado de volta a Allah. Por isso, 'Isa conhece o caminho para Allah.

10) Os muçulmanos que se juntam à obra de 'Isa receberão bênçãos de Allah e serão mais abençoados do que os incrédulos desse mundo.

A ÚLTIMA PERGUNTA QUE VOCÊ DEVE ESPERAR

Se você chegou a esse ponto, seu amigo muçulmano tem a obrigação de lhe perguntar: "O que você diz sobre Maomé?"

Esta é uma pergunta profundamente emocional para os muçulmanos, e a melhor maneira de respondê-la é com o próprio livro santo deles, o Alcorão.

Responda com uma pergunta: "O que Alcorão diz? O que Allah tem a dizer sobre o profeta Maomé? Surata 46.9 diz: *Dize-lhes (mais): Não sou um inovador entre os mensageiros, nem sei o que será de mim ou de vós. Não sigo mais do que aquilo que me tem sido revelado, e não sou mais do que um elucidativo admoestador.*

Allah diz que Maomé não é *nada novo* entre os profetas. Ele diz que Maomé não sabe o que será feito com ele ou com seus seguidores. Ele diz que Maomé é simplesmente um *admoestador*.

O Alcorão também afirma que Maomé é um *pecador*. Lemos na Surata 48. 1-2, "O Triunfo", o seguinte: *Em verdade, concedemos-te um evidente triunfo, Para que Allah perdoe as tuas faltas, passadas e futuras...*

Finalmente, diga a eles onde podem encontrá-lo caso queiram discutir um pouco mais sobre isso. Dê àqueles que estão conversando com você uma oportunidade de manter contato com você individualmente ou em um grupo menor para conversar mais sobre 'Isa. Muitos deles não vão querer vê-lo novamente, mas o "homem (ou mulher) de paz" de Deus procurará você mais tarde e vai querer saber mais sobre 'Isa Masih.

USANDO A BÍBLIA COM OS MUÇULMANOS

Se tudo correr bem, uma "pessoa de paz" vai procurar por você. Quando isso acontecer, você pode mostrar a ela o filme *Jesus* ou fazer uma simples apresentação do Evangelho. Não usamos o Alcorão para apresentar o Evangelho ou para o discipulado, mas aqui estão alguns versículos do Alcorão para ajudar seu amigo muçulmano

A ponte com o Alcorão 323

a entender que a verdade de Allah está perfeitamente revelada no "Livro que veio antes (o Alcorão)"

Na Surata 10.94 nós lemos: *Porém, se estás em dúvida sobre o que te temos revelado, consulta aqueles que leram o Livro antes de ti. Sem dúvida que te chegou a verdade do teu Senhor; não sejas, pois, dos que estão em dúvida.*

Allah diz a Maomé que, se tiver dúvidas, deve questionar "aqueles que leem o Livro que era antes de você", porque a Verdade é encontrada nessas Escrituras. Ele estimula Maomé a não estar entre as pessoas que têm dúvidas.

Não deixe de comentar que a Torá e o Injil que você está compartilhando com seu amigo foram traduzidos do seu idioma original e dos manuscritos antigos existentes.

Finalmente, peça a seu amigo para ler o que diz no Alcorão, Surata 4.136.

> Ó crentes, crede em Allah, em Seu Mensageiro, no Livro que Ele *lhe revelou e no Livro que havia sido revelado anteriormente. Em verdade, quem renegar Allah, Seus anjos, Seus Livros, Seus mensageiros e o Dia do Juízo Final, desviar-se-á profundamente.*

É comum os muçulmanos alegarem que o Livro "que veio antes", ou o Antigo e o Novo Testamento, foi mudado e corrompido e, por isso, não é confiável. Se essa questão aparecer, faça referência ao Alcorão deles, na 6ª Surata 114-115 – "O Gado", que diz:

> Dize: Poderia eu anelar outro árbitro que não fosse Allah, quando foi Ele Quem vos revelou o Livro detalhado? Aqueles a quem revelamos o Livro sabem que ele é uma revelação verdadeira, que emana do teu Senhor. Não sejas, pois, dos que duvidam. As palavras do teu Senhor já se têm cumprido fiel e justiceiramente, pois Suas promessas são imutáveis, porque Ele é o Oniouvinte, o Sapientíssimo.

Por isso, Allah assegurou a Maomé que o Livro (a Bíblia) foi dado por ele; ele é perfeito e ninguém pode mudá-lo.

Agora que você atraiu o "homem (ou a mulher) de paz" de Deus, deve mudar completamente do Alcorão para a Bíblia. Como você viu, o Alcorão faz uma ponte eficiente dos muçulmanos para o Evangelho, mas você não quer deixá-los acampados na ponte!

Índice bíblico

Os elementos universais dos MPI

1. Oração extraordinária

Sl 2.8 – *Peça, e eu lhe darei todas as nações; o mundo inteiro* será seu.

Mt 9.38 – *Peçam ao dono da plantação que mande mais trabalhadores para fazerem a colheita.*

Mc 1.35 – *De manhã bem cedo, quando ainda estava escuro, Jesus se levantou, saiu da cidade, foi para um lugar deserto e ficou ali orando.*

Mc 9.29 – *Jesus respondeu: "Este tipo de espírito só pode ser expulso com oração".*

Lc 10.2 – *Antes de os enviar, ele disse: "A colheita é grande, mas os trabalhadores são poucos. Por isso, peçam ao dono da plantação que mande trabalhadores para fazerem a colheita".*

At 1.14 – *Eles sempre se reuniam todos juntos para orar com as mulheres, a mãe de Jesus e os irmãos dele.*

At. 3.1 – *Certo dia de tarde, Pedro e João estavam indo ao Templo para a oração das três horas.*

1Ts 5.17 – *Orem sempre.*

2. EVANGELISMO ABUNDANTE

Mt 28.19 – *Portanto, vão a todos os povos do mundo e façam com que sejam meus seguidores...*

Mc 1.38s – *Jesus respondeu: "Vamos aos povoados que ficam perto daqui, para que eu possa anunciar o evangelho ali também, pois foi para isso que eu vim". Jesus andava por toda a Galileia, anunciando o evangelho nas sinagogas...*

Mc 16.15 – *Então ele disse: "Vão pelo mundo inteiro e anunciem o evangelho a todas as pessoas".*

At 1.8 – *Porém, quando o Espírito Santo descer sobre vocês, vocês receberão poder e serão minhas testemunhas em Jerusalém, em toda a Judeia e Samaria e até nos lugares mais distantes da terra.*

At 17.17 – *Ele ia para a sinagoga e ali falava com os judeus e com os não judeus convertidos ao Judaísmo. E todos os dias, na praça pública, ele falava com as pessoas que se encontravam ali.*

At 19.8,10 – *Durante três meses Paulo foi à sinagoga e falou com coragem ao povo. Ele conversava com eles e tentava convencê-los a respeito do Reino de Deus. Ele fez isso durante dois anos, até que todos os moradores da província da Ásia, tanto os judeus como os não judeus, ouviram a mensagem do Senhor.*

3. PLANTAÇÃO INTENCIONAL DE IGREJAS MULTIPLICADORAS

Mt 28.18-20 – *Então Jesus chegou perto deles e disse: "Deus me deu todo o poder no céu e na terra. Portanto, vão a todos os povos do mundo e façam com que sejam meus seguidores, batizando esses* *seguidores em nome do Pai, do Filho e do Espírito Santo e ensinando-os a obedecer a tudo o que tenho ordenado a vocês. E lembrem disto: eu estou com vocês todos os dias, até o fim dos tempos".*

Lc 5.1-11; 9.1; 10.1; 1Co 15.6; At 2.41 – *Assim como Jesus escolheu os doze, eles se multiplicaram em 72 que depois se multiplicaram em 500 que se multiplicaram em 3.000.*

Jo 15.8 – *E a natureza gloriosa do meu Pai se revela quando vocês produzem muitos frutos e assim mostram que são meus discípulos.*

At 9.31 – *Em toda a região da Judeia, Galileia e Samaria, a Igreja estava em paz. Ela ficava cada vez mais forte, crescia em número de pessoas com a ajuda do Espírito Santo e mostrava grande respeito pelo Senhor Jesus.*

At 16.5 – *Assim as igrejas ficavam mais fortes na fé, e o número de cristãos aumentava cada dia mais.*

4. A AUTORIDADE DA PALAVRA DE DEUS

Mt 5.18 – *Eu afirmo a vocês que isto é verdade: enquanto o céu e a terra durarem, nada será tirado da Lei – nem a menor letra, nem qualquer acento. E assim será até o fim de todas as coisas.*

Lc 24.27 – *E começou a explicar todas as passagens das Escrituras Sagradas que falavam dele, iniciando com os livros de Moisés e os escritos de todos os Profetas.*

Lc 24.45s – *Então Jesus abriu a mente deles para que eles entendessem as Escrituras Sagradas e disse: "O que está escrito é que o Messias tinha de sofrer e no terceiro dia ressuscitar".*

At 17.11 – *As pessoas dali eram mais bem-educadas do que as de Tessalônica e ouviam a mensagem com muito interesse. Todos os dias estudavam as Escrituras Sagradas para saber se o que Paulo dizia era mesmo verdade.*

2Tm 3.16s – *Pois toda a Escritura Sagrada é inspirada por Deus e útil para ensinar a verdade, condenar o erro, corrigir as faltas e ensinar a maneira certa de viver. E isso para que o servo de Deus esteja completamente preparado e pronto para fazer todo tipo de boas ações.*

Hb 4.12 – *Pois a palavra de Deus é viva e poderosa e corta mais do que qualquer espada afiada dos dois lados. Ela vai até o lugar mais fundo da alma e do espírito, vai até o íntimo das pessoas e julga os desejos e pensamentos do coração delas.*

5. Liderança local

At 6.3 – *Por isso, irmãos, escolham entre vocês sete homens de confiança, cheios do Espírito Santo e de sabedoria, e nós entregaremos esse serviço a eles.*

At 14.23 – *Em cada igreja os apóstolos escolhiam presbíteros. Eles oravam, jejuavam e entregavam os presbíteros à proteção do Senhor, em quem estes haviam crido.*

1Co 14.26 – *Portanto, meus irmãos, o que é que deve ser feito? Quando vocês se reúnem na igreja, um irmão tem um hino para cantar; outro, alguma coisa para ensinar; outro, uma revelação de Deus; outro, uma mensagem em línguas estranhas; e ainda outro, a interpretação dessa mensagem. Que tudo seja feito para o crescimento espiritual da igreja.*

Tt 1.5 – *... e para nomear em cada cidade os presbíteros das igrejas. Lembre das minhas ordens.*

1Pe 4.10 – *Sejam bons administradores dos diferentes dons que receberam de Deus. Que cada um use o seu próprio dom para o bem dos outros.*

6. Liderança leiga

Mt 4.18-20 – *Jesus estava andando pela beira do lago da Galileia quando viu dois irmãos que eram pescadores: Simão, também chamado de Pedro, e André. Eles estavam no lago, pescando com redes. Jesus lhes disse: "Venham comigo, que eu ensinarei vocês a pescar gente". Então eles largaram logo as redes e foram com Jesus.*

Mc 3.18 – *André, Filipe, Bartolomeu, Mateus, Tomé, Tiago, filho de Alfeu; Tadeu, Simão, o nacionalista.*

Índice bíblico

Lc 5.30 – *Os fariseus e os mestres da Lei, que eram do partido dos fariseus, ficaram zangados com os discípulos de Jesus e perguntaram: "Por que vocês comem e bebem com os cobradores de impostos e com outras pessoas de má fama?"*

At 4.13 – *Os membros do Conselho Superior ficaram admirados com a coragem de Pedro e de João, pois sabiam que eram homens simples e sem instrução. E reconheceram que eles tinham sido companheiros de Jesus.*

1Co 1.26 – *Agora, meus irmãos, lembrem do que vocês eram quando Deus os chamou. Do ponto de vista humano poucos de vocês eram sábios ou poderosos ou de famílias importantes.*

2Co 3.4-6 – *Dizemos isso por causa da confiança que temos em Deus, por meio de Cristo. Em nós não há nada que nos permita afirmar que somos capazes de fazer esse trabalho, pois a nossa capacidade vem de Deus. É ele quem nos torna capazes de servir à nova aliança, que tem como base não a lei escrita, mas o espírito de Deus. A lei escrita mata, mas o espírito de Deus dá a vida.*

7. Igrejas em células nos lares

Jesus levou adoração e comunhão com ele para as casas. Ele ensina, faz milagres, cura e é adorado na casa de Pedro em Cafarnaum (Mc 2.9), na festa de casamento em Caná (Jo 2), na casa de Zaqueu (Lc 19) e na casa de Maria, Marta e Lázaro (Jo 12).

Mc 2.1s – *Alguns dias depois, Jesus voltou para a cidade de Cafarnaum, e logo se espalhou a notícia de que ele estava em casa. Muitas pessoas foram até lá, e ajuntou-se tanta gente, que não havia lugar nem mesmo do lado de fora, perto da porta.*

Lc 10.7 – *Fiquem na mesma casa e comam e bebam o que lhes oferecerem, pois o trabalhador merece o seu salário. Não fiquem mudando de uma casa para outra.*

At 5.42 – *E, todos os dias, no pátio do Templo e de casa em casa, eles continuavam a ensinar e a anunciar a boa notícia a respeito de Jesus, o Messias.*

At 8.3 – *Porém Saulo se esforçava para acabar com a igreja. Ele ia de casa em casa, arrastava homens e mulheres e os jogava na cadeia.*

At 12.12 – *Quando Pedro entendeu o que havia acontecido, foi para a casa de Maria, a* mãe de João Marcos. *Muitas pessoas estavam reunidas ali, orando.*

Rm 16.5 – *Saudações também à igreja que se reúne na casa deles.*

1Co 16.19 – *As igrejas da província da Ásia mandam saudações. Áquila e a sua esposa Priscila e a igreja que se reúne na casa deles mandam saudações cristãs a vocês. Todos os irmãos daqui mandam saudações.*

Cl 4.15 – *Mandamos saudações aos irmãos que moram em Laodiceia. Saudações também para Ninfa e para a igreja que se reúne na casa dela.*

Fm 1 – *Eu, Paulo, prisioneiro por causa de Cristo Jesus, junto com o irmão Timóteo, escrevo a você, Filemom, nosso amigo e companheiro de trabalho e à igreja que se reúne na sua casa. Esta carta vai também para a nossa irmã Áfia e para Arquipo, nosso companheiro de lutas.*

8. IGREJAS PLANTANDO IGREJAS

Jesus esperava que cada um dos seus discípulos produzisse fruto (Lc 19.13-26; Jo 15.8). Por isso eles os enviou de dois em dois a todos os povoados das redondezas para estabelecer seu Reino (Mc 6; Mt 10; Lc 10).

Da mesma forma, ele equipou a igreja primitiva para espalhar o Evangelho e estabelecer igrejas onde quer que eles fossem.

At 8.4 – *Aqueles que tinham sido espalhados anunciavam o evangelho por toda parte.*

Ef 4.11s – *Foi ele quem "deu dons às pessoas". Ele escolheu alguns para serem apóstolos, outros para profetas, outros para evangelistas e ainda outros para pastores e mestres da igreja. Ele fez isso para preparar o povo de Deus para o serviço cristão, a fim de construir o corpo de Cristo.*

Índice bíblico

1Ts 1.8 – *Pois a mensagem a respeito do Senhor partiu de vocês e se espalhou pela Macedônia e pela Acaia, e as notícias sobre a fé que vocês têm em Deus chegaram a todos os lugares. Portanto, sobre isso não é preciso falarmos mais nada.*

9. Reprodução rápida

Jesus convocou seus discípulos para seguirem-no imediatamente e assim eles fizeram.

Mc 1.18 – *Então eles largaram logo as redes e foram com Jesus.*

Mc 1.20 – *Jesus chamou os dois, e eles deixaram Zebedeu, o seu pai, e os empregados no barco e foram com ele.*

Jesus atraiu multidões enormes de seguidores desde os primeiros dias do seu ministério.

Mc 2.2 – *Muitas pessoas foram até lá, e ajuntou-se tanta gente, que não havia lugar nem mesmo do lado de fora, perto da porta. Enquanto Jesus estava anunciando a mensagem...*

At 2.47 – *Louvavam a Deus por tudo e eram estimados por todos. E cada dia o Senhor juntava ao grupo as pessoas que iam sendo salvas.*

At 14.21-23 – *Paulo e Barnabé anunciaram o evangelho em Derbe, e muitos moradores daquela cidade se tornaram seguidores de Jesus. Depois voltaram para as cidades de Listra, Icônio e Antioquia da Pisídia. Eles animavam os cristãos e lhes davam coragem para ficarem firmes na fé. E também ensinavam que era preciso passar por muitos sofrimentos para poder entrar no Reino de Deus. Em cada igreja os apóstolos escolhiam presbíteros. Eles oravam, jejuavam e entregavam os presbíteros à proteção do Senhor, em quem eles haviam crido.*

At 16.5 – *Assim as igrejas ficavam mais fortes na fé, e o número de cristãos aumentava cada dia mais.*

At 19.20 – *Assim, de maneira poderosa, a mensagem do Senhor era anunciada e se espalhava cada vez mais.*

10. Igrejas saudáveis

Jesus definia a igreja em relação a ele mesmo, como seu corpo. Ela era construída não com tijolos e argamassa, mas com seu Espírito e a comunhão dos seus santos.

> **Mt 18.20** – *"Porque, onde dois ou três estão juntos em meu nome, eu estou ali com eles."*

Igualmente na igreja primitiva, as construções, como as conhecemos hoje, não apareciam em lugar algum. Em lugar disso, os cristãos adoravam onde quer que eles estivessem – casas, sinagogas, templos, às margens de um rio. O que importava era a vitalidade do corpo de Cristo.

> **At 2.41-47** – *Muitos acreditaram na mensagem e foram batizados. Naquele dia quase três mil se juntaram ao grupo dos seguidores de Jesus. E todos continuavam firmes, seguindo os ensinamentos dos apóstolos, vivendo em amor cristão, partindo o pão juntos e fazendo orações. Os apóstolos faziam muitos milagres e maravilhas, e por isso todas as pessoas estavam cheias de temor. Todos os que criam estavam juntos e unidos e repartiam uns com os outros o que tinham. Vendiam as suas propriedades e outras coisas e dividiam o dinheiro com todos, de acordo com a necessidade de cada um. Todos os dias, unidos, se reuniam no pátio do Templo. E nas suas casas partiam o pão e participavam das refeições com alegria e humildade. Louvavam a Deus por tudo e eram estimados por todos. E cada dia o Senhor juntava ao grupo as pessoas que iam sendo salvas.*

> **1Co 12.27** – *Pois bem, vocês são o corpo de Cristo, e cada um é uma parte desse corpo.*

> **Ef 4.12** – *Ele fez isso para preparar o povo de Deus para o serviço cristão, a fim de construir o corpo de Cristo.*

Índice bíblico

Características adicionais dos MPI na Bíblia

Todas as pessoas serão alcançadas

Sl 2.8 – *Peça, e eu lhe darei todas as nações; o mundo inteiro será seu.*

Sl 67.3 – *Que os povos te louvem, ó Deus!*

Mt 24.3,14 – *E a boa notícia sobre o Reino será anunciada no mundo inteiro.*

Ap 5.9 – *... por meio da tua morte, compraste para Deus pessoas de todas as tribos, línguas, nações e raças.*

Ap 7.9 – *... uma grande multidão tão grande, que ninguém podia contar. Eram de todas as nações, tribos, raças e línguas. Estavam de pé diante do trono e do Cordeiro...*

Resposta corajosa à perseguição

Lc 21.12-15 – *Mas antes de acontecer tudo isso, vocês serão presos e perseguidos. Vocês serão entregues para serem julgados nas sinagogas e depois serão jogados na cadeia. Por serem meus seguidores, vocês serão levados aos reis e aos governadores para serem julgados. E isso dará oportunidade a vocês para anunciarem o evangelho. Resolvam desde já que não vão ficar preocupados, antes da hora, com o que dirão para se defender. Porque eu lhes darei palavras e sabedoria que os seus inimigos não poderão resistir, nem negar.*

At 4.13 – *... ficaram admirados com a coragem de Pedro e de João.*

At 4.29 – *Agora, Senhor, olha para a ameaça deles. Dá aos teus servos de confiança para anunciarem corajosamente a tua palavra.*

At 4.31 – *... todos ficaram cheios do Espírito Santo e começaram a anunciar corajosamente a palavra de Deus.*

At 5.41 – *Os apóstolos saíram do Conselho muito alegres porque Deus havia achado que eles eram dignos de serem insultados por serem seguidores de Jesus.*

Deus mesmo fará

Hc 1.5 – *Olhem as nações em volta de vocês e fiquem admirados e assustados. Pois o que vou fazer agora é uma coisa em que vocês não acreditariam, mesmo que alguém contasse.*

Fp 1.6 – *Pois eu estou certo de que Deus, que começou esse bom trabalho na vida de vocês, vai continuá-lo até que ele esteja completo no Dia de Cristo Jesus.*

1Pe 4.11 – *Quem prega pregue a palavra de Deus; quem serve sirva com a força que Deus dá.*

Liderança nativa (modela, ajuda, observa e vai embora)

2Tm 2.2 – *Tome os ensinamentos que você me ouviu dar na presença de muitas testemunhas e entregue-os aos cuidados de homens de confiança, que sejam capazes de ensinar outros.*

Tt 1.5 – *... e para nomear em cada cidade os presbíteros das igrejas. Lembre das minhas ordens.*

Muitos líderes na igreja

1Co 12.7 – *Para o bem de todos, Deus dá a cada um alguma prova da presença do Espírito Santo.*

1Co 14.26 – (... cada um de vocês tem um salmo, ou uma palavra... uma revelação...)

Ef 4.11 – *Foi ele quem "deu dons às pessoas". Ele escolheu alguns para serem apóstolos, outros para profetas, outros para evangelistas e ainda outros para pastores e mestres da igreja.*

1Pe 4.10s – *Sejam bons administradores dos diferentes dons que receberam de Deus. Que cada um use o seu próprio dom para o bem dos outros!*

Índice bíblico

Modelos de conversão baseados na família

At 16.15 – *Ela e as pessoas da sua casa foram batizadas.*

At 16.31 – *Creia no Senhor Jesus e você será salvo – você e as pessoas da sua casa.*

Mudança de paradigma

Jn 1–4 – um missionário relutante

Hc – 1.5 – *... não acreditariam, mesmo que alguém contasse.*

Mt 9.17 – *o vinho novo* é posto em odres novos.

Rm 12.2 – *Não vivam como vivem as pessoas deste mundo, mas deixem que Deus os transforme por meio de uma completa mudança da mente de vocês.*

Perseguição e sofrimento

Mt 10.17-25 – *Tenham cuidado, pois vocês serão presos e levados ao tribunal, e serão chicoteados nas sinagogas.*

2Co 11.23-29 – *... tenho estado mais vezes na cadeia. Tenho sido chicoteado muito mais do que eles e muitas vezes estive em perigo de morte.*

1Pe 4.12s – *... não fiquem admirados com a dura prova de aflição pela qual vocês estão passando...*

Ap 6.9-11 – *Ó Todo-Poderoso, santo e verdadeiro! Quando julgarás e condenarás os que na terra nos mataram?*

Ap 12.10-12 – *Pois o Diabo desceu até vocês e ele está muito furioso porque sabe que tem somente um pouco mais de tempo para agir.*

Rápida propagação do Evangelho

At 2.47 – *E cada dia o Senhor juntava ao grupo as pessoas que iam sendo salvas.*

At 19.20 – *... a mensagem do Senhor era anunciada e se espalhava cada vez mais.*

Rápida assimilação dos novos cristãos

At 2.41 – *Naquele dia quase três mil se juntaram ao grupo de seguidores de Jesus.*

At 8.26-39 – *"Veja, aqui tem água. Será que eu não posso ser batizado?"*

At 16.5 – *Assim as igrejas ficavam mais fortes na fé, e o número de cristãos aumentava cada dia mais.*

Removendo obstáculos

Mt 13.44 – *O Reino dos céus é como um tesouro escondido num campo, que certo homem acha e esconde de novo. Fica tão feliz, que vende tudo o que tem, e depois volta, e compra o campo.*

Mc 2.4s – *... mas, por causa de toda aquela gente, eles não puderam levá-lo até perto de Jesus. Então fizeram um buraco no telhado da casa, em cima do lugar onde Jesus estava, e pela abertura desceram o doente deitado na sua cama.*

Lc 3.4-6 – *Preparem o caminho para o Senhor passar! Abram estradas retas para ele! Todos os vales serão aterrados, e todos os morros e montes serão aplanados. Os caminhos tortos serão endireitados, e as estradas esburacadas serão consertadas.*

O HOMEM DE PAZ, ABRINDO UM NOVO TRABALHO

Mt 10.5-15 – *Quando entrarem em uma cidade ou povoado, procurem alguém que queira recebê-los e fiquem hospedados na casa dessa pessoa até irem embora daquele lugar.*

Lc 10.1-18 – *Se um homem de paz morar ali, deixem a saudação com ele.*

Jo 4.7-42 – *Uma mulher samaritana veio tirar água, e Jesus lhe disse: "Por favor, me dê um pouco de água".*

At 10.1-31 – *Na cidade de Cesareia havia um homem chamado Cornélio... Ele era um homem religioso; ele e todas as pessoas da sua casa adoravam a Deus.*

At 16.14-40 – *Uma daquelas mulheres que estavam ouvindo era Lídia... Ela adorava a Deus, e o Senhor abriu a mente dela para que compreendesse o que Paulo dizia.*

GRUPOS DE PESSOAS NÃO ALCANÇADAS

Mt 18.12s – *... não deixa as noventa e nove pastando no monte e vai procurar a ovelha perdida?*

At 1.8 – *... e serão minhas testemunhas ... até nos lugares mais distantes da terra.*

Rm 15.20-23 – *... tenho me esforçado sempre para anunciar o evangelho nos lugares onde ainda não se falou de Cristo.*

Glossário de termos

Sequestro de estrangeiros – quando estrangeiros dominam o cristianismo entre um grupo de pessoas, minando a iniciativa local para um Movimento de Plantação de Igrejas.

Bhojpuri – um idioma falado por vários grupos de pessoas que residem principalmente nos estados do norte da Índia, Uttar Pradessh e Biharr, e no sul do Nepal.

Narrativas bíblicas – usar histórias da Bíblia, sem textos escritos, para o evangelismo, discipulado e desenvolvimento de liderança. Começou como um meio de evangelização para pessoas não alfabetizadas e depois foi expandido para audiências mais amplas.

Treinamento CAMEL – treinamento de evangelismo para muçulmanos tendo o Alcorão como uma ponte. *CAMEL* é a sigla em inglês para *Chosen* (escolhido), *Announcement* (anúncio), *Miracles* (milagres) e *Eternal Life* (vida eterna). Essa técnica ajuda a memorizar versículos-chave no Alcorão que falam de Jesus.

Igrejas em células – pequenos grupos iguais a igrejas que se reúnem em casas, mas são ligados sob a liderança de um único pastor.

Narração bíblica cronológica – Conta os grandes temas da Bíblia através de histórias que culminam no Evangelho.

Movimento de Crescimento da Igreja – escola de missiologia e crescimento da igreja que começou nos anos de 1960 no Seminário Teológico Fuller com Donald McGavran, que tinha como objetivo aumentar mais as igrejas dinâmicas.

Movimento de Plantação de Igrejas – uma multiplicação rápida de igrejas nativas plantando igrejas, que se move rapidamente dentro de grupo de pessoas ou um segmento da população.

Contextualização – esforços missionários para eliminar as formas culturais ocidentais de cristianismo ao adaptar a fé a culturas não cristãs.

Guloseimas do diabo – Alguma coisa que, no início, parece positiva, mas no fim é destrutiva. No caso dos Movimentos de Plantação de Igrejas, as guloseimas do diabo podem ser qualquer virtude cristã que consuma as energias de uma pessoa à custa de buscar igrejas nativas multiplicadoras.

Evangelizado – que ouviu o Evangelho de maneira inteligível, de forma que possa haver uma resposta.

Igrejas nos lares – igrejas que se reúnem nas casas, geralmente com menos de 30 membros e com líderes não remunerados.

Nativo – literalmente, que é gerado de dentro. Refere-se a igrejas ou movimentos que têm suas forças propulsoras de dentro do próprio grupo em vez de depender de fundos e da direção de fora.

Khmer – a maioria do grupo de pessoas do Camboja.

Khmer Vermelho – Os comunistas do Camboja subordinados a Pol Pot nos anos 70.

Kui – grupo de povos tribais localizado nos Montes Khond de Orissa, na Índia.

Glossário de termos

MAVP – Modelar, Ajudar, Vigiar e Partir. O mantra para os profissionais dos MPI. Modelar evangelismo e igreja, ajudar os cristãos locais a fazerem o mesmo, observar para ter certeza de que eles são capazes de fazer e, então, ir embora para começar o ciclo em outro lugar.

Grupo de pessoas – mais especificamente um grupo de pessoas *etnolinguístico*. Refere-se às pessoas que têm um senso compartilhado de identidade étnica (identidade do grupo) e uma linguagem comum.

Movimentos de pessoas – Um movimento de pessoas ou de comunidade etnolinguística na fé cristã.

Segmento da população – um subconjunto de um povo etnolinguístico, tais como subconjunto de jovens de um dado grupo de pessoas, ou subconjunto urbano de um dado grupo de pessoas.

Igrejas POUCH – POUCH é a sigla em inglês para um tipo de igreja frequentemente encontrada nos Movimentos de Plantação de Igrejas. O acrônimo significa:

Grupos **P**articipativos de adoração e estudos bíblicos

Obediência à Palavra de Deus como marca de uma vida de sucesso e fé.

Líderes de igrejas não remunerados (**U**npaid),

agrupados em pequenos grupos (**C**élulas)

que se reúnem em casas (**H**omes) ou em outros ambientes não religiosos.

Colheita precisa – um processo de evangelismo que começa com uma proclamação ampla do Evangelho seguida de um cuidadoso acompanhamento com aqueles que responderam positivamente à mensagem.

Ponte com o Alcorão – usar o alcorão como uma ponte para introduzir Jesus Cristo aos muçulmanos.

CTLR – Centros de Treinamento de Liderança Rural desenvolvido e usado para treinar líderes e plantadores de igrejas no Movimento de Plantação de Igrejas no Camboja.

Coordenador estratégico – um missionário que tem a responsabilidade de desenvolver e implementar estratégias para um Movimento de Plantação de Igrejas em um grupo de pessoas ou um segmento da população.

Treinamento para treinadores – também chamado de TpT, é um programa de treinamento desenvolvido por John Chen, que liderou o maior Movimento de Plantação de Igrejas da história.

Princípio dois a dois – o princípio de desenvolvimento de liderança através do modelo de mentoria individual. É construído e chamado assim por causa de 2 Timóteo 2.2.

Grupo de pessoas não alcançadas – um grupo de pessoas que tem menos de 2% de cristãos e falta o impulso de evangelização interno para alcançar o restante de 98% que está perdido, desse modo necessitando de assistência missionária.

Bibliografia

ADENEY, David. "Springtime or the Church in China?", in: *Christianity Today*. (18 de junho de 1982): 28-31.

ALLEN, Donald R. *Barefoot in the Church*. (Richmond: John Knox, 1972.)

ALEXANDER, Gary. "House Churches: Your Hope for the Future", in: *Christian Life* Vol. 43:9 (Janeiro de 1982): 32.

ALLEN, Roland. *Missionary Methods: St. Paul´s or Ours?* (Grand Rapids: Eerdmans, 1962.)

_____. *Spontaneous Expansion of the Church*. (Grand Rapids, Michigan: Eerdmans, 1962.)

ANDERSON, Philip, e ANDERSON, Phoebe. *The House Church*. (Nashville: Abingdon, 1975.)

ARMSTRONG, Heyward, ed. *Church Planting Movements Workbook*. (Richmond: ICEL, 2001.)

"*Around 25.000 Gypsies gather in France.*" Agence France Presse. (24 de agosto de 2000).

BAKER, Robert A. *The Southern Baptist Convention and Its People.* (Nashville: Broadman Press, 1974.)

BANKS, Robert. *Paul´s Idea of Community: The Early House Churches in Their Historical Setting.* (Grand Rapids: Eerdmans, 1980.)

BARRETT, David. *Schism & Renewal in Africa, and analysis of six thousand contemporary religious movements.* (Naioribi: Oxford University Press, 1968.)

_____. *World Christian Encyclopedia*, 2ª ed, Vol. 1. (Londres: Oxford University Press, 2001.)

BARRET, Lois. *Building the House Church.* (Scottdale: Herald Press, 1986.)

BENKO, S. e O' ROURKE, J. I., eds. *Early Church History: The Roman Empire as the Setting of Primitive Christianity.* (Londres: Oliphants, 1971.)

BERGER, Peter L. *A Rumor of Angels: Modern Society and the Rediscovery of the Supernatural.* (Garden City: Doubleday, 1967.)

BIRD, Warren. "The Great Small-Group Takeover", in: *Christianity Today* Vol. 38:2 (7 de fevereiro de 1994): 25-29.

BRANICK. V. *The House Church in the Writings of Paul.* (Wilmington, Del.: Michael Glazier, 1989.)

von CAMPENHAUSEN, H. *Tradition and Life in the Church.* (Londres: Collins, 1968.)

CARLTON, Bruce. *Acts 29, practical training in facilitation church-planting movements among the neglected harvest fields.* (Cingapura: Radical Obedience Publishing, 2003.)

_____. *Amazing Grace, lessons on Church Planting Movements from Cambodia.* (Chennai: Mission Educational Books, 2000.)

CHO, David Yonggi. *Successful Home Cell Groups.* (New Brunswick, NJ: Bridge-Logos Publishers, 1981.)

Bibliografia

CHOUDHRIE, Victor. "House Church: A Bible Study", in: *House-2House* (Março de 2001). Disponível em www.house2house.net

CRESWELL, Mike. "The Netherlands: Providing an anchor", in: *The Commission* (Novembro de 1997).

COLLINS, Travis. *The Baptist Mission of Nigeria*, 1850-1993. (Ibadan, Nigeria: Associated Book-Makers Nigeria Limited, 1993.)

COMISKEY, Joel. *Home Cell Group Explosion*. (Houston: Touch Publications, 1999.)

_____. *Groups of 12*. (Houston: Touch Publications, 1999.)

COSBY, Gordon. *Handbook for Mission Groups*. (Waco: Word, 1975.)

CRIDER, Stephanie P. "The Evangelical Movement Among Spanish Gypsies", Tese apresentada ao corpo docente do Departamento de História e ao Conselho da Samford Univesirty, Birminghan, Alabama (1989).

CULLMANN, O. *Early Christian Worship*. (Londres: SCM, 1953.)

DIAMOND, Jared. *Guns, Germs and Steel: the fates of human societies*. (Nova Iorque: WW Norton & Co., 1999.)

DARNTON, John. "Europe's Gypsies Hear the Call of the Evangelicals", in: *The New York Times*. Late City Final Edition, Section A (25 de agosto de 1983): 2.

DULLES, Avery. *Models of the Church*. (Garden City: Doubleday, 1978.)

DUMBAUGH, Donald F. *The Believers' Church: The History and Character of Radical Protestantism*. (Nova Iorque: Macmillan, 1968; Scottdale, Pa.: Herald Press, 1985.)

ELLER, Vernard. *The Outward Bound: Caravaning as the Style of the Church*. (Grand Rapids: Eerdmans, 1980.)

"Evangelical Leaders Assess Home Churches", in: *Christian Life*, Vol. 43:9 (Janeiro de 1982): 32-44.

FILSON, Floyd V. "The Significance of the Early House Churches", in: *Journal of Biblical Literature* 58 (1939): 109-I 12.

346 Movimentos de Plantação de Igrejas

FOSTER, Arthur L., ed. *The House Church Evolving.* (Chicago: Exploration, 1976.)

GAGER, I. G. *Kingdom and Community: The Social World of Early Christianity.* (Englewood Cliffs, N.J.: Prentice-Hall, 1975.)

GARMO, John. *Lifestyle Worship.* (Nashville: Nelson, 1993.)

GARRINSON, David. *Church Planting Movements.* (Richmond: International Mission Board, 1999.)

GERBER, Michael. *The E-Myth Revisited: why small businesses don't work.* (Londres: HarperBusiness, 1995.)

GETZ, Gene. *Building Up One Another.* (Wheaton: Victor, 1976.)

_____. *Sharpening the Focus of the Church.* (Chicago: Moody, 1974.)

GILLMOR, Verla. "Community is Their Middle Name", in: *Christianity Today* (23 de novembro de 2000): 50.

GLADWELL, Malcolm. *The Tipping Point: how little things can make a big difference.* (Londres: Little Brown and Co., 2000.)

GREEN, M. *Evangelism in the Early Church.* (Londres: Hodder & Stoughton, 1970.)

GRIFFIN, E. *Getting Together: A Guide for Good Groups.* (Downers Grove: Inter-Varsity, 1982.)

GRIMES, Barbara. *Ethnologue,* 14ª ed., vol. 1: Languages of the World. (Dallas: Summer Institute of Linguistics, 2002.)

HINTON, Keith. *Growing Churches Singapore Style.* (Cingapura: OMF, 1985.)

HOBBS, Andrew. "Gypsies take to highway to heaven", in: *The Observer* (1º de agosto de 1993): 20.

ICENOGLE, Gareth Weldon. *Biblical Foundations for Small Group Ministry, An Integrational Approach.* (Downers Grove: InterVarsity Press, 1994.)

JOHNSTON, Patrick. *Operation World.* (Grand Rapids: Zodervan, 1993.)

Bibliografia

JUDGE, E. A. *The Social Pattern of Christian Groups in the First Century*. (Londres: Tyndale Press, 1960.)

KRAUS, C. Norman, ed. *Evangelicalism and Anabaptism*. (Scottdale: Heral Press, 1979.)

KREIDER, Larry. *House to House*. (Houston: TOUCH Publications, 1995.)

LAMBERT, Tony. *China's Christian Million: the costly revival*. (Cingapura: OMF, 1999.)

LATOURETTE, Kenneth Scott. *A History of the Expansion of Christianity*. (Nova Iorque: Harper, 1937-1945.)

LEATHERWOOD, Rick, "Mongolia: As a People Movement to Christ Emerges, What Lessons Can We Learn?", in: *Mission Frontiers* (julho/agosto de 1998).

L'ENGLE, Madeline. *Uma dobra no tempo* (Rio de Janeiro: Rocco, 2011).

LEWIS, Bernard. *Race and Slavery in the Middle East, and historical enquiry*: (Londres: Oxford University Press, 1990.)

LIEGEOIS, Jean-Pierre. *Roma, Gypsies, Travellers*. (Strabourg: Council of Europe, 1994.) Publicado originalmente em francês como *Roma, Tsiganes, Voyageurs*, em 1992.

LINDNER, Eileen W. ed. *Yearbook of American and Canadian Churches, 2001*. (Nashville: Abingdon Press, 2001.)

MARTIN, Ralph P. *The Family and the Fellowship*. (Grand Rapids: Eerdmans, 1979.)

_____. *Worship in the Early Church*. (Westwood: Revell, 1964.)

MCGAVRAN, Donald. "House Churches: A Key Factor For Growth", in: *South Korea Global Church Growth Bulletin* 29: 5-6 Janeiro de 1992.

_____. *Understanding Church Growth*. (Grand Rapids: Eerdmans, 1970.)

MINEAR, Paul S. *Images of the Church in the New Testament*. (Filadélfia: Westminster, 1960.)

348 *Movimentos de Plantação de Igrejas*

MIR, Tariq. "It's Conversion Time in the Valley", in: *The Indian Express.* (Srinagar, Índia, Abril de 2003.)

MOREY, Robert A. *Worship is all of life.* (Camp Hill: Christian Publications, 1984.)

NEILL, Stephen. *A History of Christian Missions.* (Nova Iorque: Penguin, 1964.)

PARSHALL, Phil. *New Paths in Muslim Evangelism: evangelical approaches to Contextualization.* (Grand Rapids: Baker Books, 1981.)

PERRY, Tobin. "Reaching a city, reaching the world", in: *The Commission.* (Richmond: International Mission Board. September 1999.)

PETERSON, Jim. *Church without Walls, Moving Beyond Traditional Boundaries.* (Colorado Springs: Navpress, 1992.)

"Revival in Inner Mongolia – 500,000 Saved in Past 12 Months", in: *Voice of China*, the official voice of the house churches in China. Vol. 1:1 (edição de verão).

SAUDER, Brian e KREIDER, Larry. *Helping you build Cell Churches.* (Ephrata: House to House Publications, 1998.)

SCHALLER, Lyle E. *Assimilating New Members.* (Nashville: Abingdon, 1978.)

SHURDEN, Walter. "The Southern Baptist Synthesis: Is it Cracking?", in: *A Baptist History and Heritage*, Vol. 16:2 (Abril de 1981).

SIMSON, Wolfgang. *Casas que mudam o mundo* (Curitiba: Esperança, 2001).

SINGH, Manpreet. "Harassed Kashmiri Christians Reach out to Discrete Muslims", in: *Christianity Today.* Vol. 46:10 (9 de setembro de 2002): 26.

SKOGLUND, John E. *Worship in the Free Churches.* (Valley Forge: Judson, 1965.)

SMITH, Elliott. *The Advance of Baptist Associations Across America.* (Nashville: Broadman Press, 1979.)

SNG, Bobbly E.K. *In His Good Time: the story of the church in Singapore, 1819-1992*, 2ª ed. (Cingapura: Graduates' Christian Fellowship, 1993.)

Bibliografia

SNOWDEN, Mark. ed. *Toward Church Planting Movements*. (Richmond: International Mission Board, 1997.)

SNYDER, Graydon F. *Ante Pacem: Archaeological Evidence of Church Life Before Constantine*. (Macon: Mercer University, 1985.)

SNYDER, Howard A. *Liberating the Church. The Ecology of Church and Kingdom*. (Downers Grove: InterVarsity, 1983.)

_____. *The Radical Wesley and Patterns for Church Renewal*. (Downers Grove: InterVarsity, 1980.)

_____. *The Problem of Wineskins*. (Downsers Grove: InterVarsity, 1977.)

SPRINKLE, Randy. *Follow Me: Lessons for Becoming a Prayerwalker*. (Birmingham: New Hope Publishers, 2001.)

TRUEBLOOD, Elton. *The Company of the Committed*. (Nova Iorque: Harper and Row, 1961.)

_____. *The Incendiary Fellowship*. (Nova Iorque: Harper and Row, 1967.)

VIOLA, Frank. *Rethinking the Wineskin: The Practice of the New Testament Church*. (Jacksonville: Present Testimony Ministry, 1998.)

WARREN, Rick. *The Purpose-Driven Church*. (Grand Rapids: Zondervan, 1995.)

WEBER, Hans-Ruedi. "The Church in the House", in: *Concern*. (Junho de 1958): 7-28.

WEBSTER, Justin. "Gypsies for Jesus", in: *The Independent, Features Section*. Londres (11 de fevereiro de 1995): 30.

WUTHNOW, Robert. "How Small Groups are Transforming Our Lives", in: *Christianity Today* Vol. 38:2 (7 de fevereiro de 1994): 20-24.

ZDERO, Rad. *The House Church Manifesto: a guidebook for the global house church movement*. (Pasadena: William Carey Library, 2003.)

ZOBA, Wendy Murray. "The Gypsy Reformation", in: *Christianity Today* (8 de fevereiro de 1999): 50-54.

Sobre o livro:

Formato: 16 x 23
Tipo e tamanho: Palatino Linotype 11/15
Papel: Capa - Cartão 250 g/m2
Miolo - Lux Cream 70 g/m2
Impressão e acabamento: Imprensa da Fé